Nikolai P. Anziferow

Die Seele Petersburgs

Aus dem Russischen von
Renata von Maydell

Vorwort von Karl Schlögel

Carl Hanser Verlag

Titel der Originalausgabe:
Duša Peterburga
Peterburg, Brokgauz-Efron 1922

1 2 3 4 5 07 06 05 04 03

ISBN 3-446-20317-6

Satz: Satz für Satz. Barbara Reischmann, Leutkirch
Druck und Bindung: Kösel, Kempten
Printed in Germany

Inhalt

»Die Seele Petersburgs« von Nikolai P. Anziferow

Ein legendäres Buch und sein unbekannter Autor

Habent sua fata libelli

In der späten Sowjetunion war Nikolai Pawlowitsch Anziferows Buch »Die Seele Petersburgs« von 1922 ein Geheimtip. Man fand es zuweilen in einem Antiquariat, in einer der eindrucksvollen privaten Bibliotheken, die die Sowjetzeit auf wundersame Weise überlebt hatten. Es zirkulierte in Freundeskreisen und wurde, wenn jemand Zugang zu einem Kopiergerät hatte, auch vervielfältigt. Wer »Die Seele Petersburgs« kannte, gehörte zu den Eingeweihten, zu denen, die wußten, daß es neben der offiziellen Geschichte Leningrads noch eine andere Geschichte und neben dem einen Blick auf die Stadt noch einen ganz anderen gab. Das Buch war wie die eleganten Gravüren von Anna P. Ostroumowa-Lebedewa und Mstislaw W. Dobuzhinski[1] eine Art von Erkennungszeichen. Das Buch mochte seit Jahrzehnten aus Buchhandlungen und öffentlichen Bibliotheken verschwunden sein, vergessen war es nicht. Es gehörte wie andere Überreste der alten Hauptstadt zum Referenzsystem einer nostalgisch gestimmten Gemeinde, die zunächst aus den wenigen Ureinwohnern bestand, die noch eine unmittelbare und persönliche Beziehung zu der Stadt »davor« – vor der Revolution, vor dem Großen Terror, vor der Blockade – hatten, die seit den 1960er Jahren aber immer mehr anwuchs und sich zu einer mächtigen Leningrader Subkultur auswuchs. Eine neue Generation war in der Zeit des Tauwetters in der Stadt herangewachsen. Die Jugend zog nicht mehr hinaus in die Weiten Sibiriens und des Fernen Ostens oder zur Neulandgewinnung, wenn sie den Geschmack der Freiheit schmecken wollte, sondern sie machte die eigene Stadt und ihre Geschichte, die zur *terra incognita* geworden war, zum Terrain ihrer Ausflüge und Erkundungen. Die untergegangene Stadt als Abenteuerspielplatz der Nachgeborenen. Die Reise ging nun in die nächste Nachbarschaft und in die nächste Vergangenheit, die wie durch einen Abgrund von drei, vier Jahrzehnten getrennt war. Es gab nichts, was nicht sensationell gewesen wäre. Was man in Antiquariaten, in aufgelösten Wohngemeinschaften oder auf irgendwelchen Speichern fand – Zeitungsausschnitte, Inserate, Reklameblätter, Ladenschilder, altes Handwerkszeug –, war der Kulturschutt einer ganzen Epoche, kostbar und voller Bedeutung. Inmitten der Stadt, die ihre Vergangenheit verschwieg oder jedenfalls geringschätzte, wenn sie nicht die Stadt des Großen Oktober war, wuchs eine Kohorte von Leuten heran, die alles wußten über dieses Pompeji unter den Trottoirs des Newski-Prospekts. Eine Schicht intimer Connaisseurs hatte sich gebildet. Ein Wettbewerb der Kenner hatte eingesetzt, und wie immer in solchen Fällen stand das akademische Establishment daneben und reagierte mit großer Verspätung. Diese wachen und eigensinnigen Köpfe hatten bald die Topographie des anderen, in den Prachtbänden nicht abgebildeten und in den Stadtführern verschwiegenen Petersburg im Kopf: nicht die zahllosen Gedenkorte, wo Lenin und Genossen konspiriert, gewohnt, agiert, entschieden hatten, sondern die Gestalten, die Petersburgs Glanz und Ruf in der Welt der Kunst begründet hatten. So entstand eine andere Stadt, eine magische Stadt im Kopf. Jenseits von Leningrad, jenseits des »Großen Oktober«. Das legendäre Restaurant »Streunender Hund«, der Geburtsort des

Futurismus; der »Turm Wjatscheslaw Iwanows«, in dem sich die führenden Köpfe des Silbernen Zeitalters über Jahre hin zu ihren Séancen getroffen hatten; die Friedhöfe, auf denen die zu früh verstorbenen Dichter begraben sind; die Orte des Leidens und Sterbens, die Gefängnisse, Zuchthäuser, Hinrichtungsstätten. Die imaginäre Stadt begann sich mit anderem Personal zu bevölkern: mit Künstlern, die vergessen oder des Landes verwiesen worden waren, mit Verbannten und Ermordeten, mit Oppositionellen, die keine Chance gehabt hatten. Die Stadt sammelte im *underground* der 1960er und 70er Jahre virtuell vorab alles wieder ein, was ihr im Laufe des 20. Jahrhunderts an schöpferischen Kräften abhanden gekommen war – durch Krieg, Unterdrückung, Gewalt, Emigration, Flucht.

Die Aneignung dieser Geschichte ging ihre eigenen Wege. Die Stadt, der Ort, die Topographie war der beste Lehrmeister, die beste Erzieherin. Joseph Brodsky hat dies zwei Menschenalter nach Anziferow so beschrieben: »Jene prachtvollen pockennarbigen Fassaden, hinter denen zwischen alten Klavieren, abgewetzten Teppichen, staubigen Gemälden in schweren Goldrahmen, Überresten des während der Blockade von den Eisenöfen aufgezehrten Mobiliars (Stühle am allerwenigsten) – schwaches Leben aufzuflackern begann. Und ich erinnere mich, wie ich auf meinem Schulweg an diesen Fassaden entlangging, ganz versunken in meine Vorstellung von dem, was sich in jenen Räumen mit der welligen alten Tapete abspielte. Ich muß sagen, daß ich von diesen Fassaden und Portiken – klassisch, modern, eklektizistisch, mit ihren Säulen, Pilastern und Stuckköpfen mythischen Getiers oder Personals –, von ihren Ornamenten und balkontragenden Karyatiden, von den Torsos in den Eingangsnischen mehr über die Geschichte unserer Welt gelernt habe als später aus irgendeinem Buch. Griechenland, Rom, Ägypten – alles war hier vertreten, und alles war während der Bombenangriffe von den Artilleriegeschossen angeschlagen worden. Und von dem spiegelnden grauen Strom, der zur Ostsee hin floß, mit hin und wieder einem Schlepper in der Flußmitte, der gegen die Strömung ankämpfte, habe ich mehr über Unendlichkeit und Stoizismus gelernt als durch Mathematik und Zeno.«[2]

Der kulturelle Reichtum Leningrads/Petersburgs war so außerordentlich, daß sich für jeden etwas fand: für die Liebhaber des Balletts und Theaters, für die intimen Kenner der literarischen Zirkel um 1900, für die Adepten von Militär- und Eisenbahngeschichte. Für jedes Feld gab es Spezialisten, kenntnisreich, wie nur Leute sind, bei denen sich das Interesse und die Leidenschaft des Dilettanten mit höchster Spezialisierung treffen und einen Fundus generieren, den man in der akademischen Zunft nur selten antrifft. In diesem Kreis und von dieser Perspektive aus war die Stadt immer schon ein grandioses Museum russisch-sowjetischer Geschichte, ein Schauplatz für Tragödien, die ihren Akteuren nichts erspart hatten. Im späten Leningrad war ein großer Prozeß der Sammlung, der Akkumulation im Gange, nicht immer sichtbar, weil er fast ausschließlich in den Köpfen und im allerprivatesten Bereich, in selbsthergestellten Zeitschriften, stattfand. Er ging vor sich, ohne daß es dafür Zeitschriften gab, ohne Reprints, kurz: ohne all das, was gewöhnlich als »städtische Öffentlichkeit« bezeichnet wird.[3]

So harmlos und unpolitisch alles erschien, es stand viel auf dem Spiel: das Monopol des sowjetischen Blicks auf die Stadt, die Definitionsmacht über die »weißen Flecken« der Vergangenheit und über ästhetische Urteile. Ortskenntnis ist subversiv. Man mußte nur im alten Adreßbuch »Ganz Petersburg« von 1913 nachsehen, um zu sehen, was die »kapitalistische Stadt« im letzten Vorkriegsjahr zu bieten hatte. Man mußte sich nur die Mietshäuser von Fjodor Lidwal ansehen, um zu begreifen, was architektonisches und handwerkliches Können schon einmal zuwege gebracht hatten und was »bürgerliche Wohnkultur« einmal war. Wer sich mit dem vorrevolutionären Petersburg auch nur ein wenig vertraut gemacht hatte, war resistent geworden gegen die Simplifikationen und Herabsetzungen der stromlinienförmigen und parteifrommen Fortschrittsgeschichten. Die Petersburger Stadthistoriker L. Ja. Lurje und A.V. Kobak haben es in den 1990er Jahren einmal sehr schön formuliert: So wie die russische Literatur aus dem »Mantel« Gogols hervorgegangen sei, so seien die Führer des Leningrader Dissidententums der 80er Jahre aus der »Landeskunde«, also aus der Beschäftigung mit der Stadt- und Regionalgeschichte hervorgegangen.[4] Der Protest gegen den Abriß des Hotels »Angleterre« am Isaaks-Platz, Sergej Jessenins letztes Domizil vor seinem Selbstmord, war zu einem symbolischen und politischen Kräftemessen zwischen der spätsozialistischen Stadtregierung und einer jungen Bürgerbewegung geworden. Darin war es nicht nur um ein bemerkenswertes Gebäude gegangen, sondern um den freien Zugang zur Geschichte und um die freie Debatte der städtischen Angelegenheiten.

Es bedurfte nur einer Öffnung der Schleusen, bis das seit den 1960er Jahren im Leningrader *underground* angehäufte Wissen um die verschwundene Stadt ins Offene hinaustreten und allgemein werden konnte. Die Zeit seither ist eine Zeit der stürmischen Aneignung geworden. Die Stunde der Perestrojka war auch eine Stunde der Offenbarung. Ein Klassiker der Petersburg-Literatur wie Anziferows »Die Seele Petersburgs« war nun bald auf Büchertischen an jeder Straßenecke zu bekommen, in Auflagen wie nie zu Lebzeiten seines Autors.[5] Eine Welle von Reprints ergoß sich über das Land und über die Stadt. Die Stadt wurde eingeholt von ihrer Vergangenheit, die so lange unter Verschluß gehalten worden war. Es war in der Tat wie ein Dammbruch. Die ganze klassische Sankt-Petersburg-Literatur ist binnen kürzester Zeit wieder zugänglich gemacht worden. Solche Klassiker waren: Wladimir Ja. Kurbatow, Georgi K. Lukomski, M. I. Pyljajew, P. N. Stolpjanski, Erich Gollerbach und andere.[6] Diese Arbeiten waren so etwas wie Führer zur Selbstentdeckung, ein Thesaurus von Zitaten und Anspielungen, eine Schule des Sehens und des Sprechens über die eigene Stadt. Die Stadt, von der sich Anziferow melancholisch verabschiedet hatte, war wieder da. Seit 1991, nach der Abwehr und Niederschlagung des reaktionären Putsches und nach einer eindrucksvollen Massendemonstration der Bürger Leningrads sogar wieder unter ihrem ursprünglichen Gründungsnamen: Sankt Petersburg.

Abschied von Sankt Petersburg

»Die Seele Petersburgs« ist laut Datierung Anziferows zwischen September 1919 und dem 12. März 1922 geschrieben worden und 1922 im renommierten Verlag Brokgauz-Efron, der die Revolutions- und Bürgerkriegsjahre vorerst überstanden hatte, erschienen.[7] Die Abfassung des Textes fiel zeitlich mit außerordentlich dramatischen persönlichen Verhältnissen und der Zuspitzung des Kampfes der Bürgerkriegsparteien um Petrograd zusammen: Die beiden Kinder der Anziferows waren im Juli 1919 gestorben; Krasnaja Slavjanka, ein Vorort Petrograds, wo die Anziferows damals in einem Waisenheim lebten, war im September 1919 von Judenitsch, dem General der weißen Bewegung, eingenommen worden. Persönliche Schicksalsschläge und Entscheidungen über das Schicksal der Stadt waren so zusammengekommen. Das Buch ist geschrieben »de profundis«, aus den Tiefen der Niederlage und des Endes. Die Stadt starb »unter unseren Augen«, wie es der Grafiker Mstislaw W. Dobuschinski formuliert und vor allem gezeichnet hat. Nie war, wie Wladislaw F. Chodassewitsch gesagt hatte, die Stadt schöner als in jenen Jahren 1920–1922, als alle Farbe von ihr abgefallen und noch das gewöhnlichste Gebäude als etwas Besonderes und Individuelles hervorgetreten war. Alle Arbeit war zum Stillstand gekommen. Der Hafen reglos. Keine Rauchfahne am Himmel in einer Stadt, die einmal das Herz der russischen Industrie gewesen war. Alles Leben hatte sich zurückgezogen. Die Stadt als pures Artefakt. Hängend wie ein »Mond zwischen den Zeiten« (Viktor Schklowski). Verlassen von ihren Bewohnern, die, wenn sie überleben wollten, aufs Land gezogen waren.[8] Anziferow blieb der Stadt auch später treu. Nach »Die Seele Petersburgs« erscheint 1923 »Das Petersburg Dostojewskis«, eine Studie, die Dostojewskis Romane in die Topographie der Stadt zurückholt.[9] 1924 erscheint »Vergangenheit und Mythos Petersburgs«.[10] Zum Petersburger Thema kehrte Anziferow zurück in den Kriegsjahren. 1944 verteidigte er seine Kandidaten-Dissertation am Institut für Weltliteratur zum Thema »Probleme des Urbanismus in der russischen Literatur (Versuch zur Konstruktion der Stadtgestalt – das Petersburg Dostojewskis – auf der Grundlage der Analyse literarischer Traditionen)«.[11] Die Stadt war mit seinem Leben mehr verbunden, als ihm lieb sein konnte: Sein Sohn starb im Blockade-Leningrad, seine Tochter war von den Deutschen zur Zwangsarbeit nach Deutschland verschleppt worden – erst 1948 erfuhr er, daß sie überlebt hatte und in die USA gegangen war.[12]

Anziferows Buch ist ein Buch des Abschieds von Sankt Petersburg als der »Hauptstadt des tragischen Imperialismus«. Eine ganze Generation war herangewachsen in dem Bewußtsein, in einer einzigartigen Stadt zu leben. Petersburg zwischen Jahrhundertwende und Ausbruch des Ersten Weltkrieges war eine Stadt des rasanten Aufschwungs und der Beschleunigung und zur gleichen Zeit eine Stadt der äußersten Gefährdung, lange vor der Revolution, lange vor der Verlegung der Hauptstadt im Frühjahr 1918 nach Moskau, lange vor der Entvölkerung in den Jahren des Bürgerkriegs. Hellwache und sensible Zeitgenossen sahen Petersburg aufs höchste bedroht – zunächst nicht so sehr durch eine Revolution, sondern durch den Kapitalismus. In wenigen Jahren war aus der Residenzstadt eine große europäische Metropole geworden: mit Banken, Industrieanlagen, Geschäften. Petersburg, die Stadt der Bürokratie, der Kasernen, der Repräsentation war auf dem Weg zu einer modernen Großstadt. Petersburg um 1900 war eine Stadt im Baufieber. Über die Portiken der klassizistischen Palais hatten sich Reklame- und Anzeigentafeln gelegt. Petersburg drohte, wie es die Adepten des alten Petersburg aus dem Kreis der Zeitschrift »Welt der Kunst« sahen, »eine Stadt wie jede andere« zu werden. Petersburg feierte um 1900 einen Kult der Schönheit: gegen Vulgarität, Kommerz, Banalität, Marktschreierei.[13] Das intellektuelle Petersburg kultivierte seit jeher eine spezifische Art von Snobismus und aristokratischer Reserve gegen einen allzuschnell sich entwickelnden Parvenu-Kapitalismus à la russe und entwickelte ein gesteigertes Gefühl für die Bedrohung der Form überhaupt. In dem Augenblick, da sich die Ansätze eines modernen Städtetourismus entwickeln, da das Genre der Stadtführer und Baedeker in Schwung kommt, nimmt die Stadt, so scheint es, schon wieder Abschied von sich selbst. Was dann aber nach Ausbruch des Krieges und der Revolutionen geschah, hat mit diesem langen Abschied nichts mehr zu tun. Nun geht es nicht mehr um einzelne Baudenkmäler, die der Spekulation zum Opfer fallen wie im Vorkriegsboom, sondern um die Existenz der Stadt als urbanes Gebilde, als soziales Institut oder, wie Anziferow es einmal genannt hat: die Stadt als »Kristallisation unserer Zivilisation«[14]. Die Bewohner und Bewunderer Sankt Petersburgs hatten mit eigenen Augen ansehen müssen, wie ihre Hauptstadt unterging. Sie hatten die Entvölkerung, die Flucht aufs Land, in die Emigration, die Auflassung der Paläste mitangesehen. Bibliotheken und private Sammlungen wurden herrenlos, und wenn es überhaupt jemanden gab, der der vollständigen Zerstreuung der Kultur in alle Winde Einhalt gebot, dann war es einzig eine von kunstsinnigen Intellektuellen, die im Lande geblieben waren, unterstützte Staatsmacht. So lag die Stadt, als Anziferow sein Buch schrieb: der Kälte preisgegeben, der Hafen geschlossen, gedemütigt und verlassen. Eine schreckliche Pracht. Anziferow fixiert Petersburg im Augenblick seines Verschwindens.

Kreisen um den Genius loci

Anziferows Buch ist unter den denkbar chaotischsten Umständen eines zivilisatorischen Ausnahmezustandes verfaßt worden. Die letzten Zeilen wurden geschrieben, als sich das Leben im Lande wieder zu normalisieren beginnt und die Stadt zu den Routinen der Friedenszeit zurückkehrt, ohne daß je eine Rückkehr zum status quo ante möglich war. Anziferow schreibt sich gleichsam an seine Gegenwart heran. Die letzten Petersburg-Bilder, die er vorstellt und analysiert, sind einer Stadt gewidmet, die seit 1915 Petrograd heißt und deren Dichter schon Zeitgenossen des Autors selbst sind: Achmatowa, Mandelstam, Majakowski. Der Gegenstand, von dem Anziferow handelt, ist noch ganz und gar in Bewegung, in Gärung, die Geschichte ist noch nicht zum Stillstand gekommen – und tatsächlich wird die Stadt zwei Jahre nach Abschluß des Manuskripts ja bereits einen anderen Namen tragen: den Namen Lenins, des Mannes, der der Petersburger Epoche der russischen Geschichte ein Ende bereitet hatte. Die Lage ist unübersichtlich. Die Stimmung ist düster. Petropolis figuriert auf den letzten Seiten als Nekropolis. Und doch ist »Die Seele Petersburgs« ein Buch, das nicht aus dem Augenblick heraus, nicht aus einem Anfall von Nostalgie und Verzweiflung geschrieben worden ist. Das Ziel des Buches war, wie Anziferow schreibt, »auf der Grundlage von Denkmälern der russischen Literatur eine Skizze davon zu entwerfen, wie sich das Bild Petersburgs entwickelt hat«,[15] also eine Rekonstruktion der Petersburg-Bilder von der Gründung der Stadt bis in die nachrevolutionäre Zeit.

Seiner Rekonstruktion der Bilder von Sankt Petersburg oder des Mythos Sankt Petersburg gehen systematische Überlegungen voraus, die darauf hindeuten, daß es sich nicht um eine Gelegenheits-, sondern durchaus um eine Art Meisterarbeit handelt. Die Frage ist, wie sich der *genius aevi* und der *genius loci* fassen und woran sich der Geist oder die Seele einer Stadt zeigen lassen. Anziferow ist überzeugt, daß dies möglich ist, und zwar auf eine streng wissenschaftliche Weise. Wenn es möglich ist, dann am ehesten am Beispiel der eigenen Stadt, mit der man am vertrautesten ist. Wer diesen Geist fassen und zur Sprache bringen will, muß die Sprache der Stadt selbst erlernen und verstehen. Man muß sich der Stadt zuwenden, ihre Laute vernehmen, ihre Farben registrieren, sogar das Spiel von Licht und Schatten beobachten. Zuwendung und Öffnung zur Stadt ist etwas anderes, als nostalgischen Phantasien oder Projektionen nachzulaufen. Anziferow enwickelt eine Art Methode, wie dies geschehen könnte:

Man muß einen Punkt finden und bestimmen, von dem aus sich die Stadt übersehen läßt, gewissermaßen eine Vogelperspektive, aus der sich das Relief der Stadt abtasten und erfassen läßt. Das Auge kann sich gleichsam an den

Wachstums- und Jahresringen der Stadt festhalten, sich vorarbeiten entlang der Linien, die im Stadtplan festgehalten sind. Schon die Beschäftigung mit dem Ort, an dem die Stadt angelegt wurde, ist aufschlußreich: Petersburg, in einem von finnischen Stämmen bewohnten Flußdelta gelegen, liegt außerhalb des russischen Kernlandes und ist wahrhaftig eine exzentrische Gründung. Die Entscheidung für den Ort außerhalb des Zentrums ist bereits eine Entscheidung für Selbstbehauptung, für Bruch mit der Tradition, eine Revolution gegen schrittweises und organisches Wachstum, ein voraussetzungsloser Schritt, eine Dezision ohne Vorbild. Bereits in dieser Lage, in der Anstrengung ihrer Gründung, ist die Natur herausgefordert und der Bruch mit der Vergangenheit Rußlands für alle Zeiten festgeschrieben. Die Gründung ist von keiner Naturgegebenheit getragen, sondern, gleichsam gegen alle Naturgegebenheit, ein Willens- und Kraftakt, mit dem die Natur herausgefordert ist.

Von allem Anfang an ist der Stadt die Figur des »tragischen Imperialismus« eingeschrieben. Anziferow identifiziert in Puschkins Poem vom »Ehernen Reiter«, jener grandiosen Skulptur Peters des Großen, die der französische Bildhauer Etienne Maurice Falconet durch Vermittlung Voltaires und Diderots auf Geheiß Katharinas der Großen hergestellt hatte, die Gestalt und den *genius loci* der Stadt Sankt Petersburg. Die herrscherliche und herrische Geste des Zaren und die von den Hufen des Rosses zerstampfte Schlange stehen für den Kampf von Kultur und Natur, von menschlichem Genie und natürlichen Elementargewalten, für die Opposition, um die herum sich die Geschichte und die Bilder der Stadt Petersburg fortan entfalten werden.

Anziferows Entfaltung des *genius loci* beschränkt sich indes nicht auf jenes zentrale und von Alexander Puschkin in unvergleichlich dichte und poetische Sprache gebrachte

Symbol. Sein Blick geht über die Stadt hin, und er macht in ihr die Topographie des Reiches aus, Sankt Petersburg als imperiales Gebilde. Die Sphingen an den Kais, die Palmen aus den Orangerien, die Eremitage, die Propyläen am Gebäude der Bergbauakademie, die Kolonnaden der Börse, das rote Klinkerbauwerk des Riesenkomplexes von Neu-Holland und die mandschurischen Löwen – sie alle stehen für die Weite des Imperiums, das mühelos die Erbschaft des syrischen Palmyra, der ägyptischen Tempelstraßen, der Anlagen von Paestum, der Fassaden der Renaissancebauten und des französischen Barock zusammenbringt. Sankt Petersburg ist wahre Reichshauptstadt, das ist keine leere Behauptung, kein leerer Anspruch, sondern erschließt sich mühelos jedem, der einen genauen Blick auf die Stadt wirft. Die untergegangenen Reiche und imperialen Vorläufer sind als Zitate an einem Ort präsent. Sankt Petersburg hat sich Symbole und Prunkstücke der ganzen Welt einverleibt. Die Petersburger Stadtlandschaft als Abbild der Weltkultur.

Anziferow richtet seinen Blick auf die architektonische Landschaft und versucht, ihre Perspektiven, das System der Straßen und Plätze, ihre Sichtachsen als »kulturelles System«, als »Zeichensystem« zu lesen.[16] Petersburg ist eine von Anfang an aus einem Plan hervorgegangene Stadt, und Anziferow beschwört die Großzügigkeit und Großartigkeit der Anlage des Senatsplatzes, des Schloßplatzes, des Theaterplatzes. Er fügt sogar die nicht gebauten oder unvollendet gebliebenen Projekte hinzu – etwa Peters Wunsch, die Wassili-Insel als eine Art nordisches Venedig mit Hafen und Wasserstraßen aufzuführen. Anziferows Petersburg ist vor allem das petrinische, das katharineische und alexandrinische; was danach kommt, ist für ihn ein Verstoß gegen die Idealstadt, eine Abweichung und Abirrung, eine babylonische, ja asiatische Entgleisung. Anziferow steht hier ganz im Sog des antibourgeoisen Ressentiments und der aristokratischen Reaktion auf den Siegeszug von Jugendstil und Art nouveau, wie sie vom Kopf des Zirkels um die Zeitschrift »Mir iskusstwa«, Alexander Benois, 1902 formuliert worden war. Benois' Lobpreis auf das »pittoreske Petersburg«, mit dem freilich nur das barocke und das klassizistische Petersburg gemeint waren und womit die Petersburg-Renaissance kurz nach der Jahrhundertwende eingeleitet worden war, wird von Anziferow – einschließlich der darin formulierten Vorurteile gegen den Jugendstil – ganz und gar geteilt.[17]

Anziferow geht, methodisch konsequent, noch einen Schritt weiter. Er verweist auf die Erschließung der »unsichtbaren Stadt«, auf die »hindurchschimmernde Vergangenheit«, die transparent gemacht und zur Sprache gebracht werden kann. Die Geschichte der Stadt kann zum Klingen gebracht werden und entfaltet so erst ihren Reichtum. Anziferow zeigt dies am Ingenieurschloß, dem Schauplatz der Ermordung des Zaren Paul im Jahr 1801. Die Stadt beginnt sich so mit historischem Personal zu bevölkern. Zu dieser Belebung der sichtbaren Stadt gehört auch das Studium all jener Literatur, in der die Wahrnehmung und die Blicke der anderen, seien es ausländische Reisende und Besucher Petersburgs, seien es russische Schriftsteller, die aus der Provinz in die Hauptstadt gezogen sind, ihren Niederschlag gefunden haben. »Petersburg in der Literatur« ist ein unermeßlich großer Fundus, aus dem der Geist des Ortes erschlossen werden kann. Aber auch die bloßen Namen – Straßennamen, das onomastische System – sind für seine Stadterschließung von Bedeutung. »Die Bezeichnungen der Stadt sind die Sprache der Stadt«: Ihre Viertel, ihre Prospekte und Straßen bilden einen Text, der dechiffriert werden kann.[18]

Anziferow unternimmt im ersten Abschnitt also eine Art methodischer Selbstvergewisserung. Es geht um die Frage der Imperialität, die Frage der Perspektive und Sichtweise, die Frage der Lesbarkeit der gebauten und sichtbaren Stadt, die Frage der Rekonstruktion der verschwundenen und unsichtbaren Stadt, die Bedeutung von Fremdwahrnehmung und literarischer Selbstbeschreibung, schließlich die Aussagekraft von Topographie und Onomastik – dies alles zeigt, daß Anziferow schon zu diesem Zeitpunkt, noch bevor er seine grundlegenden urbanistischen Studien vorgelegt hatte, ziemlich elaborierte Vorstellungen vom Problem der Bestimmung und Analyse des *genius loci*, des Geistes oder der Seele einer Stadt, besessen hat.[19]

Was dann folgt, ist die Analyse der historischen Abfolge der Bilder von Sankt Petersburg. Anziferow versucht das Auf und Ab bestimmter Bildkonjunkturen herauszuarbeiten. Ausführliche und genau ausgewählte Zitate sind gleichsam die Bildergalerie, durch die der Autor kommentierend, reflektierend wandert und durch die er den Leser führt.

Bilder von Petersburg sind nicht von Anfang an da. Sie bauen sich auf, sie werden produziert. Die »Arbeit am Mythos« geht Generation für Generation, Jahrzehnt für Jahrzehnt. Eine Schicht fügt sich zur anderen und verschmilzt zu einem Ganzen, so daß irgendwann, post festum, von einer Petersburger Epoche der russischen Kultur, die mit der russischen Revolution zu Ende gegangen ist, gesprochen werden wird. Zur sakralen Stadt, die ihren Nimbus vom heiligen Petrus, vom heiligen Alexander Newski und von allerlei nichtchristlichen Göttern herleitet, fügt sich die mythische Stadt – das nördliche Rom, das Palmyra des Nordens – die Stadt eines Goldenen Zeitalters, die Michail Lomonossow in seinen Oden besingt. Zur Hauptstadt des Kaiserreiches, zum »Neuen Rom«, das die Erbschaft der untergegangenen Reiche angetreten hat, tritt irgendwann, als sich die Stadt mit ihren ersten großen Prospekten und Bebauungen aus dem Delta herauszuheben begonnen hat, das architektonische Gebilde, der Artefakt, gleichsam verselbständigt, und wird zum Gegenstand des Staunens und Lobpreisens eines Konstantin N. Batjuschkow. Nach einem guten Jahrhundert steht die Stadt im Zenit ihres Glanzes, gefaßt von Alexander Puschkin, dem Dichter des Goldenen Zeitalters. Daß er die Stadt als das Doppelte, das Ambivalente faßt, als unvergleichlich schönes *und* als todgeweihtes Gebilde, als Gegenstand maßloser Bewunderung und eines Erschreckens vor menschlicher Maßlosigkeit, läßt Puschkin zum Schöpfer des Petersburger Mythos werden, in dem die Faszination durch das, was menschliches Genie und Tatkraft vermögen, und die Angst vor der Herausforderung der Elementargewalten und dem fatalen Untergang Hand in Hand gehen. Unaufgelöst bleibt im »Ehernen Reiter« der Gegensatz zwischen der Faszination durch die Kraft der despotischen Setzung und die Rebellion des angstvollen »kleinen Mannes« gegen den hochfahrenden Herrscher. Von da an ist Petersburg immer beides: eine Kristallisation menschlichen Genies und die Drohung des Untergangs.

Man könnte denken, daß in dieser Figur und in dieser Spannung alles gesagt und der Petersburger Mythos zu einem Ende gekommen ist. Doch er gewinnt an Kraft, er entfaltet sich nach vielen Seiten, er lädt sich auf, er wird zum Projektionsraum und zur Bühne, auf der alle Fragen russischer Geschichte verhandelt werden. Er tritt nach Puschkin in ein neues Stadium seiner Metamorphosen. Mit Nikolai Gogol erscheint Petersburg nicht mehr nur als glänzende goldene Residenz, sondern als städtische Szene, die aus eigener Kraft lebt. Im Schoße der klassizistischen Residenz beginnt sich etwas Neues zu regen: die Stadt der unendlich vielen Berufe, Gesichter, Bewegungen. Gogol ist überwältigt von dieser für Rußland neuen Erfahrung des Urbanen. Darin löst sich alles Feste auf. Petersburg wird der Ort der flüchtigen Schatten, der Anonymität, des Unpersönlichen, der Auflösung des Fixen und Wirklichen in einen flirrenden Vorhang von Lug und Trug, in eine Welt des Scheins. Der Petersburger Stadtraum wird zur Beobachtungsstation für eine neue Stufe gesellschaftlichen Lebens und zum Verhandlungsraum für die aufkommende Moderne. Aber wir verdanken Gogol nicht nur die Wahrnehmung einer neuen, gerade entstehenden Welt des Urbanen, Formen der Beschreibung, Texte, die auf der Höhe der Zeit ein neues Phänomen – die Stadt – fixieren, sondern Gogol ist auch der erste, der Petersburg und Moskau als die Verkörperungen der Gegensätze russischer Geschichte und Kultur aufmarschieren läßt oder in Szene setzt. Düstere Töne beginnen zu dominieren: wiederum das Motiv der Überschwemmung und des von den Fluten davongetragenen Sarges bei Alexander Odojewski, die sündige Stadt unter dem weiten ewigen Himmel bei Michail Lermontow, die kranke und krankmachende Stadt bei Dmitri Grigorowitsch, ja sogar die Phantasmagorie der auf den Meeresgrund gesunkenen Stadt Atlantis. Von nun an wird Petersburg zur Chiffre des Kampfes zweier Linien: Petersburg wird zum Symbol des russischen Weges – für die einen ein Weg ins geschichtliche Abseits, in den Verfall, für die anderen der Weg nach Europa und in die Zukunft. Petersburg wird zum Zentrum des Weltanschauungskampfes zwischen Westlern und Slavophilen, wobei keine Seite es sich nehmen läßt, die Stadt für die je eigene These in Beschlag zu nehmen. Die Stadt wird zu einer philosophischen These – und so ist es für viele bis heute geblieben. Petersburg als Ort der Demonstration von Weltanschauung, patriotischer Haltung und Gesinnung. Der Petersburg-Diskurs ist die Façon de parler für die Verhandlung von Grundfragen russischer Existenz.

Es bedurfte der *newcomer*, des frischen Blicks der Zuwanderer aus der Provinz in die Hauptstadt, um den Petersburger Kosmos mit all seinem Zauber des Urbanen neu zu entdecken. Das geschah in den von Bewunderung und Staunen gezeichneten Bildern solcher »Provinzler«, wie Garschin und Korolenko es waren. In einem kleinen Abschnitt über Dostojewskis Petersburg faßt Anziferow zusammen, was er in einer eigenen Studie gleichen Namens ausführlich dargestellt hat: Dostojewskis Abneigung gegen die »charakterlose« Hauptstadt des Reiches, die er als »die allerabstrakteste Stadt der Welt« bezeichnet und gleichsam kanonisch verankert hat; aber auch die tiefe Abhängigkeit aller Dostojewskischen Figuren und Handlungen von der Petersburger Umgebung, speziell dem Viertel um den Heumarkt, in dem er selbst gelebt hat. Die Stadt, einem Hotel ähnlich, wird zum Gehäuse der unendlich vielen menschlichen Schicksale, die tragisch miteinander verbunden sind, ohne etwas voneinander zu wissen. Kälte, Distanz, Anonymität, Entfremdung, Indifferenz und leidenschaftliche Ausbruchsversuche – Dostojewski findet in Petersburg den Schauplatz des modernen Menschen. Die Wahrnehmung Petersburgs kann von nun an nicht mehr zurückgehen hinter Dostojewskis Petersburg, es sei denn um den Preis von Verkitschung und nostalgischer Verklärung. Dostojewski überführt Petersburg in seiner Literatur in den Zusammenhang der europäischen Moderne, stellt Zeitgleichheit her. Petersburg ist von nun an ein Teil des Universums der Moderne. Es gibt kein Zurück mehr. Sinaida Gippius' Stadt des Todes, Mereschkowskis Schauplatz der Apokalypse, auch Andrej Belys »Großstadt-Roman« von 1913 kommen wohl aus dem Sog oder Schatten von Dostojewskis Petersburg nicht mehr heraus. Vor dem Hintergrund der bösen Stadt erglänzt noch einmal »Peters Geschöpf« in der fast propagandistischen Rehabilitierung des schönen steinernen Leibes der Stadt, erst bei Alexander Benois, dann als strahlender Höhepunkt und Abschluß in den neoklassizistischen Versen der Akmeisten, in den Gedichten der Achmatowa und Ossip Mandelstams. Wahrscheinlich ist es nicht Alexander Blocks mythische und in den Revolutionsnächten in Wahrnehmungsfetzen zerfallene Stadt, sondern die Stadt der Akmeisten, in der Anziferow seine »Hauptstadt des tragischen Imperialismus« am vollkommensten verkörpert fand. Anziferow war sich sicher, daß auch das andere Petersburg, das Petrograd der Revolution, seinen Dichter, seinen roten Sänger noch finden würde – aber Wladimir Majakowskis lautes Genie meinte er damit ausdrücklich nicht. Anziferow hat sich in seiner Revue bis in seine unmittelbare Gegenwart vorgearbeitet, und es wäre ein ganz eigenes und reizvolles Kapitel, zu fragen, in welchen Bildern die Schicksale dieser Stadt im 20. Jahrhundert, in den Jahrzehnten, da die Stadt Leningrad hieß, fortgeschrieben wurden und wie sie, in welchen Metamorphosen auch immer, dem *genius loci* treu blieben.

Ein russisches Intellektuellenschicksal im 20. Jahrhundert

Nikolai Anziferow widerfuhr, was fast allen russischen Intellektuellen seiner Generation widerfahren war: für lange Zeit spurlos zu verschwinden im Orkus des Vergessens. Die Lebensstationen des 1889 geborenen und 1958 verstorbenen Anziferow sind in vieler Hinsicht bezeichnend: hineingeboren zu werden in ein Rußland in Aufbruch und Krise, Aufnahme des Studiums und des politischen Erwachens im Zenit des Silbernen Zeitalters, hineingerissen zu werden in die durch den Ersten Weltkrieg ausgelöste Kettenreaktion, die Wirren der Revolution, in denen alle Lebenspläne und Existenzen über den Haufen geworfen werden, und sich – sofern sie nicht zugrunde gegangen waren – neu aufbauen, neu erfinden müssen. Für diese Generation gab es nur eine kurze und fruchbare Atempause, in der sie schöpferisch alles zusammenpreßte, was in ihr in zwei vorrevolutionären Jahrzehnten angelegt und vorbereitet worden war, so als müßte sie es unbedingt loswerden vor dem »Großen Sprung«, vor dem großen Abgrund, der sich mit dem Jahre 1929 auftut, in dem das Land in eine neue Phase der industriellen Mobilmachung und mit dem Beginn der Zwangskollektivierung in eine neue und finale Runde des Bürgerkrieges eintritt. Verhaftung, Lager, Umgründung der ganzen Existenz im Ausnahmezustand, Not, Bedrängnis und Tod in der allernächsten Umgebung, Reise über die Karte des Archipels Gulag bis an die Grenzen des Imperiums und dann, als sei dies nicht alles schon genug: der deutsch-sowjetische Krieg, in dem alles in den Schatten gestellt wird, was es bis dahin an Zerstörung schon gegeben hatte. Eine ganze Gesellschaft im Überlebenskampf gegen einen äußeren Feind und in Selbstbehauptung gegen ein Regime, das an nichts anderes denkt als an die Behauptung seiner Macht. Und nach den Nachtmahren von Säuberungen, Krieg, Hungersnöten für jene, die davongekommen waren, noch einmal ein Anfang, der vielfach oft schon der dritte oder vierte war. Nach 1945 herrschte wenigstens ein Friede, der es einem erlaubte, im eigenen Bett zu sterben. So klingen Leben aus in einer Gesellschaft, die in den späten 1950ern und frühen 60ern eben dabei ist, sich von der furchtbaren Überspannung der Kräfte zu erholen und sich zu regenerieren. Das alles ist irgendwie in groben Zügen bekannt. Aber hinter diesen groben Zügen verbergen sich die Schicksale von Millionen, und in diesen Millionen Schicksalen wiederum sind die vielen Tausende Schicksale untergegangen, die doch über ein eigenes Gesicht, ein dichtes Œuvre, eine individuelle Biographie verfügen. Die Arbeit von Generationen von Archäologen der russischen Schicksale wird nicht ausreichen, ihnen ihr Gesicht und ihre Würde zurückzugeben. Aber die Arbeit hat begonnen.

Anziferow war nie so bekannt wie »Die Seele Petersburgs«.[20] Sein Name wurde gleichsam in einem Atemzug mit dem Buch genannt, als ein Anhängsel. Aber sein Gesicht, seine Gestalt, seine Persönlichkeit waren gleichsam verschwunden. Erst die Edition seiner Erinnerungen »Aus Gedanken über das Vergangene« – zuerst in »Pamjat«, einem in Paris erschienenen Almanach des russischen Exils, der sich unvergängliche Verdienste um die Wiederaneignung der russischen Geschichte erworben hat, dann in einer erweiterten Fassung, die in Rußland selbst auf den Markt kam – hat ihn über den Kreis seiner Schüler und Freunde, über den Kreis der Teilnehmer der nach ihm benannten »Anziferowschen Vorlesungen«, in denen sich früh schon die Vertreter der russischen Variante von »urban and cultural studies« zusammengefunden hatten, bekannt gemacht. Es ging ihm wie den meisten russischen Intellektuellen, deren Leben und Werk im schwarzen Loch der Sowjetzeit verschwunden waren und deren Biographien noch nicht geschrieben worden sind.

Nikolai Pawlowitsch Anziferow wurde am 30. Juli 1889 – dem 11. August des neuen gregorianischen Kalenders, der 1918 in Rußland eingeführt wurde – auf dem Gut Sofiewka in der Nähe der ukrainischen Stadt Uman im damaligen Gouvernement Kiew geboren. Auf diesem Gut des Grafen Potocki war sein Vater, Pawel Grigorjewitsch Anziferow, der selbst aus Archangelsk stammte und in Petersburg das Landwirtschaftsinstitut abgeschlossen hatte, Direktor der Schule für Landwirtschaft und Gartenbau.[21] Seine Mutter war die Tochter eines Bauern aus dem Gouvernement Twer, der in Petersburg eine Anstellung als Heizer im Winterpalais gefunden hatte. Zwei Jahre später – 1891 – fand der Vater eine neue Stellung als Direktor der berühmten Nikitinschen Parks auf der Krim. Die Gärten und Parks von Sofiewka und auf den Berghängen bei Jalta prägten ihn, der später auch die Gärten der Villa d'Este in Italien besuchte und für viele Jahre in den Parks von Peterhof und Zarskoje Selo Quartier gefunden hat, sehr stark. Nach dem Tod seines Vaters im Jahre 1897 zog die Mutter mit den Kindern nach Nowo-Alexandrowka im Gouvernement Lublin, auf ein Gut der Czartoryskis, und dann nach Kiew, wo er 1904 ins Erste Kiewer Gymnasium eintrat.

Es muß bis zum Tode des Vaters eine glückliche Kindheit in einem behüteten Hause gewesen sein. Der Vater hatte einen Flügel kommen lassen, die Mutter spielte ziemlich gut Klavier, die Bonne, eine Deutsche aus Riga, las dem Knaben die Märchen der Brüder Grimm, von Hauff und Andersen vor. Der Knabe übte sich in Ritterspielen, legte sorgfältige Schmetterlingssammlungen an. Er las viel: griechische Sagen, Shakespeare, Walter Scott, Byron, Dumas père, »Taras Bulba«, über die Helden der Epoche Ohm Krueger und Lord Kitchener. Er kam schon als Knabe und Jugendlicher viel herum: auf der Krim, nach Berlin, Bad Nauheim, Bald Wildungen, er war gut mit Kiew vertraut – seine Schule, das Erste Kiewer Knabengymnasium, ist der Schauplatz der Handlung von »Die Tage der Turbins« von Michail Bulgakow und der Studienort einer ganzen Generation später berühmt gewordener russischer Intellektueller – des Philosophen Fürst Sergej Trubetzkoj, der Schriftsteller Konstantin Paustowski und Michail Bulgakow, des Chansonniers Alexander Wertinski und anderer. Er wuchs auf in einem Haus, das nicht untypisch war für jene sich bildende Mittelklasse, die erste Generation, die es, oft aus dörflich-bäuerlichen Verhältnissen stammend, »geschafft« hatte und die die Basis einer bürgerlichen Entwicklung Rußlands hätte werden sollen.

Wie alle aufgeweckten jungen Russen kann er sich dem

Geist der Zeit nicht entziehen. Der russisch-japanische Krieg 1904/05, dann die revolutionären Erschütterungen der Jahre 1905/07 setzen neue Themen auf die Tagesordnung. Man liest Schopenhauer und Nietzsche, diskutiert die Geschlechterfrage und Frank Wedekinds »Frühlings Erwachen«. In einer kosmopolitischen Stadt wie Kiew, wo man von polnischen, jüdischen Klassenkameraden und Freunden umgeben ist, ist Anziferow mitten hineingeworfen in den Strudel der Ereignisse. Die Revolution erlebt er auf dem Kreschtschatik in Kiew. Diese Jugend verstand sich als Erbe und Fortsetzerin der Tradition der Dekabristen und der Narodniki der 1870er Jahre, freilich ohne deren Fehler wiederholen zu wollen. Schon in seiner Jugend kommt Anziferow weit in Rußland herum – in Moskau, in Petersburg, in der Smolensker Gegend. Früh lernt er schon Europa kennen: Italien, Frankreich, Deutschland, Norwegen.

Sein Studium beginnt er 1908 in Petersburg – in jenem legendären Kollegiengebäude, das Peter der Große hatte errichten lassen. Petersburg war für ihn damals noch nicht die Stadt, sondern die Universität, das russische Athen, wo er Berühmtheiten seiner Zeit hörte und kennenlernte: den Literaturwissenschaftler und Kenner der russischen Geistesgeschichte Dmitri N. Owsjanniko-Kulikowski, den Historiker Iwanow-Rasumnik, die Philosophen Lew Schestow, Nikolai O. Losski, Iwan I. Lapschin und Alexander I. Wwedenski, den Dichter und Philosophen Wjatscheslaw Iwanow, die Schriftsteller Fjodor Sologub und Leonid Andrejew. Wie alle seiner Generation ist er ergriffen vom Pathos der Aufklärung und von einem fast naiven Glauben an die Macht des Wissens. Die Universität ist ihm fast ein sakraler »Tempel der Wissenschaft«. Aber nicht nur die Lehrer waren Berühmtheiten, auch die Altersgenossen und Mitstudierenden werden von sich reden machen: der Regisseur Sergej E. Radlow, der Althistoriker Michail Rostovtzeff, der Historiker Jewgeni Tarlé, der erst anarchistische, dann bolschewistische Revolutionär Juri Pjatakow, der 1937 nach dem Schauprozeß gegen das »antisowjetische trotzkistische Parallelzentrum« erschossen werden wird, oder der spätere litauische Premierminister Augustinas Woldemaras. Doch die Zentralfigur, der »padre«, wie ihn seine Schüler nannten, war zweifellos der Rom- und Mittelalter-Spezialist Iwan Michajlowitsch Grews, der zu einer Art Ersatzvater für den früh vaterlos gewordenen Nikolai Anziferow wurde. Anziferow war ein strebsamer Student, aber auch ein wacher Zeitgenosse, der die Meetings im Theatersaal der Universität besuchte, sich an den Demonstrationen anläßlich des Todes Leo Tolstois im Jahre 1910 beteiligte. Er engagierte sich für die Aufklärung der Arbeiter, hielt Vorträge an der Arbeiterschule des Obuchow-Werkes und ließ doch nie seine Studieninteressen zu kurz kommen.

Wie viele seiner Altersgenossen und seines Milieus ist Anziferow weltläufig. Er kennt Italien, Frankreich, auch Norwegen, das Land Ibsens und Peer Gynts, die Schweiz und Deutschland, dessen Dichter und Lieder er auswendig kennt. »Deutschland«, so bemerkte er in seinen Memoiren, »das ist das Heute, Frankreich, das ist die Vergangenheit, Rußland – das ist die Zukunft«.[22] Die Reisen nach Westeuropa sind Schulung seines historischen und ästhetischen Sinnes – vor allem in den italienischen Städten. Hier erprobt er für sich, was er später als »Exkursionistik« methodisch streng entwickeln wird.

Den Ausbruch des Ersten Weltkriegs erlebt er in Sankt Petersburg, das seit dem August 1914 Petrograd heißt. Er unterrichtet als Lehrer an Gymnasien und Schulen. 1915 wird seine Tochter Natalja, 1918 sein Sohn Pawel geboren. Beide sterben in den Epidemien des Jahres 1919. Er findet Arbeit in der Rossica-Abteilung der Öffentlichen Bibliothek, wo er auch auf Gleichgesinnte, vor allem auf den

Philosophen Alexander A. Mejer trifft, den *spiritus rector* des »Sonntagskreises«, der zu einem der geistigen Mittelpunkte der Petersburger Intelligenz nach 1917 werden sollte – es trafen sich darin so gegensätzliche Leute wie der Biologe Leon A. Orbeli, die Maler Kusma S. Petrow-Wodkin und Lew A. Bruni, der Literaturkritiker Lew V. Pumpjanski und die legendäre Pianistin Maria W. Judina, aber auch ein Arbeiter namens Iwan Andrejewitsch. Bei seiner Verhaftung zehn Jahre später im April 1929 wird ihm die Mitgliedschaft im »Sonntagskreis« als Vergehen angekreidet werden.[23] Doch vorerst kann er noch arbeiten, ja in gewissem Sinne erleben seine Arbeit und was ihn umtreibt eine wahre Blüte. Zwischen 1919 und 1921 kann er in einer Museumsabteilung der Petrograder Verwaltung arbeiten, er publiziert seine ersten Aufsätze über das Exkursionswesen, 1921 wird die lokalgeschichtliche Gesellschaft »Altes Petersburg« gegründet, er hält Vorträge und ist ununterbrochen unterwegs und schreibt für die Zeitschriften »Der pädagogische Gedanke« (1918–1924) und »Die Sache der Exkursion« (1921–1923). Auf Initiative seines akademischen Lehrers Grews wird 1921 ein Institut gegründet, das sich mit der systematischen Erfassung und Analyse der kulturellen Topographie Sankt Petersburg-Petrograds beschäftigt, eine Pionierinstitution der sowjetischen »urban studies« und der Alltagsgeschichte, könnte man sagen. Das Institut wird sein Arbeitsmittelpunkt, er stellt Anthologien zum »Petersburger Text« zusammen, arbeitet ein System der Exkursionen für Petersburg und seine Vororte aus, entwickelt die Theorie und die Methoden der Exkursion weiter. Als das Institut für Exkursion 1924 geschlossen wird, verlegt er seine Aktivitäten auf Publikationen und Vortragstätigkeit im ganzen Land. Allein in der Zeit von 1921 bis 1929 erschienen aus seiner Feder an die 15 Monographien und zahlreiche Aufsätze zur Exkursionistik, zur Landeskunde (kraevedenie) und zur Stadtkunde (gradovedenie). Er arbeitet Exkursionen zum Newski Prospekt aus – eine Arbeit, die der Wiederentdeckung noch harrt – und verfaßt Arbeiten zum Thema »Das Wirtschaftsleben Petersburgs in der russischen Belletristik«. Für Anziferow waren die kurzen 20er Jahre wie für die Angehörigen der Intelligenzija seiner Generation, die nicht ins Exil gegangen waren, eine zwar entbehrungsreiche, aber intellektuell außerordentlich fruchtbare Schaffensperiode.[24]

Sie ging abrupt zu Ende mit der Verhaftung im April 1929. Die Macht war nervös, ja panisch. Sie mußte, um ihre abenteuerlichen Industrialisierungspläne zu realisieren und um das Dorf in die Kollektivwirtschaft zu zwingen, jeden Widerstand, auch wenn es sich nur um potentiellen handelte, im vorhinein ausschalten. »Widerstand« konnte überall vermutet werden: in den Institutionen, die den Anforderungen zur Generalmobilmachung nicht gewachsen waren, in der Partei, sofern sie noch einen Sinn für Realitäten besaß, in den Kreisen der technischen Intelligenz, die wußte, daß industrieller Aufbau nicht im Stoßarbeiter- und Schockverfahren möglich war, und natürlich bei der humanwissenschaftlichen Intelligenz, die die Folgen des »Großen Sprungs« unmittelbar zu spüren bekam. Überall witterte jene zu allem, zum kurzen Prozeß und zur panischen Flucht nach vorn entschlossene Partei Widerstand, Verschwörung, gegnerische Parteibildung, Verbindungen zum Ausland, das nur auf den Zusammenbruch des revolutionären Regimes wartete. Eine kulturrevolutionäre Welle, deren Zielscheibe die »Vertreter der alten Intelligenz« waren und deren Träger meist ahnungslose, aber um so aggressivere Jungaktivisten waren, ging über das Land hinweg. Prozesse gegen konstruierte Parteien, gegen monarchistische Verschwörungen, das Komplott von Ingenieuren und Experten wurden durchgeführt. Auch Anziferow und seinesgleichen wurden Opfer der kulturrevolutionären Hysterie. »Papa ist wie alle anständigen Leute im Gefängnis«, resümierte seine Tochter. Anziferow als führendes Mitglied der »Gesellschaft für Landeskunde«, die angeblich eine wichtige Rolle bei der konterrevolutionären Machtübernahme spielen sollte, sei Teil eines Netzwerkes, dem zahlreiche bedeutende Wissenschaftler und Gelehrte der alten Hauptstadt angehört haben sollen: der Historiker Jewgeni Tarlé, der Philosoph Alexander Mejer, führende Mitglieder der alten Kaiserlichen Russischen Akademie der Wissenschaften wie Sergej F. Oldenburg, der Mineraloge Alexander E. Fersman, der Philologe Nikolai Ja. Marr, Anziferows Lehrer Iwan M. Grews, der Geograph Wenjamin Semjonow-Tjan-Schanski, vor allem aber der international renommierte Historiker Sergej F. Platonow, der angeblich als Premierminister einer künftigen weißen, antibolschewistischen Regierung vorgesehen war. Die Unterlagen, die Verhörprotokolle dieser »Akademie-Affäre« sind mittlerweile veröffentlicht, und man kann sich ein Bild von dem Wahn der »kulturrevolutionären Attacke« von 1929 machen.[25] An der Verschwörung sollen der deutsche Generalstab und der Vatikan beteiligt gewesen sein. Anziferow wurde ausgemacht als monarchistischer Schädling und Wühler an der historischen Front, als Chauvinist, der die »Gesellschaft für Landeskunde« unterwandert hatte, und zunächst zu drei, später zu fünf Jahren Lagerhaft verurteilt, die er am berüchtigten Kemperpunkt und auf Solowki antritt.

Anziferow lernt in den Gefängnissen von Petersburg/Leningrad, in der Schpalernaja und in den Kresty, ein anderes Rußland und eine neue Gesellschaft kennen. Nach seiner Verurteilung lernt er, wie viele seiner Alters- und Klassengenossen, die Welt des Lagers kennen, und zwar in seinen verschiedenen Entwicklungsstadien, in einem frühen, wo die Macht noch improvisiert, sich unsicher ist und eine phantastische Folklore des Konzentrationslagers entsteht, bis zu den Jahren, in denen der Gulag sich zum Archipel ausgewachsen hat, der bis zum Ussuri und zum Pazifik reichen wird. Bei den Rundgängen in den Gefängnishöfen in den Kresty und in der Schpalernaja trifft sich die Petersburger Gesellschaft, die Mitglieder von Zirkeln und noch existierenden Parteien. Anziferow trifft Menschen, denen er im »normalen Leben« kaum begegnet wäre: einen Mullah aus Kasan, einen Bauern, der der Entkulakisierung zum Opfer gefallen war, den Postmeister von Peterhof und viele andere. Es ist kein Trost, daß der NKWD-Beamte Albert Stromin, der Anziferow verhört hatte, später selber dem Terror zum Opfer fiel. Die ersten fünf Jahre verbringt Anziferow in den Lagern auf den Solowjezker Inseln und am Weißmeer-Ostsee-Kanal. Doch nach seiner Freilassung wird er 1937 erneut verhaftet und wandert von der Butyrka und der Taganka in Moskau nach Fernost, wo er acht Jahre verbüßen soll. Er ist dort als Holzfäller entlang der Eisenbahnstrecke tätig. Am 27. November 1939 kommt er jedoch frei und geht nach Moskau zurück – der Zweite Weltkrieg hatte auch für die Sowjetunion mit den Gefechten am Chalchin-Gol und dem sowjetisch-finnischen Krieg begonnen. Anziferow überlebt den Krieg – aber er verliert einen Sohn in der Blockade von Leningrad und eine Tochter, die von den Deutschen zur Zwangsarbeit verschleppt wird. Er arbeitet nach dem Krieg bis zu seinem Tod am 2. September 1958 in Moskau. »Als ich diese Erinnerungen zu schreiben begann, habe ich an meine Kinder gedacht: Sollen sie, diese Seiten lesend, in ihrem Geist meinen Lebensweg wiederholen. Kinder habe ich keine mehr: Sie hat der Krieg weggenommen. Ihrem leuchtenden Andenken widme ich diese Arbeit. Indem ich meine Arbeit fortsetze, schreibe ich für mich auf der Suche nach meiner

Vergangenheit, in dem Wunsch, die Gestalt des durchlebten Lebens, das im Strom der Zeit verschwunden ist, wiederzugewinnen«.[26] Aber Anziferow hat damit auch der russischen Intelligenzija ein Memorial gesetzt.

Die Hauptstadt der russischen Intelligenzija am Weißmeer-Ostsee-Kanal

Anziferow, einer der Begründer der russischen historischen Landeskunde, macht Bekanntschaft mit seinem Land auf die denkbar intensivste Weise. Er lernt das weite Land kennen auf seinen Fahrten über den entstehenden Archipel Gulag. Scherzhaft rufen sich die deportierten Petersburger zu: »Nun, Nikolai Pawlowitsch, so also geht's aus dem Palazzo in die Zelte (›ot palazzo v palatki‹), vom Barock in die Baracke (ot barokko do baraka).«[27] Seine erste Station ist Lager Nr. 1 in Medweschja Gora am entstehenden Weißmeer-Ostsee-Kanal, einem der Großprojekte des Ersten Fünfjahrplans und des Großeinsatzes von Zwangs- und Sklavenarbeit, dem Zehntausende von Menschen zum Opfer fallen. In kürzester Zeit – binnen zwei Jahren – wird dort ein seit Peter dem Großen phantasierter Wasserweg hergestellt unter den denkbar schwierigsten klimatischen und geologischen Verhältnissen. Die Temperaturen in den langen Wintern sind mörderisch, im Sommer plagen Hitze und Mücken. Mit primitivsten Werkzeugen müssen sich die Ingenieure – selber meist Häftlinge – und die Arbeiter einen Weg durch Sümpfe und Granituntergrund bahnen. An die 20 Schleusen und Dämme müssen gebaut werden – in einer kunstvollen und eindrucksvollen Ingenieur- und Bauleistung wird mit Holz gearbeitet –, um den Seeweg zwischen Ostsee und Weißmeer zu ermöglichen und den Weg um die skandinavische Halbinsel herum abzukürzen. Die Opfer und Kosten sind unvorstellbar hoch, die Leistungsfähigkeit des Kanals für Seeschiffe begrenzt, die Dauerhaftigkeit des Bauwerks zweifelhaft. Der Sinn des ganzen Projekts ist mehr als zweifelhaft, aber in der Sowjetunion des Fünfjahrplans ist es eine der Ikonen, eine der sozialistischen Großbaustellen neben Magnitogorsk, Dnjeproges, den Autowerken von Gorki und der Moskauer Metro.[28] Eine Schriftstellerdelegation – mit Koryphäen wie Viktor Schklowski, Wenjamin Kawerin, Michail M. Soschtschenko an Bord – befährt im Sommer 1932 den Kanal und liefert ein Kollektiv-Opus ab, das als eines der rätselhaftesten Werke und des tiefen Falles der Literatur gelten kann.[29] Anziferow ist dort als Häftling in verschiedenen Funktionen tätig: als Verteiler von Zeitungen entlang der Kanaltrasse, als Organisator von Kursen, bei denen die Kollektoren von Mineralien und Gesteinsproben ausgebildet werden, als Leiter beim Aufbau eines Museums, das den Bau des Kanals dokumentieren soll. Anziferow ist für einen Augenblick auch auf der Klosterinsel Solowki, die 1923 zum Ursprungsort des sowjetischen Lagersystems geworden war und auf der sich bis Ende der 20er Jahre, bis zur Reorganisation des Gulag-Systems, Züge erhalten hatten, die das Lagersystem nicht nur als Straf- und Isolierungssystem, sondern als System der »perekowka«, der Umschmiedung und Umerziehung, der Umformung des alten in den »neuen Menschen«, verwirklichen sollten. Anziferow traf im Lager die legendären und berüchtigten Organisatoren Lasar I. Kogan und Naftali A. Frenkel. Er macht Bekanntschaft mit einem »System«, das so gar nicht zusammenpaßt mit dem Bild vom Konzentrationslager: ein Lager, in dem man Restaurants besuchen und Sonderbestellungen aufgeben kann, in dem man Gäste empfängt, in dem die Häftlinge eigene Orchester- und Theatergruppen aufbauen, in dem Dutzende Vereine und Zirkel existieren – von der Kriminologischen Gesellschaft, die die Entstehung und Bekämpfung von Verbrechen dokumentieren und analysieren soll, bis hin zur Landeskundlichen Gesellschaft, die eine eigene Zeitschrift zum Studium der Geschichte der Solowjezker Inseln und der karelischen Kanalzone herausgibt.[30] Anziferow selbst war im Lager Dozent für Mineralogie, Spezialist für Landeskunde und Kurator eines Museums, das im übrigen noch heute zu besichtigen ist: mit den Plänen, den Barackenbauten, dem grandiosen steinernen Verwaltungsbau mit den Büros für die Ingenieure, mit Schubkarren, Kiepen und Äxten, den Hauptwerkzeugen, mit denen der Wasserweg durch Sümpfe und Granit hergestellt wurde. Die Mineraliensammlung, die damals für den Bau der Trasse angelegt wurde, ist heute der Stolz des Museums.

In den Lagern, eine Nachtfahrt mit dem Zug und eine Schiffspassage von einem halben Tag Dauer von Petersburg entfernt, findet sich ein, was die Macht aus der alten Hauptstadt entfernt und deportiert wissen möchte. In Solowki – oder in der sowjetischen Abkürzung für »Solowjezker Lager besonderer Bestimmung«: SLON, was zugleich das russische Wort für Elefant ist – bildet sich eine eigentümliche Gesellschaft. Eine Petersburger Gesellschaft en miniature am Polarkreis, in der Bücher geschmuggelt und weitergereicht, Lektürekurse und Vortragsabende abgehalten werden, in der es Konzerte und Thatervorstellungen auf höchstem Niveau gibt, denn die alte Hauptstadt ist mit den besten Vertretern aus allen Künsten, geistigen Berufen und Professionen vertreten. Da Anziferow Kollektoren von Mineralien für seine Kurse rekrutieren muß, kennt er die Kartothek der Insassen, ihre Qualifikationen und ihre Herkünfte. Was sich nicht alles eingefunden hatte: Linguisten und Literaturwissenschaftler der verschiedensten Richtungen, Spezialisten in Geologie, Chemie, Petrographie, Betonbau, Mineralogie, ein Urenkel des Dekabristen Rylejew, der Bach-Spezialist und Organist Igor Weiss, der eine Oper »Staudamm Nr. 6« komponiert, Schwule und Transvestiten, die Szenen aus Wagneropern einstudieren, eine einst berühmte Moskauer Ballerina, die in der Lagerwäscherei arbeitet, nun aber den »Sterbenden Schwan« tanzen soll. Der berühmte Philosoph und Renaissancespezialist Alexej F. Lossew hält für die GPU-Mitarbeiter einen Vortrag über die Relativitätstheorie Einsteins und bekommt dafür Ovationen. Anziferow berichtet in seinen Memoiren von einem Zirkel der Bibliophilen und von einem Vortrag über Bachtins Dostojewski-Buch. Auch der Gründer des Petersburger »Sonntagskreises«, Alexander A. Mejer, arbeitete in der Planungsabteilung an der Kanaltrasse und schrieb zur gleichen Zeit eine große Studie über Goethes »Faust«. Man machte Exkursionen, um die Natur Kareliens zu studieren, las Fjodor Glinkas Poem »Karelia«. Anziferow lernte Anhänger Rudolf Steiners kennen und den Fürsten Meschtscherski, einen Angehörigen des russischen Hochadels. In späteren Etappen wird er Opfer der neuen Wellen, die in den Gulag gespült werden, kennenlernen: verhaftete Kommunisten und Tschekisten, Bucharin-Anhänger, orthodoxe Juden und Altgläubige, die von ihrem Glauben nicht lassen wollten, Kosaken, Emigranten, die das Heimweh in die Heimat zurückgetrieben hatte, Bauern, die der Entkulakisierung zum Opfer gefallen waren – ein repräsentativer Querschnitt durch die russischsowjetische Gesellschaft. Und immer dabei die Kriminellen, deren Unberechenbarkeit und Terror die schrecklichste Geißel für die Insassen der Lager waren.

Das Lager war – ganz im Sinne des jungen Gorki – Anziferows Universität. »Dieser neue Blick auf die Natur war nicht die einzige Errungenschaft meiner Universitäten im Konzlager. In Freiheit lebte ich in der sehr dünnen Schicht der russischen Intelligenzija, und meine Vorstellung von Menschen und Leben war äußerst einseitig. Das Konzlager ist kein politisches Gefängnis, nicht ein Ort der politisch Verbannten. Es war eine leibhaftige Arche Noah mit Paaren von Reinen und Unreinen, und die Unreinen waren in der Überzahl gegenüber den Reinen.«[31] Welche Bedeutung das Petersburg am Weißmeer-Ostsee-Kanal und im Weißen Meer für die Entwicklung der russischen Kultur und der russischen Intelligenz gehabt hat, das gehört zu den großen, noch zu erforschenden weißen Flecken der russischen und europäischen Geschichte.

Ortskundigkeit als Subversion, der Ort als Anker in den Turbulenzen des Jahrhunderts

Die Mitglieder einer »Gesellschaft für Landeskunde« zu verfolgen, sie der Verschwörung zu beschuldigen und sie ins Lager zu verschicken, wie dies 1929/1930 in der Sowjetunion geschehen ist, verrät durchaus einen tieferen Sinn. Die Kenntnis des eigenen Ortes, der eigenen Region oder Landschaft gehört zum wichtigsten Wissen, das Menschen und Gesellschaften von sich haben. Landes- und Ortskunde ist ein Speicher von Traditionen, von geschichtlichem Wissen. In den Anlagen von Orten und Städten manifestiert sich das Gedächtnis von Gesellschaften und Landschaften. Eine Gesellschaft, die sich neu erfinden will, muß solches aus dem Weg räumen, sie tendiert zu *Tabula-rasa*-Vorstellungen, sie muß Reliefs tilgen, Grundrisse unsichtbar machen, Strukturen, an denen sich Erinnerung und Gedächtnis festmachen, löschen.[32] Der »Sprung in die Zukunft« fällt um so leichter, wenn man Ballast und Bagage abgeworfen, sich frei gemacht hat. Der aufkommende Stalinismus etabliert – gewaltsam – eine Kultur der Amnesie, der Gedächtnislosigkeit, der *tabula rasa*. Er zeichnet den Grundriß der Gesellschaft neu. Anziferow und seinesgleichen waren da nur hinderlich. Die Beschlüsse, die zur Auflösung der »Gesellschaft für Landeskunde« und ihrer Organe geführt haben, setzten den Schlußstrich unter eine eindrucksvolle und vielversprechende Entwicklung, die in Rußland um die Jahrhundertwende eingesetzt und sich im Zuge der revolutionären Umwälzungen aufs äußerste beschleunigt hatte und in die Tiefe gegangen war. Man könnte den landes- und ortsgeschichtlichen Boom, der Rußland im ersten Drittel des 20. Jahrhunderts erfaßt hatte, als enthusiastische Selbstentdeckung eines in die Moderne aufbrechenden jungen Rußlands interpretieren. Freilich fuhr die gebildete Klasse, die es sich leisten konnte, weiter auf den Routen des europäischen Kulturtourismus: Wien, Salzburg, Vierwaldstätter See, Venedig, Ravenna, Florenz, Rom oder über Berlin nach Köln, Reims und Paris. Aber nun war Rußland hinzugekommen: sein Mittelalter, sein mediterran-hellenisch-taurischer Süden, sein eigener und so fremder Osten, vor allem aber seine Hauptstädte. Man begann, in Rußland zu reisen und das Land zu entdecken. Eine ganz neue Branche etablierte sich – die Industrie aus Hotellerie, Baedeker, Reise- und Fremdenführern, Cicerones, das ganze Eisenbahnwesen. Selbstentdeckung und Aneignung der eigenen Geschichte sind wesentlicher Bestandteil der Erfolgs- und Modernisierungsgeschichte um 1900. Darin drückten sich neues Selbstbewußtsein aus, darin reflektierte sich eine zunehmende Reisetätigkeit, aber auch schon eine Trauer über das Verschwinden der Altertümer und des Altertümlichen als den an die rapide Modernisierung zu entrichtenden Preis. Überhaupt ist die Geburt der modernen russischen Nationalkultur um 1900, die sich mit ihren Genies Kandinsky, Wrubel, Strawinsky, Schaljapin, Malewitsch, Djagilew anschickt, die Welt zu beeindrucken, zu einem erheblichen Teil der Entdeckung der eigenen Fremde und ihrer schöpferischen Synthese in den großen Laboratorien der Städte des Reiches geschuldet.[33] Iwan Michajlowitsch Grews hat vor der Revolution bereits eine Schule gebildet, die die visuelle und intellektuelle Aneignung methodisch und programmatisch ins Zentrum ihrer Arbeit gerückt hatte und die vor allem den tiefen Wunsch zum Ausdruck brachte, daß man die Welt ganzheitlich auffassen und analysieren müsse – ein Hang zur Ganzheitlichkeit, der nicht nur in Rußland in Erscheinung trat, sondern etwa auch in der Leipziger Schule eines Karl Lamprecht und Friedrich Ratzel. Überall in Europa wurden um 1900 Geschichte, Kultur, Raum neu zusammengedacht. Die Schule, aus der Anziferow hervorging, war ein Teil dieses allgemein gewordenen Strebens.

Die Revolution beschleunigte, ja radikalisierte diese Bestrebung aufs äußerste. »Die Revolution hatte breite Entwicklungsmöglichkeiten für die Entwicklung der Exkursionistik eröffnet, welche Iwan Michajlowitsch (Grews) so sehr verstand und so sehr liebte. In den ersten Jahren war die Exkursionistik wirklich auf eine so außerordentliche Höhe gehoben worden wie sonst nirgends in der Welt.«[34] Exkursionistik ist seit Grews, der für seine Doktorarbeit über die Villa des Horaz nicht nur alle verfügbaren literarischen Quellen ausgewertet, sondern auch nach Italien gefahren war, eine Methode der komplexen kulturgeschichtlichen Feldforschung geworden. Über Exkursionistik sollte ein integraler, alle Aspekte – Raum, Literatur, Kunst, Geschichte, Ökonomie – umschließender Begriff von Kulturgeschichte entwickelt werden.[35] Die Methode wurde immer weiter entwickelt und verfeinert in Fernexkursionen etwa zu Städten an der Wolga oder nach Wologda. Sie wurde vor Ort erprobt in der Erschließung Petersburgs, einzelner Stadtviertel, Straßenzüge oder Häuser. Und vieles, was Anziferow in der Einleitung des Buches über das Herausfinden des *genius loci* schrieb, stammt unmittelbar aus der Praxis der Exkursionistik – etwa daß eine Exkursion in Sankt Petersburg mit der Besteigung einer Anhöhe, also eines Kirch- oder Glockenturms zu beginnen habe.[36] Die Petersburger Intelligenz, die sich dieser Aneignung der eigenen Stadt widmete – und praktisch gehörten alle dazu: Alexander Benois, Anna Ostroumowa-Lebedewa, Wladimir Kurbatow, Boris Eichenbaum, der Goethe-Spezialist Viktor M. Schirmunski – fand ein überwältigend breites und aufmerksames Publikum vor: jene von den Zeitläuften aufgewühlte und hellwache Masse aus Arbeitern, Arbeiterinnen, jungen und wißbegierigen bäuerlichen Immigranten und frühsowjetischer Intelligenzija. Sie alle wollten sich vertraut machen mit der »Welt davor« und der »Welt danach«: Führungen über den alten und neuen Newski-Prospekt, durch die Adelspalais und die Park- und Gartenanlagen von Pawlowsk und Peterhof, die einst verschlossen waren, die Besichtigung der Interieurs der kaiserlichen Familie, aber auch schon die Besichtigung von Fabriken, in denen sich legendäre Streiks und bedeutende Revolutionsereignisse abgespielt hatten. Methoden der späteren »oral history«, Interviews und Treffen mit Zeitzeugen wurden erprobt. Die »oral history« mit der systematischen Sammlung von Familienarchiven, Autobiographien, Tagebüchern, Witzen, Anekdoten, Photos in einem extra geschaffenen »Biographischen Institut«, die Arbeit mit seriellen Masseninterviews – etwa mit Teilnehmern der 1905er Revolution – zeigen, wie avanciert die russischen Landeskundler der 1910er und 20er Jahre bereits waren. Das Interesse war riesengroß, die Mitgliederzahlen der historischen Vereine wuchsen rasch. Die Intelligenzija fand ein interessantes und respektiertes Tätigkeitsfeld.

Die Landeskundler waren ein fester Bestandteil jenes Prozesses, den man als die Bildung der Zivilgesellschaft in Rußland bezeichnen kann, in Rußland, dessen historiographische Tradition in starkem Maße eine der Staatsgeschichte und der Fixierung auf den Staat war, um so mehr: Sie war erstmals eine Geschichtswahrnehmung von unten, eine Perspektive der Massen und der gesellschaftlichen Basiskräfte. Und in den Jahren der revolutionären Umwälzung war sie in besonderer Weise animiert. Das russische Leben veränderte sich in einem atemberaubenden Tempo.[37] Die Landeskundler – *kraevedy* – fühlten sich aufgerufen, einzugreifen, zu bewahren, zu fixieren, bevor es zu spät war. »Diese Arbeit kann auf keinen Fall länger aufgeschoben werden. Das russische Leben geht in sagenhafter Geschwindigkeit dahin. Dieser schnellgehende Strom der Zeit trägt ganze gesellschaftliche Gruppen, die mit ihnen verbundene eigentümliche Lebensweise und deren jeweilige Psychologie mit sich in die Vergangenheit fort. Wenn wir jetzt nicht anfangen, diese Daten zu sammeln, dann wird vieles einfach spurlos verschwinden.«[38] Sie verstanden sich also als Archivare und Archäologen einer unter ihren Augen vergehenden Lebenswelt, einschließlich der Archivierung der revolutionären Bewegung, die im Zentrum des 1. und 2. Kongresses der Landeskundler der UdSSR in den Jahren 1921 und 1924 gestanden hatte. Aus dieser Bemühung heraus entstand die Tradition des Verlages »Werk und Fabrik« (Zavod i fabrika) und die starke Tradition der lokalen Fabrik- und Werkmuseen, die zu den Besonderheiten und Schätzen der sowjetischen Museumskultur gehören, selbst dann noch, als sie zurechtgestutzt, zensiert und gesäubert waren. Ja, Anziferow hat recht, wenn er in seinen Erinnerungen schreibt: Die 20er Jahre waren das »Goldene Zeitalter der Landeskunde« in Rußland, einer Massenbewegung mit Tausenden von Filialen und Abertausenden von Mitgliedern.

Aber ebenso eindrücklich wie der Aufstieg war auch das abrupte und für manche Beteiligten tödliche Ende. Es ist nicht auszudenken, was diese so fruchtbare Bewegung zustande gebracht und ausgeführt hätte, hätte man sie nur gewähren lassen. Eine lebhafte Debatte über die »lokale Methode« war noch auf dem Landeskunde-Kongreß 1927 geführt worden. Forschungsprogramme lagen in den Schubladen und waren reif – zur Geschichte der revolutionären Bewegung, zur Geschichte einzelner Städte und des sowjetischen Dorfes, zur Geschichte akademischer Institutionen ebenso wie zu der von Theatergruppen oder »Adelsnestern«, also den Zentren der Gutsbesitzer-Kultur. Zum Teil handelte es sich dabei um Forschungszweige und Themen, die erst nach dem Ende der Sowjetunion wieder aufgenommen worden sind.[39] Ihr Spektrum war breit und, heute würden wir sagen transdisziplinär ausgerichtet: auf Statistik, Demographie, Pädagogik, Kunst und Architektur, Gewohnheitsrecht, mündliche Überlieferung usf.

Dieser vitale Strang geschichtlicher Arbeit und Vergegenwärtigung konnte nach dem Zusammenbruch der Petersburger Kultur in seinen institutionellen Formen stillgestellt, abgebrochen werden, während die Weitergabe historischen Wissens gleichsam in den Untergrund der privaten und familialen Erzählung verbannt war, von Generation zu Generation weitergegeben wurde und sich in ganz eigenen Formen der Exploration und Fixierung weiterentwickelt hat. Während die akademische Geschichtsschreibung immer fester eingeschnürt und an die Kandare genommen wurde, während sie immer mehr intellektuell ausblutete und verdorrte, führte die Landeskunde ihr Leben nach ihrem institutionellen Tod weiter: im Verborgenen, in informellen Zusammenhängen, fortgetragen in einer Leidenschaft und Aufgeschlossenheit, die in Familien von Generation zu Generation weitergegeben wird, die sich kundtut in einer energischen Sammeltätigkeit, in einem individuellen Archivieren und Deponieren und in der Generierung eines Wissens- und Erinnerungszusammenhanges, dessen Mächtigkeit für die Stiftung kultureller Tradition und Erinnerung noch nicht einmal in Ansätzen erforscht ist. Man könnte zugespitzt sagen: Was die sowjetische Gesellschaft von sich und ihrer Geschichte wußte, wußte sie vornehmlich über diese informellen Zusammenhänge, die in der Regel nicht professionell waren und die starke Züge des Amateurhaften und Autodidaktischen aufwiesen, die dafür aber den Strom lebendigen Interesses und größter Unabhängigkeit für sich hatten. Es gehört zur Darstellung der Tragödien der Verkümmerung und vielleich sogar des Absterbens von Wissens- und Gedächtniskulturen, zu verfolgen, was aus diesen spontan generierten Netzen des Wissens und Erinnerns geworden ist. Jedenfalls dürfte es gänzlich unmöglich sein, eine »Geschichte des Geschichtsdenkens in der UdSSR« zu verfassen, ohne dieses Fundament, das in keine Institution hineinreichte, zu beleuchten. Die Weiterungen dieses Wissens schlugen eher Brücken in die Literatur, zu den Künsten, in die Publizistik als in die akademische Geschichtsschreibung, die in einer tödlichen Erstarrung endete. Es war letztlich jenes atomisierte, diffus in Kriechströmen verbreitete und nur selten wirklich artikulierte Wissen, das jene Kontinuität und jenen Halt stiftete, ohne die keine kulturelle Tradition auf Dauer auskommt.

Sankt Petersburg am Beginn des 21. Jahrhunderts. Auf der Suche nach der verlorenen Zeit

Die Geschichte Sankt Petersburgs ist noch nicht geschrieben, wie Lew Lurje kategorisch in seiner »Anziferow-Vorlesung« konstatierte. »Bis heute sind Straßburg, Tampere oder Mons hundertmal besser erforscht als die Fünfmillionenstadt Leningrad, und für die Landeskunde bleibt ein gewaltiges Arbeitsfeld.«[40] Und er deutet in einer beliebig scheinenden Aneinanderreihung von Themen an, worauf es ankommen könnte und wovon die meisten mittleren und weitaus weniger bedeutenden Städte Europas in Hülle und Fülle besitzen. Es gibt keine Geschichte der Petersburger Garderegimenter, keine Geschichte des Hoflebens; der Petersburger Jugendstil wird erst allmählich zu einem wichtigen Forschungsthema; über die Petersburger Kirchengemeinden und die multikonfessionelle Stadt wissen wir sehr wenig, ebenso über die Petersburger Vielvölkergesellschaft. Wir haben nur zu einzelnen intellektuellen Netzwerken, Szenen und Salons Aufsätze und kleine Studien. Städtische Gesellschaft Petersburgs – davon gibt es nicht einmal eine entfernte Vorstellung. Wir wissen kaum etwas über das nachrevolutionäre Schicksal der Petersburger Kirchen – »Kultbauten« hieß das offiziell in Sowjetzeiten. Wir haben kaum eine Vorstellung vom alten Petersburger Proletariat und von den neuen bäuerlichen Immigranten, die in den 20er und 30er Jahren nach Leningrad einströmten und auch diese Stadt in eine wahre »Peasant metropolis« (David Hoffmann) verwandelten. Dunkel ist die Zeit der 30er Jahre, in der die Stadt, die schon am Boden lag, ein weiteres Mal gedemütigt und geschlagen wird. Nur ganz von Ferne nehmen wir wahr, was Leningrad in den 900 Tagen der Blockade war. Es fehlt an Geschichten – ob makro oder mikro –, aus denen sich gewöhnlich Geschichte zusammensetzt. Zuweilen scheint es, als wüßten wir über die Petersburger Salons der 1830er und 1840er Jahre mehr als über den Leningrader *underground* der 1950er und 1960er Jahre. Die Arbeiterschaft der Baltischen Werft oder der Betriebe Nobel aus den 1890er Jahren kennen wir besser als die Arbeitsimmigranten der Leningrader Fabriken in den 30er Jahren der forcierten Industrialisierung. Wie viele Arbeiten gibt es zum Petersburger Barock, zu Trezzini und Rastrelli, aber wie still wird es, wenn wir etwas wissen wollen von den Gestaltern und Planern Leningrads! Kaum erkundet sind die Wege der Petersburger Kultur hinaus in die Welt – nach Paris, Berlin, New York. Erst jetzt fangen wir wieder an, die Kontaktzone um das Baltische Meer, deren bedeutendstes Zentrum Petersburg einmal gewesen war, neu zu denken. Eine neue Archäologie ist nötig, die die Schichten Sankt Petersburgs/Petrograds/Leningrads/Sankt Petersburgs aufeinander bezieht und die unsichtbare Stadt wieder sichtbar macht. Dem Petersburg-Text von Anziferow sind im kurzen 20. Jahrhundert kurze, dramatische, schockartig verkürzte Kapitel hinzugefügt worden, ohne die das heutige Petersburg nicht zu verstehen ist. Die verlorene Zeit ist also weniger jene um 1900, sondern jene, die in der Kluft, die das 20. Jahrhundert aufgerissen hat, verschwunden ist. Die Trümmer und Fragmente dieser Stadt aus dem Abgrund herauszuholen, zu bergen, sie wieder sichtbar zu machen wird schwieriger sein, als die Sequenz der Bilder zu rekonstruieren, die sich Nikolai Anziferow nach den ersten zweihundert Jahren der Existenz der Stadt vorgenommen hatte.[41] Doch anders als Anziferow, der im Schatten des Zusammenbruchs der Petersburger Kultur schrieb, kann sich die Arbeit heute tragen lassen von der Wiedergeburt der großartigen europäischen Stadt Sankt Petersburg.

Karl Schlögel
Berlin im November 2002

Vorwort

Wenn große Kulturen in Krisen geraten, so erwacht das Bewußtsein für ihre geistigen Werte besonders heftig, deutlicher als vorher steigt ein liebendes Gefühl zu ihnen auf und damit zugleich der Wunsch und das Bedürfnis, sie zu bewahren und zu verteidigen. Die Stadt ist eine der kraftvollsten und vollständigsten Verkörperungen der Kultur, eine ihrer reichsten Heimstätten. Wenn die Lebensfähigkeit einer großen Kultur ins Wanken gerät, strebt das Herz unwillkürlich danach, sich in sie hineinzuversenken, sie besser zu erforschen, sich enger mit ihr zu verbinden. Unter anderem wird der Besuch von Denkmälern dabei zu einer unverkennbar wertvollen Beschäftigung, man möchte besonders intensiv in das Geheimnis, von dem sie künden, eindringen.

Die Bilder von Städten fesseln schon lange die Köpfe und die Energie derer, die sich mit »Humanismus« beschäftigen, die ihre Verbindung mit humanitas und humana civilitas spüren. Schon lange lebt in uns das Bedürfnis, bemerkenswerte Kulturzentren der Vergangenheit und der Gegenwart zu besuchen, über sie zu lesen und seelisch mit ihnen zu verschmelzen. Seit langem auch bildet sich in der Literatur ein Typ von Büchern heraus, die sich mit Städtebeschreibungen befassen.* In ihnen findet man viel Wert-

* Im Westen werden ganze illustrierte Kollektionen herausgegeben: Les villes d'art célèbres, *Berühmte Kunststätten*, Italia artistica, Medieval town u. a. Bei uns (im Verlag »Obrazovanie«) begann man ein ganzes Sammelwerk – »Rußlands Kulturschätze«.

volles, sie stellen eine der lesenswertesten Formen der Literatur dar, ein wunderbares Hilfsmittel, um die ausgezeichneten Stätten zu studieren, in denen die höheren Gaben der Menschlichkeit blühen. Aber man muß imstande sein, sich dem schwierigen Gegenstand der Erkenntnis zu nähern, die Stadt auch zu verstehen, sie nicht nur wie eine schöne Frucht zu beschreiben, sondern sie wie eine tiefe, lebendige Seele zu spüren, die Stadt zu begreifen, wie wir die Seele eines großen oder uns teuren Menschen aus der Anschauung und dem Mitempfinden erkennen.

Im vorliegenden Buch stellt sich *Nikolai Anziferow* gerade die Aufgabe, eine Stadt durch die Erkenntnis ihrer Seele, ihres Antlitzes, durch die Wiederherstellung ihres Bildes als reale Sammelpersönlichkeit zu erforschen (*Seelengeschichte*[1], la psychologie d'une ville)*. Gelöst wird sie am Beispiel eines großen Zentrums, das jedem wert und teuer ist, der die russische Kultur ehrt, ihre Originalität sieht, die mannigfaltigen Erscheinungen und Verbindungen ihrer Eigenschaften schätzt. Um die schwierige Frage zu beleuchten, wurden bisher nicht verwertete Materialien herangezogen – die schöne Literatur, Poesie und Belletristik. Diese Idee, die schon für sich genommen wichtig und neu ist, wurde mit einer erstaunlichen Feinfühligkeit, einer reichen Fülle, einem großen Gehalt und einer seltenen Liebe ausgeführt. Dieses Buch hat ein besonderes, originell individualisiertes Aroma.

Die Literatur über Petersburg ist bisher spärlich und einseitig. Einen echten, soliden, prägnanten und vollständigen wissenschaftlichen Führer durch seine Geschichte gibt es

* Siehe die Entwicklung dieses Grundgedankens in meinem Artikel »Die monumentale Stadt und historische Exkursionen« (in der Zeitschrift *Ėkskursionnoe delo*, Nr. 1, 1921). Dieser Standpunkt wird in den wunderbaren Büchern *Italien* von Vernon Lee und *Die Bilder Italiens* von Pawel Muratow vertreten.

noch nicht. Das talentvolle Buch von Wladimir Kurbatow läßt einige Facetten des künstlerischen Antlitzes der Stadt spüren. Es ist angenehm, mit diesem Buch über die Straßen und Fluren der Hauptstadt zu wandern, auf die Spuren ihrer Vergangenheit und die Physiognomie ihrer Gegenwart zu schauen und über ihr inhalts- und leidensvolles Schicksal nachzudenken. Anziferow gab nun für solche Spaziergänge und Überlegungen viel neues, bemerkenswertes Material und erhellte es gedanklich.

»Die Seele Petersburgs« wurde von Anziferow beeindruckend wahrhaftig erkannt, mit einer überzeugenden Geschlossenheit in der wunderbar aufgefaßten Einheit des geheimnisvollen Antlitzes des »Nördlichen Palmyra« dargestellt, vor dem Hintergrund der grandiosen Geschichte, welche die Stadt des »tragischen Imperialismus« erlebte. Erstmals wurde um Petersburgs Geschichte ein solch glänzender Kranz geflochten, der aus Bildern besteht, in denen sich das Gesicht von Peters Schöpfung, der Stadt des Ehernen Reiters im Werk großer Schriftsteller des russischen Landes, ihrer talentierten Poeten und Romanciers widerspiegelt.

Es ist eine Freude, Anziferows Buch zu begrüßen, ihm den verdienten Erfolg zu wünschen. Dem Verlag »Brockhaus-Efron« ist dafür zu danken, daß er die Veröffentlichung des Buches ermöglichte und nun eine ganze Reihe von Schriften plant, in denen individuelle und kollektive Bilder großer Kulturen, Personen, Zentren, Epochen und Strömungen erörtert werden. Ich schätze es sehr, an der Herausgabe der projektierten Serie mitzuarbeiten, für welche das vorliegende Buch von Anziferow als schöne »erste Schwalbe« erscheint.

Petersburg hat das Apogäum seines Ruhmes bereits durchschritten, sein Glanz ist heute verblaßt. Stirbt es, oder ist es nur schwer krank? Wir hoffen, daß es wiederersteht, nicht im früheren Zarenumhang, sondern in der neuen Blüte eines wissenschaftlich-künstlerischen Schöpfertums, der ideellen Arbeit und der kulturellen Energie, die zum Gemeingut des Volkes werden. Und nun wird Anziferows Buch die Liebe zur Stadt unterstützen: Um Petersburg zu interpretieren, rief er bemerkenswerte Stimmen zur Hilfe und fügte ihnen sein eigenes aufrichtiges Wort hinzu.

6. August 1922
Professor Iwan Grews

Der Genius loci von Petersburg

Toute la suite des hommes, pendant le cours de
tant de siècles, doit être considérée comme un même
homme qui subsiste toujours et apprend continuellement.
PASCAL, »PENSÉES«

I

Hat Pascal recht? Kann man die Geschichte der Menschheit als die Geschichte eines Menschen betrachten, der immer lebte und unaufhörlich dazulernte? Ist die Geschichte die Biographie des Menschengeschlechts? Eine solche Sichtweise setzt eine Einheit und Geschlossenheit des Menschengeschlechts voraus, wie sie nur eine einzelne Persönlichkeit besitzt. Läßt sich Vergleichbares auch im Entwicklungsprozeß der Menschheit finden? Wie groß das Material auch sei, mit dem man verallgemeinern und in der Geschichte eine Aneinanderreihung von sich wiederholenden Prozessen sehen kann, schafft doch die Gesamtheit dieser Prozesse eine nicht wiederholbare Einheit, und jeder einzelne dieser Prozesse wiederholt sich doch nur in den allergröbsten Zügen. Mit Pascal können auch wir die menschliche Geschichte als einen individuellen ganz- und einheitlichen Prozeß auffassen und das menschliche Geschlecht (genus humanum) als einen lebendigen Organismus. Die Menschheit erscheint unter diesem Blickwinkel als ein vom Urbeginn an existierendes Ganzes, dessen sämtliche Elemente nur innerhalb des Systems dieses Ganzen vorkommen. So können Herz, Gehirn und Augen des Menschen nur im lebendigen Menschen tätig sein. Jeder Teil des Organismus kann auch selber ein Organismus sein, aber nur in Verbindung mit seinem Ganzen erhält das

Sein die Bedeutungsfülle. Der organische Charakter des Menschengeschlechts läßt sich nur verstehen, wenn man den organischen Charakter der Teile, aus dem es besteht, begreift. Jeder kulturhistorische Organismus besteht aus einem äußerst komplizierten Komplex kultureller Gebilde, die sich in einer so dichten wechselseitigen Abhängigkeit voneinander befinden, daß die kleinste Veränderung in einem von ihnen eine Veränderung des ganzen Organismus bewirkt. Wenn er die Kultur des aufkommenden Absolutismus in Frankreich charakterisiert, sucht Hippolyte Taine nach gemeinsamen Merkmalen bei einander so fremden Erscheinungen wie Colberts Politik des Merkantilismus, Boileaus Versbau, Bossuets theologischer Konzeption von der »Stadt Gottes« und den beschnittenen Alleen von Versailles. Taine strebt also danach, den Stil herauszufinden, der allen kulturhistorischen Erscheinungen der gegebenen Epoche eigen ist. Da er die Kultur dieser Epoche als etwas Organisches denkt, als etwas nachgerade Lebendiges, gilt seine Suche dem Genius aevi, dem »Geist des Jahrhunderts«.

Alexander Herzen, der mit den theoretischen Problemen der Geschichtsphilosophie wenig vertraut war, ließ sich von der eigenen Intuition an diese Aufgabe heranführen und gab uns fast beiläufig eine Skizze, die das Problem beleuchtet. In seinem Artikel »Venezia la bella« versucht er, die Stadt als lebendigen Organismus darzustellen.

»Wasser, Meer, ihr Glanz und Schimmern verpflichten zu einem besonderen Prunk. Mollusken schmücken ihre Kajüten mit Perlmutt und Perlen. Es gibt keine Erde, keine Bäume, welch Unglück! Herbei mit noch mehr gemeißeltem Stein, mehr Ornamenten, Gold, Mosaiken, Skulpturen, Bildern, Fresken. Hier blieb eine freie Ecke – einen Meeresgott mit langem feuchten Bart in die Ecke! Hier ist ein leerer Absatz – noch einen Löwen mit Flügeln und mit dem Markus-Evangelium. Dort ist es nackt, blank – einen Teppich aus Marmor und Mosaik dorthin! Spitzenstickerei aus Porphyr dahin! Ob die Türken besiegt werden oder Genua, ob der Papst sich um Freundschaft mit der Stadt bemüht – noch Marmor, eine ganze Wand wird mit einem ausgemeißelten Vorhang bedeckt und vor allem mit weiteren Bildern. Paolo Veronese, Tintoretto, Tizian – an die Pinsel, aufs Gerüst: Jeder Schritt des Triumphzuges der Meeresschönheit soll mit Pinsel und Meißel für die Nachwelt festgehalten werden.«

Wie feinsinnig wurde hier die Verbindung zwischen Venedigs Pracht und seiner unvergleichlichen Kunst mit seiner Lage zwischen den öden Lagunen hergestellt! Und wie gut erklärt der Vergleich mit den Mollusken, die ihren Wohnraum mit Perlen schmücken, diese organische Verbindung!

Herzens Blick über die Stadt charakterisiert deren Seele.

»Ein Blick auf die Oberfläche von Venedig zeigt, daß diese Stadt willensstark ist, verstandeskräftig, republikanisch, handeltreibend, oligarchisch, daß sie ein Knoten ist, der etwas hinter den Wassern zusammenhält, daß sie ein Handelsspeicher unter Kriegsflagge ist: die Stadt der lauten Volksversammlungen und die lautlose Stadt der geheimen Zusammenkünfte und Maßnahmen ...«

Man kann den Gang der Geschichte nur dann als lebendigen Prozeß wahrnehmen, wenn man den sich historisch ausgebildeten kulturellen Organismus versteht. Wie aber kann man ihn so kennenlernen, daß man ihn deutlich erlebt?

Es reicht nicht aus, die Gestalt des historischen Organismus in einer bestimmten Epoche zu verstehen, man braucht eine Vorstellung davon, wie er geboren wurde und sich entwickelte, mit vielen Erfolgen, Fehlschlägen und Neugeburten, es geht also darum, das Schicksal seines Kampfes um ein historisches Sein zu verfolgen. Welchen Organismus soll man für diese Aufgabe auswählen? Eine Stadt, den Staat des alten Hellas, das Römische Reich oder irgendein kleines Modell: einen Ritterorden, eine politische Partei, eine künstlerische Schule? Sie alle bieten kein ausreichend konkretes Material, obwohl jedes von ihnen seine »Seele« hat, seinen nur ihm eigenen Genius.

Welcher kulturhistorische Organismus öffnet seine Seele am leichtesten und vollständigsten? Ihn zu finden ist nicht schwierig. *Es ist die eigene Stadt.*

II

Wir nehmen die Stadt in Verbindung mit der Natur wahr, die ihr ein eigenes Gepräge verleiht. Die Stadt ist uns nicht nur, wie jedes historische Denkmal, in Teilen und Fragmenten zugänglich, sondern auch in ihrer Gesamtheit. Auch ist die Stadt nicht nur Vergangenheit, vielmehr lebt sie ihr gegenwärtiges Leben mit uns, und sie wird auch nach uns leben, als Heim und Wirkungskreis unserer Nachfahren. Die Stadt ist für eine Untersuchung der konkreteste kulturhistorische Organismus. Ihre Seele läßt sich leicht aufdecken. So verspricht die toskanische Stadt Siena, daß sie nicht nur dem, der sie erforscht, sondern jedem, der sie betritt, ihre Tore, ja ihr Herz öffnen werde. Auf ihrer Porta Camolia ist die Aufschrift erhalten: »Cor tibi magis Sena pandit«.

Wie soll man sich der Stadt nähern, damit sie ihre Seele aufdecke? *Fjodor Tjutschew* lehrte uns, die Natur zu fühlen:

> Natur ist nicht, was alle meinen:
> Sie ist nicht grausam, ist nicht blind –
> Kann Seel' und Freiheit sich vereinen,
> Liebe und Sprache in ihr sind.[2]

Wie kann man lernen, die Sprache der Stadt zu verstehen? Wie mit ihr ins Gespräch treten? Auf gar keinen Fall sollte man die Stadt in ein Museum von Sehenswürdigkeiten* verwandeln, die in Rundgängen von Stadtführern, ob ungebildet phantasierend oder sogar speziell ausgebildet, präsentiert werden.

Die Teilnehmer eines Rundgangs sollen die Stadt mit wachsender Erkenntnis allmählich erobern. Die Führung soll ihnen die Seele der Stadt und deren Veränderungen im historischen Prozeß *aufdecken*, sie aus der materiellen Hülle der Stadt, in deren Tiefen sie versteckt ist, *befreien* und auf diese Weise die Stadt durchgeistigen. Damit eröffnet sich die Möglichkeit, mit der Seele ins Gespräch zu treten und vielleicht eine Art Freundschaft oder eine Liebesbeziehung mit ihr einzugehen …

Die feinsinnige Verehrerin Italiens, *Vernon Lee*, die dessen Kunst und Natur tief erlebte, schrieb: »places, localities … they can touch us like living creatures; and one can have with them friendship of the deepest and most satisfying sort«. Und sie zählt auf, was eine Freundschaft mit diesem »nichtmenschlichen Wesen« vermittelt: Verzauberung, eine gehobene Stimmung, eine glückliche Aufklarung der Sinne, Erinnerungen, die in unserer Seele wie Melodien klingen. Lee erinnert sich an eine Gestalt aus der römischen Religion – an den Genius loci, die *Gottheit des Ortes*. Aus der Antike sind uns Darstellungen von personi-

* Unter Museum wird hier der »Aufbewahrungsort von Raritäten« verstanden. Glücklicherweise hat man in der letzten Zeit begonnen, das Museum anders zu begreifen, es in der Weise als Sammlung aufzufassen, daß es geordnete und abgeschlossene Komplexe von Eindrücken vermitteln möge; mehr noch, im Museum begann man einen organischen Teil der Stadt zu sehen. Als Beispiel für ein solches Museum kann das Museo Nazionale in den Thermen des Diokletian in Rom dienen.

fizierten Städten überliefert. Auch heute finden wir in Paris, inspiriert von der antiken Tradition, Statuen der Städte auf der Place de la Concorde. Die Stadt wird durch majestätische Frauen symbolisiert, denen Kronen aus gezackten Mauern und Türmen aufgesetzt wurden. Lee protestiert mit Recht dagegen, das geistige Wesen durch ein mit diesem innerlich nicht verbundenen materiellen Bild zu ersetzen. Eine sichtbare Verkörperung der Gottheit des Ortes – dies ist »the place itself, or the country; and the features and speech are the lie of the land, pitch of the streets, sound of bells or of weirs; above all, perhaps, that strangely impressive combination, noted by Virgil, of ›rivers washing round old city walls‹«[3] – ich möchte hinzufügen: auch die Gerüche der Stadt. Aber es gibt in der Stadt Ecken, in denen wir eine besondere Anwesenheit dieser »Gottheit« verspüren.

Diese gebogene Brücke über dem Graben, zusammengedrückt vom schweren Granit, dieser gelbe, niedrige Turm, die Arkade des Palais stützend, der breite Fluß ist hinter ihr zu sehen, bedeckt mit leise knirschenden Eisschollen, ähnlich einem Schwarm von Schwänen, die langsam ihren Weg zurücklegen, und dort, hinter dem Fluß, erhebt sich über den düsteren Festungsmauern die glänzende Nadel, gekrönt vom Erzengel – diese ganze Einheit aus Lauten, Farben, Formen, aus dem Spiel von Licht und Schatten und schließlich dem Raumgefühl bildet die Cella des Tempels, in welcher der Genius loci selbst lebt.

III

Den Genius loci von Petersburg auch nur einigermaßen genau darzustellen, ist eine nicht leicht zu bewältigende Aufgabe. Bis heute ist nicht einmal für Rom, das schon etwa zweitausend Jahre lang die Menschen fasziniert, eine genaue Beschreibung der Beschaffenheit seines Geistes gelungen. Freilich ist der Zugang zu einer Stadt als einer lebendigen Individualität, der man nicht nur huldigen (das tat schon die Antike), sondern die man erkennen möchte, eine Erscheinung der jüngeren Zeit. Die Ewige Stadt hat indes so viele Spuren hinterlassen, die sich den Seelen der Betrachter eingeprägt haben, daß es eine dankbare Aufgabe wäre, das »Romgefühl« zu beschreiben. Was aber läßt sich über Petersburg sagen, dessen bewundernswerte Züge *Alexander Benois* doch erst vor zwanzig Jahren entdeckt hat. Seine Worte wurden von den einen als Paradox, von den anderen als Offenbarung aufgenommen!

Es wäre verfehlt, sich das gänzlich unerreichbare Ziel vorzunehmen, den Geist Petersburgs insgesamt zu definieren. Die Aufgabe muß bescheidener gestellt werden: Und die wichtigsten Wege, auf denen ein »Petersburggefühl« vermittelt wird und auf denen man mit dem Genius des Ortes in Kontakt treten kann, sollen skizziert werden.

Vor allem muß man bedenken, daß der Genius loci einen klaren, einen auch von unbewußten und launenhaften Bildern ungetrübten Blick fordert. Das Schicksal der deutschen Romantiker, deren schwieriges, tiefes und eindrucksvolles inneres Leben zugleich von Grillen geprägt war, kann uns als Mahnung dienen: Als diese Träumer nach Rom kamen, litten sie darunter, dort nicht ihre Phantasiebilder vorzufinden, während die noch Verblendeteren ihre Hirngespinste übertrugen, die wahre Stadt aber erreichte ihr Bewußtsein nicht. Überall sahen sie nur sich selber, nur die Widerspiegelung der eigenen Vorstellungen. Der Genius loci fordert in diesem Sinne eine gewisse Selbstvergessenheit, eine Loslösung von den vorgefaßten, ungeprüften Eindrücken und von wenig begründeten Sehnsüchten.

Um die Seele der Stadt wahrhaftig aufzunehmen, muß man seine eigene Seele öffnen.

Wo die Erforschung der Stadt beginnen, um ihre Seele zu erfassen? Unter welchen Bedingungen ist ihre Individualität am einfachsten zu erspüren?

Leo Tolstoi hat uns in seiner Epopöe *Krieg und Frieden* den richtigen Weg gewiesen, ein ganzheitliches Bild der Stadt zu finden: sie von einem erhöhten Punkt bei richtiger Beleuchtung zu betrachten.

»Zauberhaft strahlte der Morgen. Vor dem Poklonberg dehnte sich *Moskau* mit seinem Fluß, seinen Gärten und Kirchen weithin aus. Ein *eignes Leben* schien in dieser Stadt zu *wohnen*, während ihre Kuppeln wie Sterne in der Sonne funkelten.

Beim Anblick dieser eigentümlichen Stadt mit den noch nie gesehenen Formen einer fremden Architektur empfand Napoleon etwas wie Neid und jene unruhige Neugier, die alle Menschen beim Anblick ihnen unbekannter, fremdartiger Lebensformen ergreift. Es war offensichtlich, daß *diese Stadt mit allen Fasern ihres Seins ein anderes, nur ihr eigenes Leben lebte.* Aus jenen unbestimmten Anzeichen, an denen man schon von weitem einen *lebenden Körper* von einem toten unterscheidet, erkannte Napoleon vom Poklonberg aus das *Pulsieren des Lebens* in dieser Stadt und spürte den *Hauch dieses großen, schönen Körpers.*

Jeder Russe, der auf Moskau hinblickt, fühlt das *Mütterliche*, das in dieser Stadt liegt; jeder Fremde, der die Stadt betrachtet, muß, wenn er auch ihre mütterliche Bedeutung nicht verstehen kann, doch auf jeden Fall den *weiblichen Charakter* dieser Stadt herausfühlen. Und diese Empfindung hatte auch Napoleon.«[4]

Hier wird mit einer wunderbaren Kraft vorgeführt, wie die Stadt als ein nichtmenschliches Wesen mit seinem geheimnisvollen Leben, das in seinem Leib bebt und seine Seele erleuchtet, wahrnehmbar ist. Tolstoi dringt in die Natur dieses Lebens ein und bestimmt es als objektiv weibliche Natur, die von den Russen subjektiv als mütterlich aufgefaßt wird. Eine solche Sicht des Bildes von Moskau ist nur möglich, wenn man die Stadt als Ganzes von einer Anhöhe oder einem Glockenturm erblicken kann.

Um die Seele der Stadt zu erkennen, muß man ihre ganze vom naturgegebenen Umfeld eingerahmte Gestalt mit einem Blick umfassen. Professor *Iwan Grews* empfiehlt, die »Eroberung« einer Stadt von einer Anhöhe zu beginnen. So ist es gut, in Rom erst einmal auf den Monte Gianicolo oder die Gärten Monte Pincio* zu steigen, Venedig und Florenz von der Höhe ihrer schlanken Campanile zu überblicken, Paris vom Montmartre, der Kuppel von »Sacré-Cœur«. Professor Grews stellt treffend fest, daß die Anblicke à vol d'oiseau in ästhetischer Hinsicht wenig reizvoll sind, sie aber für die Erforschung der Topographie viel geben.** Und tatsächlich, alles erscheint flach, die Unebenheiten der Stadt sind ausgeglichen, vor uns liegt ein kaum ausgeprägtes Basrelief, fast wie ein Plan. Aber der Betrachter erhält die Möglichkeit, die vom naturgegebenen Umfeld eingerahmte Stadt zu sehen. Anders ist die Gestalt unvollständig und kann nicht als organisches Ganzes wahrgenommen werden. Wir fühlen hier die Luft des Ortes, welche die Stadt atmet. *Die Natur dringt gleichsam in die Stadt ein, und die Stadt wirft ihren Abglanz auf die umliegende Landschaft.* Es taucht ein geheimnisvolles Gefühl für die Geburt der Stadt auf, wir erspüren ihre Ursprünge. Wenn man auf den weiten Raum schaut, kann man sich leicht vorstellen, daß es eine Zeit gab, in der hier der Wald rauschte und nichts war, und wir erleben die fruchtbare Gestalt *des Mutterschoßes der Stadt und ihrer Entstehung*. Wir können uns

* So beginnt der Abbé Pierre Froment seine Rombesichtigung in Zolas Roman *Rome*.

** I. Grews, *Zu Theorie und Praxis der Exkursionen* (*Žurnal Ministerstva Narodnogo Prosveščenija*, 1910).

vorstellen, wo sich die *Vorgänger der Stadt* lokalisierten, bisweilen auch deren Spuren, die vom glückhaften Konkurrenten verwischt oder geschluckt wurden. Wir können den ursprünglichen Stadtkern ausfindig machen und deutlich und konkret sein Wachstum nachvollziehen, die unaufhörliche Bezwingung des Territoriums.

Kurzum, der aufmerksame – analysierende und synthetisierende – Blick aus der Vogelperspektive gibt das Wichtigste: Die Stadt wird als »nichtmenschliches Wesen« wahrgenommen, mit dem eine oberflächliche Bekanntschaft geschlossen wird, und vielleicht beginnt bereits die Aneignung ihrer Individualität, natürlich nur in den allerallgemeinsten Umrissen.

Hier können wir manchmal feststellen, zu welchem Typ die zu entdeckende Stadt gehört. Ob sie spontan entstand und sich frei wie ein Wald ausbreitete. Die Wurzeln solcher Städte verschwinden in Tiefen, zu denen der Spaten des Historikers nicht vordringen kann, in Tiefen, die von geheimnisvollen Mythen umweht sind, deren Sinn dem Forscher nicht immer klar werden. Oder aber sie gehört zu jenen Städten, die innerhalb einer schon entwickelten und komplizierten Kultur geschaffen, die aufgrund allgemeinstaatlicher Bedürfnisse ins Leben gerufen wurden, so wie Parks mit geraden Alleen, deren Anlage von dem bewußten Schöpfertum des Menschen geprägt ist. Zum ersten Typ zählen Rom und Moskau ... Diese Städte entwickelten sich tatsächlich spontan. Die Straßen sind verworren, die einen wachsen aus den anderen heraus, wie Äste eines mächtigen Baumes, die einen fließen in die anderen oder in einen Platz, wie Flüsse, die einen See bilden oder durch einen hindurchströmen. Alles erscheint auf den ersten Blick zufällig, eine Laune unsichtbarer Kräfte, welche die Stadt erschufen. Durch eine ausführlichere Analyse des Stadtplans läßt sich eine gewisse Logik des Wachstums erschließen: Um den Kern legen sich neue Kreise, wodurch der Plan an den Schnitt durch einen Baumstamm erinnert. Zum zweiten Typ kann man New York zählen, in gewisser Weise auch Florenz* und unser Petersburg. Die geraden Linien auf der Wassili-Insel, die unendlich langen Prospekte, die in Radien zur Admiralität führen – schon allein dies zeigt, welchem Typ Petersburg zuzuordnen ist.

Die Gesamtansicht von Petersburg vermittelt uns bereits eine erste Vorstellung. Vor uns liegt eine Stadt, die in der Epoche des anbrechenden Imperialismus entstand, in jener Zeit, als das mächtige Volk die traditionellen Fesseln des abgeschlossenen nationalen Daseins abwarf und sich vom Lebens- und Machtwillen auf die welthistorische Bühne treiben ließ. Die *Abgetrenntheit* dieser neuen Hauptstadt von den nationalen Wurzeln, von der auch die Natur zeugt, die sich so sehr von der Natur des russischen Bodens unterscheidet, sowie die fremde Völkerschaft, die sich in Petersburgs Umgebung angesiedelt hatte – all dies spricht von der *tragischen Entwicklung eines Volkes*, das vom Schicksal in Grenzen gehalten wurde, die fern vom freien Meer liegen, eines Volkes, das entweder Humus werden muß, mit dem die Kulturen seiner glücklichen Nachbarn gedüngt werden, oder das siegen muß, indem es den *Weg einer Eroberungspolitik* einschlägt. Daß die Hauptstadt auf unterworfenem Boden steht, spricht vom *Triumph* ihres Volkes im Kampf um die historische Existenz und von ihrer Vorherbestimmung, *das große Imperium zu krönen und das Nördliche Palmyra*** *zu werden.*

* In Florenz läßt sich bis heute deutlich der traditionelle Plan der nach dem Typ des römischen Lagers unverzüglich erbauten Stadt aufzeigen: das Kreuz aus zwei Hauptstraßen – cardo maximus und decumanus maximus. In der Mitte der Platz – forum, mit der Festung – arx.

** Für das russische Ohr klingt in diesem Epitheton aufgrund der Lautähnlichkeit mit »polmira« [= die halbe Welt] eine besondere Kraft!

Eine Hauptstadt auf erkämpfter Erde verweist auch auf die Möglichkeit eines stürmischen Bruches mit der Vergangenheit, zeugt von *ihrer revolutionären Abstammung*, von der Erneuerung alter Bräuche, da es unumgänglich ist, daß hier eine Fülle von Frischem hereinfließt, bisweilen der belebende, bisweilen aber auch der tote Wind aus weiten Fernen. Die Gesamtansicht der Stadt zeugt auch von den *Schwierigkeiten ihrer Geburt*, von dem Schweiß und Blut, die es gekostet hat, sie ins Leben zu rufen, und gleichzeitig von dem *despotischen* Charakter des Staates, der sie geschaffen hat, von der *Versklavung des Volkes*, das sein Leben gehorsam für die Grundsteinlegung einer Stadt hergab, der es feindlich gesonnen war. Die graue Vorzeit kennt die Darbringung von Menschenopfern bei Grundsteinlegungen, und bis heute finden Archäologen die Knochen von Menschenopfern unter den Mauern antiker Städte. Man wird kaum eine andere Stadt auf der Welt finden, deren Geburt mehr Opfer gefordert hätte als das Palmyra des Nordens. *Petersburg ist wahrhaftig eine Stadt auf Menschengebeinen.* Die Nebel und der Sumpf, aus denen die Stadt entstand, zeugen von der *ägyptischen Arbeit*, die nötig war, um hier, auf dem unsicheren Boden, wie aus Nebel gewoben, ein solches »Paradies« zu erschaffen. Hier berichtet alles *von dem großen Kampf mit der Natur.* Hier geschieht alles »den Elementen zum Trotz«. In dieser Natur ist nichts beständig, klar umrissen, stolz, nichts weist in den Himmel, alles ist geduckt und scheint demütig darauf zu warten, daß die Wasser die traurige Gegend überfluten werden. Und die Stadt wird als Antithese zu der sie umgebenden Natur geschaffen, als Herausforderung an sie. Wenn sich auch unter ihren Plätzen, Straßen und Kanälen »das Chaos regt«, so besteht sie selbst ganz aus ruhigen, geraden Linien, aus festem, beständigem Stein, sie ist exakt, streng und herrschaftlich mit ihren goldenen Spitzen, die ruhig gen Himmel ragen.

Mit einem Adlerblick aus der Höhe auf Petersburg herab läßt sich auch *die Einheit des Willens* erschauen, der die Stadt so kraftvoll zum Leben erweckte, und der wundermächtige Bauherr erspüren, dessen Idee sich stürmisch in der trägen Materie verkörperte. Hier kam es wahrhaftig zu einem Kampf der Sonnengottheit, des Kosmokrators Marduk mit der häßlichen Göttin des Chaos Tiamat! Ja, ohne die Gestalt von Peter dem Großen läßt sich Petersburgs Gesicht nicht vorstellen! Nikifor Wjasemski sagte unter Folter aus, daß zur Petrinischen Zeit dem Herrscher geschmeichelt wurde, indem man sang: »Wo der Gott es will, besiegt er die Ordnung der Natur«.

Fast am Fuß der Isaaks-Kathedrale, auf dem Platz, der von zwei Seiten mit den ruhigen, klaren und majestätischen Gebäuden der Admiralität, des Synods und des Senats abgeschlossen und an der dritten von der erhabenen Newa umspült wird, steht das Denkmal für Peter I., das ihm Katharina II. errichte: Petro Primo Catherina Secunda. Falls sich jemand an einem unwirtlichen Herbstabend in seiner Nähe aufhält, wenn sich der in ein Chaos verwandelte Himmel auf die Erde zu bewegt und sie mit seiner Wirrsal erfüllt, der in Granit gezwungene Fluß stöhnt und sich aufbäumt, die plötzlichen Windstöße die Laternen schaukeln und ihr schwankendes Licht die umgebenden Gebäude in Bewegung bringt, – dann möge man in diesem Augenblick auf den Ehernen Reiter schauen, auf das Feuer, in das sich das Kupfer mit den scharf umrissenen und mächtigen Formen verwandelt. Welche Kraft spürt man, welche leidenschaftliche und stürmische Kraft, die eine beunruhigende Frage hervorruft: Was weiter, was wird sein? Sieg oder Zusammenbruch und Untergang?

Der Eherne Reiter ist der Genius loci von Petersburg.

Wir haben vor uns die Stadt des großen Kampfes. Die Kraft des Volkes, das sie geschaffen hat, ist mächtig, aber auch die Aufgaben, die vor ihm liegen, sind unermeßlich gewaltig, man kann den ungeheuerlichen Kampf fühlen. Über ihr schwebt die große Katastrophe wie der Geist des unbarmherzigen Schicksals.

Petersburg ist die Stadt des *tragischen Imperialismus.*

IV

Die Jahre fügten der strengen und wunderbaren Hülle des Nördlichen Palmyra immer neue Merkmale des Imperialismus hinzu. Es sieht so aus, als hätten die siegreichen Führer hier ihre Triumphe zelebriert und die Trophäen in der Stadt verteilt. Und Petersburg nahm sie, eignete sie sich an, als wären sie für die Stadt bestimmt gewesen. Am Ufer der Newa, gegenüber dem schweren und majestätischen Korpus der Akademie der Künste, wurden zwei Sphingen plaziert, um die aus Granit gearbeitete Anlegestelle zu bewachen: Mit dem Gesicht von Amenhotep III. dem Prächtigen, einem Pharao aus der Glanzzeit des ägyptischen Reiches.

Und diese geheimnisvollen Wesen, Geschöpfe vergangener Zeiten, ferner Länder, eines fremden Volkes, erscheinen uns hier, am Ufer der Newa, ganz vertraut, als seien sie den Wassern, dem großen Fluß der nördlichen Hauptstadt entstiegen, um deren Schätze in den Palästen zu bewachen. Angenehm ist es, hier unter ihnen auf den halbrunden granitenen Bänken zu sitzen, dem plätschernden Wasser nachzuschauen und sich das Gedicht von *Wjatscheslaw Iwanow* in Erinnerung zu rufen:

War's Zauberwerk in weißer Nächte Weben,
Nur Widerschein polarer Wundermacht?
Hat Isis bleich euch in die Haft gebracht,
Tierwunder aus dem hunderttor'gen Theben?

Welch Rätsel hat dem Steine noch gegeben
Der Münder Krümmung, die so grausam lacht?
Gibt euch mehr Lust die Flut der Mitternacht,
Als Sterne euch am heil'gen Nil gegeben?[5]

Am Rand der Stadt, hinter dem Flüßchen Karpowka, gibt es andere Gefangene aus heißen Ländern, in der tropischen Ecke des Botanischen Gartens die den Sphingen vertrauten Palmen, unter ihnen die romantische Attalea princeps, die Heldin einer Erzählung von Wsewolod Garschin. Und auch die »ferne Palme«, von welcher der einsame, mit einer weißen Decke aus Eis und Schnee umhüllte Fichtenbaum träumte, verschlug es aus dem »Morgenland« in den kahlen Norden.*

Dicht neben dem Winterpalais erhebt sich das Gebäude der Eremitage – eines »Ortes der Zurückgezogenheit«. Wenn man sie durchwandert, so kann »die Seele die Unendlichkeit der Räume und der Zeiten erfühlen« (Iwan Bunin). Hier umgibt uns die Bilderwelt des fernen Ägypten, des lichten Hellas, des mächtigen Rom und des Reichs der unbändigen Skythen, es erleuchtet uns die Freude der Renaissance und der Glanz des wunderbaren Frankreich.

Das Nördliche Palmyra gibt sich dem Traum von der Großmacht hin und bewahrt all diese Bilder in seinem Innern.

Es rief die besten Architekten Europas, damit deren Bauten der Welt von den Sehnsüchten der Hauptstadt des Nordens kündeten.

Bei der Einfahrt in die Newa trifft der Reisende auf das Bergbauinstitut mit seiner schlanken und nüchternen Kolonnade in dorischer Anordnung. Sie wurde als *Propyläen*

* Die wunderbare Petersburger Orangerie wurde durch die Kälte der letzten zerrütteten Jahre zugrunde gerichtet.

für Petersburg errichtet, von *Andrej Woronichin*, der sich durch die Tempel von Paestum – dem antiken Poseidonia –, der Stadt des Meeresgottes, inspirieren ließ.

An der spitzen Ecke der Wassili-Insel, gegenüber dem Tempel für Pluto, der Börse, erheben sich zwei Säulen, die mit Schiffsschnäbeln verziert wurden, im Andenken an die Rostren, die früher einmal auf dem Römischen Forum standen. Nachdem die Römer den ersten Seesieg errungen hatten, stellten sie allen Bürgern die Schnäbel der feindlichen Schiffe zur Schau. Die Rostren sind ein Symbol für die Herrschaft über das Meer, nicht zufällig schmücken sie einen der berühmtesten Plätze von Petersburg.

In der Mojka liegt eine Insel, umgeben von einer hohen roten Mauer. Ein Kanal zerteilt sie, über den sich ein wundervoller Brückenbogen erhebt, würdig, die Ewige Stadt zu zieren. Wohlgeformt schwingt er sich über den Kanal, als riefe er siegreiche Galeeren dazu auf, unter ihm durchzuziehen. Er steht hier, an diesem entlegenen Ort der Stadt, ganz überflüssig, und unter ihm heben sich schwarz die Schiffsmasten vor dem nicht verlöschenden Abendrot der weißen Nächte ab. Und der Bogen scheint ein Phantasiegebilde zu sein. Auf diesem Neu-Holland liegt ebenfalls das Gepräge des tragischen Imperialismus.

Eine hellblaue Moschee streckt auf dem ältesten Platz der Stadt neben der Dreifaltigkeits-Kathedrale ihre Minarette in den düsteren Himmel. Es ist das neue Bild des unermeßlichen Imperiums, dessen Gedanken in die fernen Winkel des Ostens schweifen, zur ruhmreichen Stadt Samarkand. Und unweit von der Moschee, an der Newa, gegenüber dem Haus Peters des Großen, sitzen zwei mandschurische Löwen – Zeugen der Ambitionen im Fernen Osten.

Die Länder des Südens, des Westens und des Ostens gaben Geiseln in das Nördliche Palmyra. In Petersburg läßt sich der Wille zum Großreich spüren. Von welchen Grenzen träumt es? Etwa von denen, die *Tjutschew* in seiner »Russischen Geographie« entwarf?

Sieben Binnenmeere und sieben große Ströme …
Vom Nil zur Newa, von der Elbe bis China,
Von der Wolga zum Euphrat, vom Ganges zur Donau …
Dies ist das russische Reich … und nimmermehr wird es vergehen,
Wie es der Geist vorhersah und Daniel wahrsagte.

Wer die Seele unserer Stadt verstehen will, möge alle diese Orte in Petersburg aufsuchen, zwischen den mächtigen Säulen des Bergbauinstituts umherstreifen, welche Visionen von den besten dorischen Tempeln hervorrufen und einen wie im Traum unter den segensreichen Himmel von Hellas und Italien entführen, auf den Granitplatten am Fuße der Sphingen sitzen, seine Seele mit den Schätzen der Eremitage speisen, von der Dreifaltigkeitsbrücke aus die weiße Säulenreihe der Börse und die zwei roten Rostren genießen, die hinter der geräumigen Weite der Newa zu sehen sind (wann wird endlich der Platz vor ihnen gereinigt?), und schließlich in einer weißen Nacht vor dem Torbogen von Neu-Holland an der Mojka stehen …

Und all dies ohne Eile und Geschäftigkeit, mit einer für das stille Schauen offenen Seele. In solchen Minuten entsteht zwischen Ihnen und der Stadt eine unsichtbare Verbindung, und der Genius loci beginnt, mit Ihnen zu sprechen.

* * *

Petersburg zählt, wie schon gesagt, zu jenen Städten, die kraft der komplizierten Ansprüche eines expandierenden Staates entstanden. Solche Städte werden nach einem bestimmten Plan geschaffen, sie bilden sich nicht spontan, und sie werden nachhaltig durch den Gründer geprägt.*

Die glückliche Besonderheit von Petersburg besteht darin, daß nach einer Idee ganze Plätze errichtet wurden und ein jeweils vollendetes künstlerisches Ganzes darstellen. Die Architektur von Petersburg braucht weite Flächen, breite Perspektiven, die fließenden Linien der Newa und der Kanäle, viel Himmel, Wolken, Nebel und Reif. Sowohl der lichte Himmel und die klaren Umrisse der Ferne helfen uns, die architektonische Schönheit von Petersburgs Bauten zu verstehen, wie auch die Nebel an düsteren und regnerischen Tagen. Hier wurden nicht einzelne Gebäude mit einer selbstgenügsamen Schönheit errichtet, sondern ganze architektonische Landschaften. *An allen »verantwortungsvollen Orten« stehen vortreffliche Gebäude.* Wenn man von dem Dreifaltigkeits-Platz nach Osten schaut, wird das Newa-Panorama von der Silhouette des Smolny-Institutes abgeschlossen. Die Gabelung der Kleinen und der Großen Newa wird von der Seite der Wassili-Insel mit der weißsäuligen von Thomas de Thomon errichteten Börse markiert, von der Petersburger Seite mit der Peter-und-Paul-Festung. Die durchgehende Kette alter Gebäude bildet einen schönen Bogen, welcher die Börse mit dem überwältigenden Bau von Jean-Baptiste Vallin de la Mothe, der Akademie der Künste, verbindet. Von dieser Seite wird die Newa mit der Kolonnade des Bergbauinstituts abgeschlossen. Drei endlose Prospekte: Newski, Gorochowaja und Wosnesenski

* Das negative Verhältnis von *Stolpjanski* zur Legende über den wundermächtigen Bauherren verliere ich nicht aus dem Blick. Falls er recht hat und Peter Petersburg nicht mit dem Ziel geschaffen hatte, den »Schweden zu drohen«, und es überhaupt erst einmal nicht als neue Hauptstadt sah, so bleibt doch die alte Bewertung von Peters Rolle bei der Stadtgründung insgesamt zutreffend. Siehe P. Stolpjanski, *Sankt-Piterburch* (Verlag »Kolos« 1918).

stoßen bei der Admiralität zusammen. Die weit sichtbare Ecke des Newski an der Mojka wurde mit dem Stroganow-Palais von Bartolomeo Carlo Rastrelli geschmückt usw. *Alle diese Gebäude erwachen als Teile der Stadtlandschaft zum Leben und öffnen ihre Schönheit.*

Als Beispiel für einen Platz, der einen einheitlichen künstlerischen Gedanken verkörpert, kann der Senatsplatz dienen.

Andrejan Sacharow und Karl Rossi umgaben ihn mit hellgelben und weißen Säulen sowie mit Ornamenten des Spätklassizismus. Der Schloßplatz ist zwar nicht in einem Stil geschaffen worden, jedoch seine Paläste, der mächtige Torbogen des Generalstabs, der an die gigantischen Ausmaße vom Bogen der Maxentiusbasilika auf dem Römischen Forum erinnert, die Granitsäule mit dem Engel, der drohend in den Himmel zeigt, ihre weiten Perspektiven auf die Mojka, auf die Gärten, hinter denen sich der Koloß der Isaaks-Kathedrale dunkel abzeichnet und ihre Kuppel aus dunklem Gold glänzt, und schließlich der Ausgang zur Newa und die Umrisse der Inseln mit ihren Bauten – all dies bildet ein künstlerisches Ganzes, einen unvergleichlichen architektonischen Akkord. Es gibt schließlich in Petersburg ein ganzes Quartier, das nach dem Plan eines Architekten (Rossi) erbaut wurde. Dies ist der Platz des Alexandrinski-Theaters (der leider von einigen unpassenden neuen Häusern verunstaltet wurde), die ganze Teatralnaja Straße und der Platz an der Tschernyschew-Brücke. Hier gab es wahrlich Freiheit, sich als Baumeister auszutoben!

Diese »Flur« Petersburgs stellt einen seltenen architektonischen Wert dar. Wie viele kühne Pläne fanden ihre Verwirklichung! Aber man kann Petersburg genauso einen »Hort der unvollendeten Werke« nennen. Peters Traum, aus der Wassili-Insel ein neues Venedig zu schaffen, blieb ein Traum. Der majestätische Bau des Smolny-Instituts wurde nicht mit dem geplanten wunderbaren Glockenturm gekrönt. Wenn man auf die geschmacklosen neuen Gebäude schaut, die den Blick auf die Admiralität von der Newa aus verderben, so mag man sich bitter an Rossis römischen Traum erinnern. In seinen Aufzeichnungen schrieb er: »Die Ausmaße des von mir geplanten Projektes übertreffen die, welche die Römer für ihre Denkmäler als ausreichend ansahen. Haben wir tatsächlich Angst, uns mit ihnen an Herrlichkeit zu messen? Das Ziel liegt nicht in der Fülle des Schmucks, sondern in der Würde der Formen, in der Erhabenheit der Proportionen, in der Unzerstörbarkeit. Dieses Denkmal muß ein ewiges werden.« Weiter stellt Rossi den Inhalt seines Projektes kurz dar. Die neue Uferpromenade sollte 300 Klafter lang sein, wobei sie von zehn riesigen Arkaden mit einer jeweiligen Breite von zwölf Klaftern durchbrochen wurde. Deren Höhe war ausreichend, daß unter ihnen Schiffe frei auf den Kanälen zur Admiralität durchfahren konnten. All dies wollte Rossi aus Granit errichten. Für die Uferpromenade plante er, auf mächtigen Massiven drei riesige Rostra-Säulen aufzustellen.*

Petersburgs Veranlagung, grandiose Projekte zu gebären, wirkt bis heute nach. Wir brauchen uns nur an das Projekt »Das neue Petersburg« von Iwan Fomin auf der Golodaj-Insel zu erinnern, das Projekt für einen ganzen Komplex mit Plätzen, Kolonnaden, Arkaden und Frontons. Das kürzlich eingerichtete »*Museum der Stadt*« beherbergt diese nicht realisierten Pläne, die aus den ungeheuren Möglichkeiten erstanden und teilweise in Petersburg, das voll von dem *Pathos der Weite* ist, umgesetzt wurden.

Selbst jetzt, in den Tagen des Hungers und der Kälte, des

* I. Grabar, *Die Geschichte der russischen Kunst*, Teil 17

restlosen Verfalls, treffen wir auf das Vorhaben, binnen kurzer Zeit den weiten Raum des Marsfeldes in einen blühenden Garten zu verwandeln!

Zum Schluß der allgemeinen Stadtcharakterisierung soll noch auf ein weiteres Merkmal hingewiesen werden: *die Macht, welche die Stadt über das Schaffen der Architekten aus fremden Ländern ausübt*, ungeachtet der Genialität von einigen unter ihnen. Diese Macht gibt uns das Recht, davon zu sprechen, daß die Werke von Rastrelli, Thomon und Giacomo Quarenghi vom russischen Stil hervorgebracht wurden. *Alexander Benois* verweist auf die originelle Physiognomie unserer Stadt, die so lange und beharrlich abgestritten wurde, und schreibt:

»... Es war bloß die Absicht gewesen, aus Petersburg irgend etwas Holländisches zu machen, aber heraus kam etwas Eigenes, Besonderes, das ganz eindeutig überhaupt nichts mit Amsterdam und Den Haag gemein hat. Dort gibt es die schmalen Stadthäuser, die akkuraten, engen Ufergassen, gewundene Straßen, Ziegelfassaden, riesengroße Fenster – hier die weit ausladenden, niedrigen Gemächer, der gewaltige Fluß mit den breiten Ufern, linealgerade Perspektiven, Stuckwerk und kleine Fensterchen« (»Welt der Kunst«, 1902, Nr. 1).

Diese Charakterisierung zeugt davon, wie ganzheitlich und tief organisch Petersburg ist. Alles Wunderbare wird zu einem Teil von ihm, wird von ihm angeeignet, wird von dem eigenen Element der Stadt vergeistigt.

Diesen Wesenszug vermittelte die Hauptstadt des großen Imperiums ihrem auserwählten Sohn und Sänger – *Alexander Puschkin*, mit seiner »allmenschlichen Seele, fähig, den Klang der ganzen Welt zu erfühlen« (*Fjodor Dostojewski*). Es sind einzig die Mißbildungen, die auf dem majestätischen Organismus der Stadt als krankhafte Auswüchse verbleiben. Die charakterlose Epoche am Ende des 19. Jahrhunderts verdarb die strenge Erscheinung Petersburgs mit seinen Gebäuden im pseudorussischen Stil, seinem nichtarchitektonischen »Jugendstil« und schließlich dem babylonischen Durcheinander aller Stile, die keine eigene Seele haben.

V

So stellen sich, wenn wir die äußere Erscheinung Petersburgs betrachten, die wesentlichen Merkmale seines Charakters dar.

Man sollte indes die sichtbare Stadt mit der unsichtbaren Welt des Gewesenen in Beziehung setzen. Die durch die Gegenwart hindurchschimmernde Vergangenheit vertieft unsere Wahrnehmung, macht sie schärfer und feiner, und unserem geistigen Blick öffnen sich neue Seiten, die bisher verschlossen waren. Das Betrachten eines alten Hauses bringt uns die Welt, die dieses Haus als junges gesehen hat, zurück, und die wiederauferstandene Welt gibt uns die Möglichkeit, das zu schauen, was vorher unsichtbar blieb.

Eine solche durch das historische Gefühl erzeugte Vergeistigung verwendet *Andrei Bely* in seinem Roman *Petersburg*, zum Beispiel bei der Beschreibung des Ingenieur-Schlosses.

Erst einmal eine Skizze des Gebäudes: »Die entsetzliche Stelle krönte ein herrliches Palais; mit dem emporgereckten Turm sah es aus wie ein wunderliches Schloß: rosarot, schwersteinern; ein Gekrönter wohnte in diesen Mauern; nicht zu unserer Zeit war das; jener Gekrönte ist schon nicht mehr. In Deinem Reich gedenke seiner Seele, oh, Herr!«

Das historische Gefühl ist geweckt. Das Bild des unglücklichen Imperators steigt vor uns auf. »Wahrscheinlich zeigte der stupsnasige weiße Lockenkopf sich manchmal in einer Fensternische; dieses Fensterchen da – wohl aus diesem?« Welch Konkretisierung! »Und der stupsnasige Lockenkopf blickte schwelgerisch in die Weiten hinter den Fensterscheiben; und die Augen versanken ins rosa Verlöschen des Himmels«. Am deutlichsten kann man Paul I. wahrnehmen, wenn man sich vorstellt, was er sich in einem bestimmten Augenblick anschaute. »An der Tür stand ein paulinischer Posten im Dreispitz mit Krempe und *präsentierte* das Gewehr beim Heraustreten eines Generals mit goldglänzender Brust und Andreasband, der zur goldenen, aquarellgeschmückten Kutsche schritt; flammend rot ragte der Kutscher auf vom erhöhten Kutschbock; auf den hinteren Tritten der Kutsche standen dicklippige Neger.

Und Kaiser Pawel Petrowitsch, wenn er all das gemustert hatte, kehrte zurück zum sentimentalen Gespräch mit einem Musselin-und-Gaze-Fräulein, und das Fräulein lächelte; auf ihren Wangen erschienen zwei schelmische Grübchen, und – ein schwarzes Schönheitspflaster«.

Aber das friedliche Bild verschwindet. Es wird von furchtbaren Visionen der Tragödie des Jahres 1801 abgelöst. Er war nicht mehr, der Imperator, der Malteserritter.

»Und der Mond strömte weiter sein leichtes Silber, und es fiel auf die schweren Möbel im Schlafzimmer des Kaisers; es fiel aufs Bett und umstrahlte die am Kopfkissen funkelnde Putte; es fiel auch auf das Profil, das totenbleiche, wie tuschgezeichnete … Irgendwo schlug eine Turmuhr; in einiger Ferne trappelten überall Schritte.«[6]

So bringt uns Bely dazu, das Ingenieur-Schloß mit seinem ganzen historischen Erbe, das in die Gegenwart hineinbricht, zu erleben.

Eine große Bedeutung spielt bei der Vergeistigung der Stadt die *Natur*. Der Wechsel von Tag und Nacht zwingt uns, die organische Beteiligung der Stadt im Leben der Natur zu fühlen. Der Morgen putzt sie häufig mit dem perlmutternen Gewebe der von Sonnenstrahlen durchleuchteten Nebel heraus. Der Abend wirft eine blutrotglänzende Decke über sie …

Und die weiße Nacht erfüllt sie mit ihren Zaubern, macht Petersburg zu einer der phantastischsten Städte der Welt (Dostojewski). Das Mysterium des Jahreslaufes, das die Mythen aller Völker hervorbringt, verwandelt die Stadt selbst in ein mythisches Wesen.

Die Petersburger Herbstnacht erinnert mit ihren Nebeln und Stürmen daran, daß sich unter der Stadt das Urchaos regt. Gogol, Odojewski und Dostojewski kannten diese Nächte, und Petersburgs Seele öffnete sich ihnen im unwirtlichen Herbstwetter. Puschkin zeigte uns den Weg zu ihr durch den strahlenden Wintertag.

Jeder Ort fordert das Wissen um Tag und Stunde. Neu-Holland und die Sphingen erlebt man am besten in einer klaren Sommernacht. Den Senatsplatz an einem Wintermorgen, wenn die Bäume bereift sind und die Sonne mild und kraftlos scheint.

Eine noch größere Bedeutung hat in diesem Sinne die Natur für Petersburgs Umgebung.

Peterhof kann sich uns auch an einem klaren Herbstabend unter den wie der brennende Dornenbusch stark glühenden Ahornbäumen öffnen, aber wir sollten uns nicht vom Zauber dieses Bildes verführen lassen. Der kraftvolle Charakter der Sommerresidenz Peters zeigt sich besser zu einer anderen Zeit. Die Stunde der Offenbarung für den Genius loci schlägt an einem Sommertag, wenn ein böiger Wind bläst; über den dunkelblauen Himmel ziehen rasch kleine Wolken, mal die Sonne verdeckend, dann aufdeckend; wunderliche Schatten schwimmen über das saftig grüne Gras, gleiten über die Tannen und Kastanienbäume, hüllen die goldenen Statuen ein; der Wind zaust den Strahl der

Fontänen und bläst den Schaum der Wellen auf dem dunkler gewordenen graublauen Meer hoch; man hört den Schrei einer unsichtbaren Möwe. Die Wind- und Wasserelemente sind Peter dem Großen verwandt. *Walentin Serow* hat treffend vor dem Hintergrund der Petersburger Baustelle am Newaufer die mächtige Gestalt des Zaren dargestellt, dessen Brust den Wind durchschneidet, während seine Begleiter hinter ihm kaum nachkommen und sich mit Mühe auf den Beinen halten. In Peterhof ist ungeachtet der späteren Veränderungen noch der Geist des wundermächtigen Bauherren spürbar, und seine beste Stunde der Offenbarung ist die kraftvolle Zeit eines windigen Sommertages unter schnell wechselnder Beleuchtung.

Auch *Pawlowsk* kann uns zu verschiedenen Stunden verführen: an einem grauen Wintertag wie auch an einem lächelnden Frühlingsmorgen, aber nicht nur zu diesen Zeiten öffnet sich seine Seele ganz.

Das Schloß mit den weißen Säulen, die vor dem mattgelben Hintergrund hervortreten, unter der runden Kuppel, das auserlesene Werk von Cameron, der Park mit den zarten Umrissen der Hügel und Waldstücke, die schüchternen Denkmäler, die Bilder von Liebe, Freundschaft und Tod hervorrufen; die Nebel über der leise murmelnden Slawjanka – all dies ist voll weiblicher Weichheit und Passivität. Die ganze Natur ist hier tief vergeistigt. Der Park von Pawlowsk ist ein Elysium der Schatten. Der klare Herbstabend ist die ihm verwandteste Stunde; das »sanfte Lächeln des Verblühens« steht ihm am besten. *Wassili Zhukowski* hat für seine Beschreibung die an Melancholie reiche Herbstzeit gewählt.

Stille Slawjanka du, wie ist dein Lauf so schön,
Wenn Hügel tief im Herbst in deinen Spiegel blicken,
Die mit der Schönheit sich – wie bald muß sie vergehn –

Der halb verblühten Fluren schmücken.
Ich eile unterm stillen, reinen Himmelszelt
Zu deinen Ufern; Kühle atmet schon die Luft
Bei Sonnenlicht; und in des Herbstes Frische fällt
Des welken Laubes letzter Duft.[7]

Die tiefe Ruhe des Verblühens lullt die Seele ein und trägt in die Welt der Erinnerungen fort. Noch stärker ist ihre Macht in der Abendstunde.

In Pawlowsk liebe ich des Abends Farbenpracht!
Da schwelt die Dämmerung in wolkenloser Ferne,
die Zweige zittern leicht, vom Flammenspiel entfacht,
und der Palast – bestreut mit strahlendem Geflimmer –
wird langsam schemenhaft, wie seine Spiegelung
im nächtlich trüben Fluß. Der goldnen Kuppel Schimmer,
bekrönt die Bäume rings mit königlichem Prunk
und leuchtet in der Höh'. Die Glut der Abendröte
verliert sich nach und nach ...[8]

Wie die Blume ihre Blütezeit hat, so öffnet auch ein Ort mit einer starken Individualität seinen Genius loci zu einer bestimmten Stunde am vollständigsten. Man muß vieles, was mit dem jeweiligen Ort verbunden ist, durchlebt haben, um die ihm am besten entsprechende Zeit richtig bestimmen zu können. Vielleicht sind solche Erörterungen subjektiv, aber die *Suche nach der ausdruckvollen* Stunde sollte nicht als ganz und gar willkürlich und deshalb entbehrlich angesehen werden. Durch sie läßt sich eine gewisse Wahrheit über den Geist des Ortes erfahren.

Auch Laute und Gerüche sollen bei dieser Suche berücksichtigt werden.

VI

Um die Seele der Stadt zu verstehen, reichen jedoch die eigenen persönlichen Eindrücke, seien sie auch noch so wahrhaftig und intensiv, nicht aus. Unumgänglich ist es, auch auf die Erfahrungen anderer, die vor uns lebten und Petersburg in der Vergangenheit kannten, zurückzugreifen.

Wo läßt sich am besten nach Material suchen, in dem die Spuren aufzufinden sind, die Petersburg in den Seelen der Menschen hinterließ?

Reich an Spuren ist unsere schöne Literatur. Wenn wir uns mit diesem Material vertraut machen, können wir zu interessanten Ergebnissen kommen. Es ist nicht zufällig, wie sich Petersburg in den Seelen unserer Wortkünstler darstellt, hier herrscht keine schöpferische Willkür stark ausgeprägter Individualitäten. Hinter allen Darstellungen ist eine bestimmte Konsequenz spürbar, eine Art von Gesetzmäßigkeit. Der Eindruck drängt sich auf, die Seele der Stadt habe ihr eigenes Schicksal, und unsere Schriftsteller, jeder zu seiner Zeit, halte bestimmte Momente aus der Entwicklungsgeschichte dieser Seele fest.*

Der tragische Imperialismus Petersburgs, seine Isolation vom Kern des russischen Volkes machten es nicht zu einer unpersönlichen, seelenlosen, allgemeineuropäischen Stadt, zu irgendeinem Übergangsort in räumlicher (von Rußland zum Westen, »das Fenster nach Europa«) oder in zeitlicher Hinsicht (von Moskowien zum Großen Russischen Imperium).

Die Stadt Peters erwies sich als Organismus mit einer deutlich ausgeprägten Individualität, die über eine kompli-

* Diesem Thema ist der zweite Teil des vorliegenden Buches gewidmet: Die Bilder von Petersburg.

zierte und feine Seele verfügt, die ihr geheimnisvolles und an Tragik reiches Leben führt.

Um uns den Genius loci zu erschließen, betrachten wir die Stadt, nachdem wir die Bilder Petersburgs in der russischen schönen Literatur durchlebt haben, aufmerksam von der Höhe der Isaaks-Kathedrale aus und wandeln durch die Weiten ihrer Plätze, über die harmonisch zusammenlaufenden Straßen und die zahlreichen Uferpromenaden mit den fließenden Linien, die mit schmiedeeisernen Gittern geschmückt und verziert sind, und immer und überall fühlen wir die Gegenwart der herrschaftlichen Newa.

* * *

Es gibt außerdem Material, auf das bisher niemand so richtig geachtet hat, das sich aber für die Charakterisierung der Stadt hervorragend eignet. Ich meine die Namen der Straßen, Stadttore, Hotels usw. Wahrscheinlich hat jede Stadt ihren eigenen Stil in der Namensgebung, der vom Genius der Stadt bestimmt wird.

Wird nicht etwa Paris von folgenden Namen charakterisiert: Avenue des Gobelins, Rue de la Perle, Ruelle du Paon Blanc, oder von humoristischen Benennungen: Rue du Chat qui pêche, Hôtel d'un chien qui fume usw. Die unzähligen Namen von Heiligen, die Straße der Mönche oder die Straßen der Kanonikerinnen erinnern uns an die Zeiten, als Frankreich die beste Tochter der katholischen Kirche war.

Ein besonderes Interesse verdienen die Straßennamen von Moskau. Neben den kirchlichen, die äußerst häufig sind, was sich auch für das Herz der »Heiligen Rus« so gehört, neben den historischen und topographischen, die für jede alte Stadt unerläßlich sind, gibt es eine Reihe von Bezeichnungen, die gerade für Moskau außerordentlich charakteristisch sind. Beispielsweise das Viertel um den Arbat-Platz: die Powarskaja-[Koch-]Straße mit den Skaterny-[Tischdeck-], Chlebny-[Brot-] und Stolovy-[Tafel-] Gassen, erinnert daran, welchen Stellenwert die Fürsten, die das gastfreundliche Moskau bauten, der Hauswirtschaft einräumten. Kennzeichnend auch die Straßennamen mit diminutiven Endungen, die allen Moskauliebhabern so sehr das Ohr schmeicheln: Poljanka, Ordynka, Palicha, Pljuschtschicha usw.

All diese Namen sind keineswegs unmittelbar mit der Stadt verbunden, wie etwa der Sucharew-Platz oder die Kreml-Uferpromenade. Schließlich sind die genannten Straßen nicht wie der Kuznetzki-Most [Schmiede-Brücke] oder der Rote Platz allen bekannt, und ihre Bezeichnungen selber sagen nichts über eine Verbindung mit Moskau aus. Nur die Zusammenstellung aus den Bildern und sogar den Lauten dieser Namen ist vom Moskauer Geist durchdrungen.

Was geben uns nun die Namen von Petersburg? Wir finden in ihnen nichts Prägnantes oder besonders Ausdrucksvolles. Und ist dies nicht gerade charakteristisch, steht dies der strengen und zurückhaltenden Stadt nicht gut zu Gesicht? Ihre Namen sind entweder topographisch: Newski, Kamennoostrowski [Steininsel-], oder sie stammen von den Handwerken: Litejny [Gießer-], Ruzhejnaja [Büchsenmacher-], Grebetzkaja [Ruderer-], Barotschnaja [Barken-] usw., oder sie wurden, typisch für Hauptstädte, zu Ehren befreundeter Nationen gegeben: die Italienische, die Englische, die Französische, oder sie entbehren jeglicher Anschaulichkeit – und diese sind für Petersburg die charakteristischsten: die Großen, Kleinen und Mittleren Prospekte und die zahllosen Linien und Kompanien – die in Reih und Glied ausgestreckt und numeriert wurden.

Die Namen der Stadt sind die Sprache der Stadt. Sie erzählen von ihrer Topographie, von ihrer Umgebung, von ihrer Geschichte, ihren Helden, ihrer Industrie, ihren Ideen,

Geschmäckern, ihrem Humor. Sie bestimmen den Stil der Stadt wie ihre Bauten, ihre Legenden, ihre Gärten.

Die Erforschung der Stadt als eines organischen Ganzen ist der Versuch, den historisch-kulturellen Organismus in seinen Veränderungen zu begreifen. Eben darin liegt der Schlüssel für das, was nicht auf dem hier beschriebenen konkreten Weg herauszufinden gelingt, gleichzeitig wird ein Maßstab geschaffen, um den ganzen Unterschied zwischen dem Wissen, das durch die Schau des gesamten Bildes erhalten wurde, und dem Wissen, das nur gehört oder angelesen werden konnte, zu bewerten. Wenn wir es vermögen, die lebendigen Bilder zu nutzen, wird uns dies in der weiteren Beschäftigung helfen, die Vergangenheit lebendig und konkret wahrzunehmen, und deswegen wird sie unserem Verständnis zugänglich und Liebe wecken. Die Vergangenheit der gesamten Menschheit wird dann wie das Leben eines einzigen Ganzen aufgefaßt werden.

Die Liebe, die für das Gewesene geweckt wird, ist eine große Kraft. Sie überwindet die alles besiegende Zeit und stellt uns von Angesicht zu Angesicht dem Leben unserer Vorfahren gegenüber.

Unsere Liebe erweckt die Vergangenheit und macht diese zu einem Teil unseres Lebens.

So hebt aus dunklen Zeitentiefen klar
Forschender Geist zu seiner Auferstehung
Versunkner Stadt vergeßnen Lärm sogar,
So wie des Seins rückwärtige Bewegung.[9]

Die Bilder von Petersburg

Eine Welt ... bist du, o Rom!
GOETHE

Das Bild der Stadt hat sein eigenes Schicksal. Schicksal wird hier als organische Entwicklung einer einzelnen Erscheinung aufgefaßt. Der Begriff Schicksal ist nur auf die Persönlichkeit als die Trägerin des individuellen Prinzips anzuwenden. Das Schicksal ist die historische Äußerung der Persönlichkeit. Ein unpersönlicher Vorgang kann nicht als Schicksal verstanden werden. Auf diese Weise wird hier die Idee von der Individualität des Bildes der Stadt, das ein eigenes Schicksal hat, bestätigt. Es lebt, wie auch die Stadt selber, sein eigenes Leben, unabhängig von den Eindrücken einzelner ihrer Bewohner. Es hat eigene Entwicklungsgesetze, über welche die Träger dieses Bildes, ihre Vertreter, keine Macht ausüben. Eine Persönlichkeit, die die Stadt betrachtet, gibt der Darstellung ihres Eindruckes natürlich das Gepräge ihrer Individualität, aber dieses Gepräge verändert nur Details. Selbstverständlich trägt nicht jeder Bewohner das Bild der Stadt als irgend etwas Ganzes, Organisches, Eigenständiges in sich. Nur die Feinfühligsten erkennen das Gesicht der Stadt. Man darf nicht vergessen, daß die Erkenntnis teilweise Selbsterkenntnis ist, weil die Stadt ihr Gesicht nur dem öffnet, der wenigstens kurzzeitig ihr Bürger war, der an ihrem Leben teilnahm und auf diese Weise in diesem komplizierten Ganzen aufging. Wer nun könnte das Bild der Stadt besser darstellen als der Künstler, und insbesondere der Wortkünstler? Ist ihm doch eine ganzheitliche Sichtweise der Stadt, die zur Klärung ihrer Idee führen kann, am zugänglichsten. Ein Künstler oder Denker kann den λόγος der Stadt finden und ihn in künstlerischer Form vermitteln. Die einen Schriftsteller entwarfen als Reaktion auf die Ausdruckskraft der Stadt zufällige Bilder, andere spürten ihre Verbindung mit der Stadt und schufen ein kompliziertes und ganzheitliches Bild der nördlichen Hauptstadt, dritte brachten ihre Ideen herein und strebten danach, Petersburg in Verbindung mit dem ganzen System ihrer Weltanschauung gedanklich zu fassen; die vierten schließlich vereinigten all dies und schufen aus Petersburg eine ganze Welt, die ihr eigenständiges Leben lebt.

Es ist das Ziel dieses Buches, auf der Grundlage von Denkmälern der russischen Literatur eine Skizze davon zu entwerfen, wie sich das Bild Petersburgs entwickelt hat. Insofern beschreibt es Kultur- und nicht Kunstgeschichte. Das sich mit den Jahren verändernde Petersburgbild wird hier als Erscheinung der geistigen Kultur betrachtet, weshalb die Evolution des Bildes unabhängig von künstlerischen Bewertungen beobachtet wird. Eine solche Arbeit ist strenggenommen verfrüht. Noch ist die Geschichte der russischen Kultur, vor deren Hintergrund es möglich wäre, die Entwicklung des Bildes zu verfolgen, das den geistigen Zustand der russischen Gesellschaft widerspiegelte, nicht geschrieben. Die Arbeit aber, die vor dem Forscher der russischen Kultur liegt, besonders zur neueren Zeit, ist so groß, daß sie für einige Generationen von Wissenschaftlern reicht. Angesichts dessen sollen schon jetzt einige Probleme aus dem Gebiet der geistigen Kultur der neueren Zeit aufgestellt werden, ohne den Blick dafür zu verlieren, daß es sich nur um Versuche handelt, die später einer kritischen Überprüfung und grundsätzlichen Überarbeitungen unterzogen werden müssen.

Hier werden nur die Wegmarken der *Entwicklungsetappen des Petersburgbildes* vorgeschlagen. Es wäre wünschenswert, das gesamte reiche Material darüber, wie sich Petersburg im Bewußtsein der russischen Gesellschaft spiegelt, auszuwerten. Man kann hoffen, daß diese Arbeit in der Zukunft jemand, der die große kulturelle Bedeutung von Petersburg versteht, bewältigen wird.

Hier ist die Aufgabe einfacher. Das Material wurde aus dem Bereich der schönen Literatur gewählt. Ein einzelnes ausdrucksstarkes Fragment ersetzt eine ganze Serie, die nichts wesentlich Neues zur Darstellung des Stadtbildes beitragen würde.

Die Zitate werden hier nicht nur als Illustration, die den einen oder anderen Gedanken des Autors klären, betrachtet. Sie erscheinen als Bild selbst und ersetzen somit Abbildungen im Text. Dies erklärt ihre Zahl und ihren Umfang. Dadurch läßt sich das Buch teilweise als Chrestomathie lesen. Manchmal indes mußte der Text um weniger wichtige Stellen gekürzt, bisweilen sogar, wenn er insgesamt von geringer Bedeutung war, mit eigenen Worten wiedergegeben werden.

Zum Abschluß dieser Vorbemerkungen soll erwähnt werden, daß unter der Stadt hier vorwiegend *ihre äußere Gestalt, ihre architektonische Landschaft* verstanden wird. Alles übrige Material wird zur Kommentierung der äußeren Gestalt herangezogen.

So werden etwa Fragen der Sitten und Bräuche nur in dem Maße berührt, in dem sie die äußere Gestalt der Stadt illustrieren. Allgemeine Ideen werden hier nur dann angeführt, wenn sie helfen, den Ausdruck des Stadtantlitzes zu verstehen. Methodisch wird die Frage so gestellt: über ein Verständnis der äußeren Gestalt der Stadt zur Erkenntnis ihrer Seele.*

I

Es ist schwierig, den Augenblick zu bestimmen, in dem das Bild der Stadt geboren wird, selbst wenn die Umstände ihrer Gründung so klar zu fassen sind wie bei Petersburg, der Stadt, welche zur Zeit des großen Kampfes, in der Epoche des aufkommenden Imperialismus errichtet wurde.** Nicht sofort ergibt sich die Möglichkeit der Kontemplation, die das Erscheinen eines künstlerischen synthetischen Bildes begünstigt. Dessen Geschichte, sofern sie sich in der russischen schönen Literatur widerspiegelte, soll hier skizziert werden. Von den russischen Wortkünstlern gab ihm wohl als erster *Alexander Sumarokow* erkennbare Züge.

Petersburg wird von Sumarokow als heilige Stadt gezeichnet. Der Name Sankt Petersburg erhält für ihn eine besondere Bedeutung. Das jugendliche Alter der Stadt scheint gebührlicher Erhabenheit zu widersprechen. Des-

* In welchem Sinne kann man von der Seele der Stadt sprechen? Es ist die *historische* Einheit aller Seiten ihres Lebens (Naturkräfte, Sitten und Gebräuche ihrer Bevölkerung, Wachstum und Charakter ihrer architektonischen Landschaft, ihre Beteiligung am gemeinsamen Leben des Landes, der geistige Zustand ihrer Bürger), welche die Seele der Stadt ausmacht.

** Die ersten ausführlichen Beschreibungen finden sich bei Ausländern, die die neue Hauptstadt besuchten. In ihren Berichten verbanden sie diensteifriges Pathos mit aufrichtiger Begeisterung. Die erste ausführliche Schilderung der neuen Stadt stammt von einem Autor, der seinen Namen hinter den Initialen S. W. versteckte (*Die Beschreibung von Sankt Petersburg und Kronstadt in den Jahren 1710 und 1711*). Aber alle diese Bücher werden, weil sie nicht zur russischen schönen Literatur zählen, von uns nicht näher betrachtet.

halb bemüht sich Sumarokow, in grauen alten Zeiten eine Vorbereitung für die Erschaffung Petersburgs ausfindig zu machen, um dem Bild der Stadt eine antike Aureole zu verleihen. Alexander Newski erscheint als Vorläufer Peters des Großen.

Dieser prächtigen Stadt
Hat der Sieg den Ruhm begründet.
(»Stichiren auf den Heiligen Alexander Newski«)

Die Asche Alexanders muß im Kern der Stadt, die ihm ihre Existenz verdankt, bewahrt werden.

Frohlockt, Ihr Mauern Peters,
Freut Euch, Ufer der Newa!

Was Peter vollenden sollte, erfüllte er heilig.

Am Ufer der Newaströme
Des Alexanders Heiliges Grab!

Peter, der Nachfolger Alexanders, erbaut diesem in seiner neuen Hauptstadt einen Tempel, den man als das Palladium der neuen Stadt versteht.

Errichtet durch seine Hand
Wider des neptunischen Tobens
Die Stadt, ein Hort der Ruhe,
Sicher vor stürmischem Ungemach,
Wo über dem reinen Wasser
Das Ufer über der reinen Newa
Den Tempel Alexanders hält.
(»Ode auf den Sieg Peters I.«)

Petropolis ist keine Rußland fremde Stadt, bedeutet keinen Bruch mit der Vergangenheit. Nein, *Sankt Petersburg hat tiefe Wurzeln in der Heiligen Rus. Es erscheint als Stadt »der Sonne Rußlands«, als Alexander Newskis.* Sumarokow wollte Peters Bedeutung nicht schmälern, sondern vergrößern, indem er dessen Stadt mit heiligem Glanz verklärte.

Dieser Blick in die Tiefe des Vergangenen soll die Aufmerksamkeit nicht von der Gegenwart ablenken. *Die Vergangenheit unterstreicht nur die Erhabenheit der Gegenwart und bürgt dafür, daß die großen Schicksale in der Zukunft offenbar werden.* Die neue Stadt wird die Hauptstadt des großen Imperiums, das reich an sich entfaltenden Kräften für ein siegbringendes Wachsen ist. Das Volk der großen Ebene streckte seine rechte Hand zur Herrschaft über die Meere aus.

Die feuchte Mutter Erde war die Gottheit für das Volk von Ackersleuten. Nun verneigte es sich vor einer neuen Gottheit – Neptun, dem Herr über Meer und Ozean, der sich in Zar Peter verkörperte.

Auf den hohen Wellen
Sehe ich den neuen Neptun,
Höre in den heftigsten Stürmen,
Das Tosen aus der Tiefe verbergend
Es spürt der Abgrund die Freude,
Der Belt verkündet Heiterkeit.

Die Elemente unterwerfen sich freudig dem Dreizack des neuen Herrschers der Wasser. Neptun zähmt die Winde. Quos ego!

Euer Widerstand gegen unsere Schiffe,
Winde, ist eitel.
Es häuft sich der Reichtum

An deinen Ufern, Newa.
Arm sind vor Rußlands Antlitz
West, Süd und Ost.
(»Erste Dithyrambe«)

Peter der Große, ein Bezwinger der Elemente, erscheint als Herrscher der ganzen Welt, da es niemanden gibt, der ihm ebenbürtig wäre.

Nur das russische Wappen weht,
Dort sind Flotten verschiedener Reiche.
Peter hat über allen die Macht,
Alle nehmen seine Statuten an.
(»Ode auf den Sieg des Imperators Peter I.«)

So gestaltet sich das erhabene und frohlockende Bild von Petersburg im Werk Sumarokows: eine Stadt, die von der Tradition beleuchtet wird und tiefe Wurzeln in der Vergangenheit hat. Jedoch *nur die Zukunft wird die ganze Erhabenheit des Nördlichen Palmyra enthüllen.* Die Stadt des heiligen Peter im Norden löst die Stadt des heiligen Peter im Süden ab. Petersburg wird zum neuen Rom. Sumarokow schlägt einen prophetischen Ton an:

»Es werden dich, Petropolis, unsere Nachfahren in einer anderen Gestalt erblicken: Du wirst das *nördliche Rom* sein. Meine Vorhersage wird sich erfüllen, falls der monarchische Thron nicht von dir fort verlegt wird ... Er wird wohl bleiben, falls sich dein Überfluß mehren wird, deine Sümpfe trocken gelegt und deine Meerengen mit prächtigen Gebäuden geschmückt sein werden. Dann wirst du das *ewige Tor des Russischen Imperiums* sein und eine ewige Heimstätte der ehrwürdigsten Kinder Rußlands und ein ewiges Monument für Peter den Großen und Katharina die Zweite« (»Fünfte Rede: zur

Eröffnung der Kaiserlichen Sankt Petersburger Akademie der Künste«).

Das Bild des nördlichen Rom verzauberte auch *Michail Lomonosow*, und er begeisterte sich, wenn er sah, wie

Im verdoppelten Glanz Petropolis
Steigt der feierliche Schall hinauf.

(»Ode auf den Tag der Thronbesteigung
der Kaiserin Katharina II.«)

Er bringt ein milderndes, ein den alles niederwerfenden Imperialismus beschränkendes Motiv herein. Er lobpreist die Zarin für ihre Friedensliebe.

Ohne Reiche zu zerstören, baust du in Rußland ein Rom.
Das Zarenhaus ist das Beispiel dafür, jeder, der es sieht,
verwundert sich,
Und sagt, daß sich bald Rom vor uns schämen wird.

Das *Goldene Zeitalter* kehrte zurück! Ganz im strahlenden Leuchten brennt und funkelt das Nördliche Palmyra.

In den Petrinischen Mauern fließt
Voll *Heiterkeit* dort die Newa,
Das Haupt *leuchtet* durch die Krone, den Porphyr,
Bedeckt mit Lorbeer.
Dort *flammen* mit gleichmäßigem Eifer
Die Herzen, wie die Plätze alle *strahlen*
In der von Vergnügen erfüllten Nacht.
O süßes Jahrhundert! O wertvolles Leben!
Petropolis, den Himmel nachahmend,
Versendet wie er Strahlen.

(»Auf den Tag der Thronbesteigung
der Kaiserin Katharina II.«)

Die Farben der Beschreibung glänzen und jubeln.

Über der Stadt weht der Geist Peters – sein Schutzgenius.

> ... Sein Bild schmückt diese Stadt,
> Wenn sie auf ihn blicken – der Perser, Türke, Gote und
> Sarmate –
> Erscheint die Erhabenheit seines Heldengesichtes,
> *Und der kaltherzige Eherne Tote erschreckt.*
> (»Aufschrift auf der Statue Peters des Großen«)

Bei *Gawril Derzhawin* findet sich für uns nicht viel interessantes Material. Er läßt die ganze Verzauberungskraft des märchenhaft wachsenden Nördlichen Palmyra auf sich wirken. Und nicht einmal der Stil seiner Epoche, die feierliche Lobpreisungen forderte, aber nur einen entfernten Bezug zum besungenen Objekt benötigte, konnte die aufrichtige Begeisterung für die neue Hauptstadt verhüllen.

Derzhawin greift zu einem besonderen Verfahren, um Petersburg zu beschreiben. Vor der Kaiserin Katharina, welche über die Newa fährt, entfaltet sich das Panorama der Stadt. Der rauhe Ladogon mit den schneeglänzenden Locken gebietet seiner Tochter Newa, »die Zarin durch die Tür des Pont zu führen«.

> Und die Newa senkt den Blick,
> führt sie hin, zur schmucken Stätte.
> Aus der Flut die Türme dringen,
> und Petropolis erscheint.
> Nicht die Slawen hör ich singen,
> doch die Musen, hier vereint.
> Sehe Gottes Kathedralen,
> reich an Marmel und Granit,
> sehe manch ein Denkmal strahlen:

Fürsten huldigt man damit
für besondere Verdienste.
Prächtig blüht, umringt von Flüssen,
hier die Stadt, Boreas Zier,
der sich alle beugen müssen:
Nichts auf Erden ähnelt ihr!
Und das holde Antlitz spiegelt
sich im regungslosen Belt.
Ihre Herrlichkeit beflügelt
nah und fern die ganze Welt –
Widerschein der Morgenröte.
Sehe flattern auf den Schiffen
bunter Bänder Ringelreihn.
Vor dem Strand, von Stein geschliffen,
wächst ein ganzer Mastenhain.
Sehe Häfen und Gebäude,
seh der Straßen Sauberkeit,
Gärten, Parks, gemacht zur Freude,
Glanz und Reichtum weit und breit,
eine königliche Schönheit ...[10]

So sieht das vom wahren Leben entfernte Bild des Nördlichen Palmyra aus, das nur zeigt, was der Mehrung seines Ruhmes dient. Aber dieses Bild war allen nah und verständlich, die die starke und frische Luft atmeten, die im Rußland des 18. Jahrhunderts wehte, das an seine Kräfte glaubte und das imstande war, andere von diesem Glauben zu überzeugen. Das Nördliche Palmyra war keine Legende; in der jungen Hauptstadt war eine große Zukunft zu spüren.

Derzhawin sind die Besorgnisse fremd, welche die folgenden Generationen erfassen werden! Die tragische Schönheit Petersburgs ist ihm unverständlich. Alles ist standfest und friedlich.

Entschlummert war schon lange
Die Stadt mit ihren Thürmen,
Kaum hörte man die Newa
Aus ihrer Urne fließen,
Kaum schimmerte der Belt.[11]

Ruhig ist die Nacht über der Newa in ihrem granitenen Gefäß. Und tags ist es heiter, an ihren weiten Ufern mit der bunten Menge den Frühling zu atmen.

Am granitenen Ufer der Newa
Ging ich spazieren;
Die süße Wonne des Frühlings,
Die wohlduftende Luft trank ich;
Ich sah, wie sich das Volk
Um ein junges Paar drängte
(»Die Erscheinung von Apollon
und Daphne am Newaufer«)

Für Derzhawin gab es hier keinen Kampf der Stadt mit den Elementen. Im Gegenteil, Natur und Kunst erschaffen in einer harmonischen Verbindung die Schönheit der Stadt. »Überall triumphieren Natur und Kunst«. Die Natur, durch die des Künstlers Meißel zog. »Es streiten miteinander Kunst und Natur.«* Sie streiten im Sinne eines freundschaftlichen Wettbewerbs, der auf ein Ziel ausgerichtet ist: die Schaffung einer *Landschaft der Stadt.*

In seiner Beschreibung eines Festes zu Ehren Potjomkins verweilt der Dichter mit Begeisterung bei der Architektur des Petersburger Palastes. Solches sind die von ihm benannten Stilmerkmale: Einfachheit und Erhabenheit vor allem.

»Ihre äußere Erscheinung blendet weder durch Schnitz-

* »Auf Peterhof«

werk noch durch Vergoldungen noch durch irgend andere üppige Verzierungen: *der antike, erlesene Geschmack, dies ist ihre Würde*, sie ist einfach, aber erhaben« (Beschreibung der Feier im Hause des Fürsten Potjomkins anläßlich der Einnahme von Ismail«).

Hier ist alles »feierlich« wie im Tempel: »Die ausgedehnte Kuppel, die von acht Säulen gehalten wird, die verschiedene Ansichten vorstellenden Wände, die von einem schimmernden Licht erhellt werden, das einen gewissen heiligen Schrecken hervorruft« (ebd.). Hier ist überall »Geschmack und Großartigkeit zu sehen«, aber die Herrlichkeit ist zurückhaltend und widerspricht der Einfachheit nicht.

Derzhawin fühlt auch *das Pathos des Raums* lebendig, als Grundmerkmal des Glanzes, der Kraft:

> Er ist von einer solchen Größe,
> der wunderherrliche Palast,
> daß man darin Trompetenstöße
> vom äuß'ren Flügel nicht erfaßt.
> Die Wände tragen das Gepränge
> des Dachs, dem Himmelsbogen gleich;
> und ungeheure Säulengänge
> führen ins wahre Freudenreich.[12]

Die Erhabenheit des Palastes ruft im Dichter das Bild der Ewigen Stadt hervor: »Und wenn ein Herrscher des allmächtigen Roms, der sich sein Weltall untertan gemacht hatte, wünschte, die Klänge seiner Waffen zu zelebrieren oder seine Mitbürger zu bewirten, so hätte er sich für sein Fest kein größeres Haus schaffen oder keine größere Würde vorstellen können. Es schien, daß aller Reichtum Asiens und alle Kunst Europas dort vereinigt wurde, um den Triumphtempel für Katharina die Große zu schmücken.«

Die Paläste des Nördlichen Palmyra sollen die Würde des

Imperiums widerspiegeln, das sie repräsentieren. Derzhawins Imperialismus wirkt frisch, sicher und freudig. In Petersburg strömen die Reichtümer aus den grenzenlosen Räumen des Imperiums zusammen.

Das reiche Sibirien, sich über die Tische beugend,
Verstreute Gold und Silber über sie;
Der östliche, der westliche, die grauen Ozeane,
Die Stirnenwogen schüttelnd, trugen seltenen Fisch;
Der schwarzlockige Wald und die blonden Steppen,
Die Ukraine, Cholmogor übergaben Kälber und Wild;
Die mit Ähren bekränzte Wolga reichte das Brot;
Einen Korb mit süßen Früchten brachte der Taurier;
Der Ural, sich beugend, goß in topasene, amethystene
Pokale den goldenen Honig, den funkelsprühenden
Saft der Bäume
Und vom Don die süßen und von der Krim die
schmackhaften Weine.

Scheinbar fand sich das ganze Imperium mit all seiner Pracht und seinem Überfluß ein, um seine Herrscherin zu bewirten ...

Jung und kraftvoll ist dieses Imperium, das noch alles vor sich hat, und die alten Römer wundern sich, welch ungesehene Pracht nach ihnen erscheint.

Aus der Finsternis treten sie hervor und schauen auf das
wunderbare Festmahl:
Die Lukullusse, Cäsaren, der Trojaner, Octavius, Titus,
Gleichsam in Erstaunen versetzt, scheinen sie von den
Wänden herabsteigen zu wollen,
Und zu fragen: Wen bewirtet die Welt so?
Wer erkühnte sich, nach uns das Weltall zu beherrschen?

Derzhawin, trunken von der Großartigkeit des wachsenden Imperiums, träumt vom Bild eines neuen Rom.

Dieser wird ein neues Rom errichten.

So erscheint Petersburg im künstlerischen Schaffen Derzhawins. *Es ist die stolze Hauptstadt eines jungen, kraftvollen Imperiums, diese Stadt ist erhaben einfach, sie ist klar und vom erlesenen Geschmack ihrer Bauherren geprägt, eine harmonische Stadt ohne jede Tragik.* Allerdings zeigte sich auch Derzhawin über die Zukunft der Stadt Peters beunruhigt. In seinem schriftlichen Bericht »Über die Billigkeit der Vorräte in der Hauptstadt« (1797) drückte er Sorge über das Schicksal der Hauptstadt aus.

Wenn man alles dem natürlichen Gang überlasse, »wird Petersburg veröden«. »Wenn nicht rechtzeitig Maßnahmen ergriffen werden, so ist es durchaus schwierig, in einem solchen Raum, in dem die Stadt sich jetzt befindet, sie selbst bei Anwesenheit des Hofes und seines Glanzes noch zwei Jahrhunderte zu erhalten. Wenn sich der Hof entfernt, wird ihre Großartigkeit verschwindet. Es ist bedauerlich, daß solche Anstrengungen eines so großen Volkes und der weise Ruhm seines Begründers vorzeitig scheitern können.«

Trotzdem ist der ganze Artikel Derzhawins von Optimismus durchdrungen. Rußland soll näher an seine Hauptstadt rücken. Deren entlegenes und rauhes Umland soll besiedelt und bestellt werden.

»Die Umgebung von Petersburg soll durch Düngung und Besiedelung des Landes in einen solchen Zustand versetzt werden, daß sie seine eingesessenen Bürger und seine Beamten ernähren kann.«

Derzhawin wollte offensichtlich Petersburg von einer gut kultivierten Zone umgeben sehen, die auf die Bedürfnisse der Hauptstadt eingestellt wäre, ähnlich Latium, welches das antike Rom umgab.

Ein wunderbares Bild des Nördlichen Palmyra zeichnete Fürst *Peter Wjasemski* (1818):

Ich sehe Petersburg sich königlich erheben,
die Stätte, die der Zar auf einem Sumpf erschuf.
Als Ruhmesdenkmal soll sie ewig weiterleben,
das kommende Geschlecht vermehrt noch ihren Ruf!
Hier hat die Kunst dereinst mit der Natur gekämpft
und überall den Sieg des Geistes festgehalten,
denn die Gedankenkraft *bezähmte die Gewalten.*
Doch wessen Stimme zwang gebieterisch den Fels
der wilden Wüstenein, sich nordwärts zu bewegen,
um sich zuletzt entlang der Ufern hinzulegen,
du aller nordischer Gewässer Königin,
du lichter Newafluß? Wer brachte dir Gewinn
und hat die Fittiche des Handels, ganze Scharen
von Schiffen, hergeführt mit ungezählten Waren
vom fernen Morgenland und aus dem Westen? Wer
verband den jungen Belt dem alten Kaspi-Meer?
Jekaterinas Geist und Peters Herrscherstärke
vollbrachten wie im Flug epochenlange Werke.
(...)
Das Eisenerz, der Kraft des Feuers untertan,
ziert anmutsvoll und leicht die Gitter. Hinter ihnen
zeigen sich Gärten, die der stillen Muße dienen
und die Poltawas Hand einst pflegte mit Geschick!
Was aber öffnet sich dahinter meinem Blick?
Ein schlichtes Haus, das stets als *Arche* wird bewahren
die großen Hoffnungen und Pläne unsres Zaren,
denn hier hat er gedacht!
Dies sei uns Heiligtum!*[13]

* Das andere Häuschen Peters des Großen auf der Petersburger Seite wurde von der Bevölkerung in einen Tempel verwandelt, wo die

Fürst Wjasemski besingt das Werk Peters und führt in seiner synthetischen Skizze von Petersburg eine Reihe konkreter Bilder an: das Gitter des Sommergartens, das Sommerpalais. In dieser Hinsicht gelang ihm im Vergleich zu Derzhawins allgemeiner Beschreibung von Petersburg ein Schritt nach vorne.

Das Verbindungsglied zwischen dem Nördlichen Palmyra von Derzhawin und Puschkins Stadt des Ehernen Reiters ist das *Petersburg Pawel Batjuschkows.* Bei Derzhawin erschaffen Mensch und Natur die Hauptstadt gemeinsam, bei Puschkin, der den »Rausch des Kampfes« und des »Stehens am Rand des Abgrundes« kannte, ist die Harmonie zerstört; drohend wenden sich die gesichtslosen Elemente wider die herrschaftliche Stadt, furchtbar ist ihre Grausamkeit, aber den Endtriumph und -sieg erringt das Werk des wundertätigen Baumeisters.

Batjuschkow griff bereits das Motiv des Kampfes der menschlichen Schaffenskraft mit den trägen Elementen auf, aber ihm blieb die tragische Stärke und Tiefe dieses Kampfes unverständlich.

Der Held von Batjuschkow »sitzt mit Winkelmann in der Hand am Fenster« und genießt »das prachtvolle Ufer« der Newa, des »weltweit ersten Flusses«, »welchen die Petersburger Bewohner aufgrund der Gewohnheit mit einem kalten Blick betrachten«*.

Der Dichter schaute auf die »wundersame Vermischung aller Nationen« in der Hauptstadt des großen Imperiums und begann sich vorzustellen, was an diesem Ort vor dem Bau Petersburgs war. »Vielleicht ein Kiefernwald, ein feuchtes träumendes Dickicht oder ein morastiger Sumpf,

Heilandsikone, welche Peter dem Großen gehört hatte, angebetet wird. So bildete sich auf dem Boden der christlichen Kultur eine Verehrung des Hauses des Stadtgründers.

* »Spaziergang in die Akademie der Künste«

mit Moos und Preiselbeeren zugewachsen; näher am Ufer des Fischers Kate ... Alles war hier still. Selten durchdrang eine menschliche Stimme das Schweigen der wilden, finsteren Ödnis, heute aber? ... Ich schaute unvermutet auf die Dreifaltigkeitsbrücke, dann auf das Häuschen des Großen Monarchen, auf die der bekannte Spruch zutrifft: souvent un faible gland recèle un chêne immense! Und meine Phantasie stellte sich Peter vor, wie er zum ersten Mal die Ufer der wilden Newa überblickte, die heute so prachtvoll sind ...«

»... Ein großer Gedanke wurde im Kopf eines großen Menschen geboren. Hier wird eine Stadt sein, sagte er, ein Weltwunder. Hierher rufe ich alle Künste, alle Handwerke, die staatlichen Verordnungen *werden die Natur selbst besiegen.* Und er sprach – und Petersburg tauchte aus dem wilden Sumpf auf.«

So ist das erste Bild, das uns Batjuschkow gibt. »Und die Erde war wüst und leer, und es war finster auf der Tiefe; und der Geist Gottes schwebte auf dem Wasser. Und Gott sprach: Es werde Licht. Und es ward Licht.«

Das Bild eines Mikrokosmos und seines Schöpfers. Batjuschkow, *berauscht vom Schöpfungsmotiv*, möchte bei der Erschaffung anwesend sein. Und das zweite Bild ist Petersburg unter dem Meißel seines Schöpfers.

»Mit welcher Begeisterung stellte ich mir den Monarchen vor, der die beginnenden Arbeiten beaufsichtigte: hier ein Festungswall, dort Läden, Fabriken, die Admiralität. In Erwartung der Messe an einem Feiertag oder einem Festtag des Sieges saß der Herrscher häufig auf dem Wall mit Stadtplänen in den Händen, gegenüber des Festungstores, das mit einer Skulptur des Apostels Peter aus grobem Holz geschmückt war.«

»Nach dem Namen des Heiligen sollte die Stadt benannt werden, und auf einer unter seiner Skulptur befestigten

Blechtafel wurde das in der Weltchronik ruhmvolle Jahr 1703 mit römischen Zahlen eingehämmert. Auf der nahen Bastion wehte die gelbe Fahne mit dem großen schwarzen Adler, in seinen Krallen die vier Meere, die Rußland untertan waren. Hier drängten sich um den Monarchen ausländische Schiffsbauer, Matrosen, Künstler, Wissenschaftler, Feldherren und Soldaten.«

Nach dem Sieg über die Natur, den Elementen zum Trotz, rief Peter der Große das Große Petersburg ins Leben. Ungewöhnlich ist dessen Geburt, ungewöhnlich auch *dessen Entwicklung*.

»Ja, mein Freund, wie viele Wunder sehen wir vor uns, und *Wunder, die in solch kurzer Zeit geschaffen wurden*, in einem einzigen Jahrhundert!«

Das dritte Bild von Petersburg ist das für Batjuschkow zeitgenössische.

Mit seinem Bekannten unternimmt der Autor des »Briefes« einen Spaziergang durch die Stadt.

»Prächtige Gebäude, von der Morgensonne vergoldet, werden von dem reinen Spiegel der Newa zurückgeworfen.«

»Schauen Sie auf die Wassili-Insel, die ein Dreieck bildet, das von der Börse, den Rostra-Säulen und der granitenen Uferbefestigung mit den wunderbaren Treppen zum Wasser ausgeschmückt wurde. Wie erhaben und schön ist dieser Stadtteil!«

»Mit welchem Vergnügen *schweift* mein *Blick* nun von der Börse *an den Ufern entlang* und verliert sich in der *nebeligen Ferne* zwischen den beiden Uferanlagen, die einmalig in der Welt sind.«

Sie gehen auch an der Admiralität vorbei, die von Sacharow umgebaut wurde, der sie der Stadt zur Zier in ein »wunderbares Gebäude« umwandelte. Von hier genießen sie begeistert *die architektonische Landschaft* der Stadt.

»Um dieses Gebäude herum liegt der wunderbare Boulevard, der mit Linden bepflanzt wurde, die alle Wurzeln geschlagen haben und vor den Sonnenstrahlen schützen. *Es ist die einzige Promenade, von der man alles sehen kann, was Petersburg an Erhabenem und Wunderbarem hat:* die Newa, das Winterpalais, die würdigen Häuser am Schloßplatz, die einen Halbkreis bilden, den Newski-Prospekt, den Isaaks-Platz, die Manege der Reitergarde, die an den Parthenon erinnert, die bezaubernde Schöpfung von Quarenghi, den Senat, das Denkmal für Peter I. und wieder die Newa mit ihren Ufern.«

In all diesen flüchtigen Bemerkungen manifestiert sich ein tiefes Gefühl für die Stadt, ein Verständnis für die Bedeutung ihres architektonischen Körpers, eine feine Bewertung ihrer Besonderheiten.

Ein Grundzug von Batjuschkows Petersburg ist dessen Harmonie. *»Welche Einheit, wie alle Teile dem Ganzen entsprechen*, welch Schönheit der Gebäude, welch *Geschmack und insgesamt welche Vielgestaltigkeit, die sich aus der Verschränkung des Wassers mit den Gebäuden bildet!«*

Man kann hinzufügen – auch mit dem Grün. »Schauen Sie auf das Gitter des Sommergartens, welches das Grün der hohen Linden, Ulmen und Eichen *widerspiegelt*! Welche Leichtigkeit und Harmonie in seiner Zeichnung.«

Batjuschkow ist begeistert vom Leben der Stadt als Einheit, die aus einer Verbindung der Natur mit dem menschlichen Genius hervorging.

* * *

Alexander Puschkin erscheint so sehr als Schöpfer *des Bildes* von Petersburg wie Peter der Große – der Bauherr der Stadt selber. Alles, was vor dem Sänger des »Ehernen Reiter« entstand, sind nur einzelne Darstellungen des Nördlichen Palmyra, eher seiner Idee als seines realen Lebens.

Batjuschkow freilich versteht den Charakter der neuen Stadt tiefer, aber auch sein Petersburgbild erlangt noch nicht die schwerwiegende Bedeutung. Erst Puschkin verleiht ihm die Kraft eines eigenständigen Seins. *Sein Bild von Petersburg ist eine Bilanz des ganzen vorhergehenden Jahrhunderts und zugleich eine Prophezeiung des zukünftigen Schicksals.* Puschkin hat gebieterisch alle Möglichkeiten der weiteren Entwicklung vorherbestimmt. Er formt das, was in einer Epoche der verkümmernden religiösen Kultur undenkbar schien: Er erschafft den *Mythos von Petersburg.*

Das Bild der Petrinischen Stadt fand ihren ganzheitlichen Ausdruck im »Ehernen Reiter«, und mit einer Betrachtung dieses bedeutendsten Petersburg-Denkmals soll die Charakteristik des Bildes bei Puschkin abgeschlossen werden. Aber neben dem Mythopoem kann man einen umfangreichen Stoff und mannigfaltiges Material für unser Thema auch in seinen anderen Werken finden.

Zum ersten Mal tritt Petersburg als vollständiges Bild in der »Ode auf die Freiheit« (1819) auf. Im Nebel zeichnet sich das romantische Schloß des Malteserritters, des »gekrönten Bösewichts« ab.

> Wenn auf der *düstern* Newaflut
> In tiefen Nächten Sterne funkeln,
> Und wenn sein Haupt von Sorgen ruht
> Und Traum und Schlaf es schon umdunkeln,
> Dann sieht der Sänger *den Koloß,*
> *Um den die Nebel drohend streichen,*
> *Des Schreckenherrschers ödes Zeichen,*
> *Das leere, halbvergessene Schloß* –[14]

Mit diesem unheilschweren Bild beginnt Puschkin seine Rede über Petersburg. Später, wenn sich der Dichter in halb scherzhafter Form an das kleine Füßchen und die goldene Locke erinnert, schafft er wiederum ein freudloses Bild.

Stadt des Reichtums, Stadt der Schrecken,
Geist der Knechtschaft, Ebenmaß,
Grünlich-bleiche Himmelsdecken,
Ekel, Eis, Granit und Haß –[15]

Eine Stadt voller Zweideutigkeiten. In dem harmonischen, prunkvollen Nördlichen Palmyra, in der granitenen Stadt, hausen unter dem blaßgrünen Himmel seine Bewohner – gefesselte Sklaven, die sich in der Heimatstadt wie in der Fremde fühlen, im Banne von Langeweile und Kälte, der physischen wie auch der geistigen Unbehaustheit und Entfremdung. So sieht das Bild von Petersburg aus, das den Geschmack der folgenden dekadenten Epoche trifft. Puschkin aber vermag es, mit ihm zurechtzukommen, und stellt es nur in einem scherzhaften Gedicht dar. Petersburgs Schicksal weckte ein eigenständiges Interesse. Mögen die Seelen vor Kälte erstarren und die Körper seiner Bewohner steif werden – die Stadt lebt ihr überpersönliches Leben, sie entwickelt sich auf dem Weg zu hohen und geheimnisvollen Zielen.

In knappen und einfachen Bildern zeichnet Puschkin im »Mohr Peters des Großen« die neue Stadt.

»Neugierig musterte Ibrahim die neugeborene Hauptstadt, die auf Befehl des Selbstherrschers aus dem Morast erwachsen war. Im Bau begriffene Deiche, Kanäle noch ohne Uferböschung, Holzbrücken – überall spürte man den kürzlich errungenen Sieg des menschlichen Willens über den Widerstand der Elemente. Die Häuser machten den

Eindruck, als wären sie sehr hastig errichtet worden. In der ganzen Stadt war nichts Prunkvolles zu gewahren, außer der Newa, die zwar noch nicht ihre granitene Einfassung erhalten hatte, dafür jedoch von Kriegs- und Handelsschiffen bedeckt war.«[16]

Das Bestreben, in die Wiege von Petersburg hineinzuschauen, zeugt vom Interesse für die Entwicklung der Stadt, für die ungeheuerliche Metamorphose. Dieses Thema hat besonders Puschkin beschäftigt.

In seinem Werk spiegelt sich Petersburg in den verschiedenen Jahres- und Tageszeiten, in seinen unterschiedlichen Bezirken: im Zentrum und den Vororten; bei Puschkin kann man Bilder der feiernden und der alltäglichen Stadt finden.

Wer erinnert sich nicht an den frühen Petersburger Wintermorgen?

> Doch Petersburg, stets lebensschäumend,
> Ist schon geweckt mit Trommelschall.
> Der Kaufmann kommt, Laufjungen preschen,
> Zur Börse streben die Kaleschen,
> Die Milchfrau schleppt die Kanne mit,
> Der Frühschnee knirscht, wohin sie tritt.
> *Des Morgens trauter Lärm erwachte.*
> Auf sind die Läden und gemacht
> Steigt blauer Rauch empor vom Dach,
> der Bäcker, deutsch und pünktlich, machte
> Papierbemützt schon zum Verkauf
> Sein *vasistas* ein paarmal auf.[17]

In Puschkins Poesie spiegelt sich das städtische Leben in allen seinen Erscheinungen wider. Die Trägheit der Vororte wird im »Haus in Kolomna« dargestellt.

Bei Mariä Schutz und Fürbitte
Stand ihre demütige Kate
Gleich hinterm Wächterhaus. Ich sehe noch wie hier,
Die Stube, Fenster drei, den Aufgang und die Tür.
(...)
Die Mutter pflegte längst zu schnarchen,
Die Tochter aber schaute in den Mond
Und lauschte dem Miauen der Kater
Auf den Speichern, Zeichen für unbescheidne Treffen,
Sowie dem fernen Ruf der Wache, und dem Schlag
der Uhr –
Und das war alles. Die Nacht über dem friedlichen
Kolomna
Ist unbeschreiblich still.

Auch dies ist Petersburg!

Auf die Darstellung der Peripherie folgt die Beschreibung eines Friedhofs:

Ich sehe, wenn ich aus der Stadt, das Haupt gesenkt,
Den Schritt zum Friedhof hin, dem städtischen gelenkt,
Stakete, Säulenreihn, Konsole an Konsole –
Hier fault der Leichenberg der russischen Metropole –
Fein säuberlich in Reih und Glied und recht beengt,
Wie eine Bettlerschar, die sich zum Tische drängt.[18]

Es ist das unheimliche Bild der Gräber im Sumpf, welches *Dostojewski* für seine erschütternde Schilderung des Untergrundes der Stadt verwandte.

Die Alltagsbilder der Hauptstadt werden für einige Zeit zum einzigen Thema Petersburgs, das ein gesellschaftliches Interesse weckt, auch hier finden wir bei Puschkin vollendete Vorbilder. Das Motiv der »unwirtlichen Nacht«, in welcher der Wind heult, feuchter Schnee fällt und die

Laternen flackern, für Gogol und Dostojewski unentbehrlich, wurde ebenfalls von Puschkin, in der »Pique Dame«, entworfen. »Es war ein gräuliches Wetter: der Wind heulte, in schweren Flocken wirbelte nasser Schnee; die Laternen brannten trübe; die Straßen waren leer. Hier und da schleppte sich, von einem mageren Gaul gezogen, eine Droschke vorbei, deren Kutscher auf der Lauer nach verspäteten Fahrgästen lag. Obwohl Hermann nur im Leibrock dastand, spürte er weder Wind noch Schnee.«[19]

Wie ausdrucksstark auch all diese verschiedenen Bilder sein mögen, die das Antlitz von Petersburg von den unterschiedlichen Seiten beleuchten, sie alle werden tatsächlich erst faßbar in Verbindung mit dem, was Puschkin in seinem Mythopoem »Der Eherne Reiter« auf geniale Weise aussprach.

Er stand an ödem Uferrand
Von großen Sinnen übermannt
Und schaute aus. Vor ihm die Breite
Des Stromes ...
Und da dachte er:
»... Hier setze eine Stadt ich her ...«

Wer ist er? Er wird nicht genannt. So spricht man über den, dessen Namen nicht unnütz ausgesprochen wird.

Wieder haben wir vor uns *das Bild des Geistes, der aus dem Nichts schafft.*

Die antiken Religionen vermachten uns die Mythen über die wundersamen Grundsteinlegungen heiliger Städte, die auf einmal, an einem einzigen Tag, für alle Ewigkeit errichtet wurden. Der Geburtstag der Stadt wurde als ein beliebter Festtag begangen. Die heidnische Tradition, den Geburtstag der Heiligen Stadt (Palilia) zu feiern, ist auch heute noch lebendig. Und jede Stadt verehrte ihren Gründer als einen Gott. Athen ehrte Theseus, Rom Romulus. »Das Andenken an den Vorfahr lebte auf ewig fort, wie das Herdfeuer, das er entzündet hatte. Man weihte ihm einen Kult, man betrachtete ihn als einen Gott, und das Volk betete ihn wie eine Vorsehung an. Jahr für Jahr wurden an seinem Grab Opferzeremonien und Feste begangen.«[20]

Puschkin und Batjuschkow schufen einen Mythos vom Helden, der durch die Vorsehung zum condere urbem berufen wurde.

Ihre *Mythenbildung* bestand nicht darin, daß sie eine legendäre Persönlichkeit oder einen legendären Gründungsakt hätten erfinden müssen. In dieser Hinsicht war ihnen alles von der Geschichte gegeben worden.

Der Mythos besteht darin, wie sie das *historische Ereignis beleuchteten.* Von der antiken Religion inspiriert, kleideten sie Peter in das heilige Gewand des »Stadtgründers«. Mit den Rhythmen ihrer Rede und ihren Bildern führten sie uns einen Gründer von Petersburg vor, der vom göttlichen Licht verklärt wurde.

Der Ort wird durch Kargheit und Finsternis gekennzeichnet. Die *öden* Wasser, der *armselige* Nachen treibt *einsam*, die *bemoosten, sumpfigen* Ufer, die *sich dunkel abhebenden* Hütten – der Unterschlupf des *notleidenden* Finnen, der Wald, in den kein Sonnenstrahl *gedrungen*, die im *Nebel versteckte* Sonne ... ein dumpfes Rauschen ... Alle Epitheta vermitteln den Eindruck von Chaos. Mit dem wundersamen Willen wurde der Widerstand der Elemente überwunden. Es vollzog sich das Wunder der Schöpfung. Es entstand Petersburg.

Wie wuchs in des Jahrhunderts Flug,
Als mitternächtiger Länder Wunder,
Aus Forst und Morast stolz genug
Die junge prächtige Stadt jetzunder ...

Wieder werden Finsternis und Morast beschworen, und danach unmittelbar: Es wuchs die junge prächtige Stadt. In der weiteren Beschreibung drücken alle Epitheta Harmonie, Herrlichkeit und Klarheit aus, die hellen Töne überwiegen.

An *Ufern wundervoll belebt*
Ein Heer der Türme und Paläste
Zum Himmel; Schiffe ziehn durchs Meer
Von allen Weltenenden her,
Des *reichen* Hafens reiche Gäste;
Die Newa *kleidet jetzt Granit*;
Die Fluten überqueren Brücken;
Und *dunkelgrüne Gärten* schmücken
Der Inseln fruchtbares Gebiet.

Dieser Abschnitt erinnert unwillkürlich an das Nördliche Palmyra von Derzhawin: an Katharinas Einfahrt auf der Newa. Der schnelle Aufstieg der Stadt ist nicht mit der Angst vor einem ebenso schnellen Fall verbunden.

Das ganze Bild von Petersburg vermittelt einen ruhigen, freudigen Glauben an seine Zukunft, die vom Ehernen Reiter auf dem klangvoll galoppierenden Roß beschützt wird.

Ich lieb dich, Peters Werk, vor allen,
Ich lieb dein Bild so streng und schlank,
Der Newa majestätisch Wallen
Durch den granitnen Uferhang
Der erznen Gitter finstres Funkeln …

Jedes Bild ruft vertraute Bilder unserer Stadt hervor! Hier die harmonische Komposition der strengen Bauten auf dem Isaaks-Platz. Dort die zahlreichen Brücken der wasserreichen Hauptstadt, die so malerischen, oft phantastischen, immer individuellen. Dann die schmiedeeisernen Muster der wundervollen Gitter im Sommergarten und in der Kasaner Kathedrale. Und zwischen all diesem ist die mächtige Newa zu spüren, selbst wenn sie nicht zu sehen ist.

Weiter kommt eine Beschreibung der Petersburger *weißen Nacht*. Dieses Thema wurde zu einer untrennbaren Begleiterin aller Schilderungen der nördlichen Hauptstadt, angefangen mit Vittorio Alfieri, der sich verwirren ließ, bis zu den zeitgenössischen Dichtern.

Ich lieb …
In deinen Nächten seltsam wach,
Mondloses *Licht*, *durchsichtges* Dunkeln,
Wenn lesend ich in dem Gemach
Verweil und keine Lampe brenne
Und *klar* die Riesenflucht erkenne
Der Straßen – und die Nadel spät
Noch *glänzt* der Admiralität,
Wenn ohne nächtiges Finster immer
An eines *goldnen Himmels* Hang
Ein Dämmern weicht dem neuen Flimmer
In einer Nacht halbstundenlang.

Nichts Krankes oder Gespenstiges finden wir in dieser Beschreibung der »wohlgeneigten Nacht«. Die Verzauberung wurde hier aus hellen Epitheta gewoben, welche die Seele der weißen Nacht ausdrücken: durchsichtig, klar, golden, mondloses Licht.

Der Petersburger Winter, so häufig naßkalt und regnerisch, atmet bei Puschkin Gesundheit und Frohsinn.

Ich liebe deiner Winter Strenge,
Die Luft so regungslos und kalt
Auf breitem Strom der Schlitten Menge,
Drin Mädchen rosenüberwallt …

In die feierliche Hymne auf die Hauptstadt, welche die Elemente besiegt, muß auch der *frohlockende Frühling* eingehen:

> Und wenn ihr blaues Eis zersprengt
> Die Newa ab zum Meere drängt
> Im Vorgefühl von Frühlingswonnen.

Puschkin vergißt die kriegerische Herkunft der Hauptstadt nicht, und das *Motiv des Gottes Mars* klingt in seiner erhabenen Symphonie mit.

> Ich liebe kriegerische Regung,
> *Des Marsfelds lustige Melodie.*
> (...)
> Ich lieb der Hauptstadt kriegrisch Wesen,
> Wenn ihr Kanonendonner kracht,
> ... Wenn einem Feind des Sieges Pracht
> Erneut der Russe abgewonnen.

Puschkin kennt den tragischen Urgrund von Petersburg und spürt dessen schicksalhaftes Los. Aber er löst die Tragödie nicht in der hellenischen Weise. *Der Mensch besiegt das Schicksal.* Das besiegte Element wird sich schlußendlich unterwerfen und den Triumph der Stadt und seines Schutzgeistes, des Ehernen Reiters auf dem klangvoll galoppierenden Roß, anerkennen müssen.

Puschkin ist vom Pathos der siegbringenden Schöpferkraft des Genius berauscht. Er erweckt den antiken Mythos vom Kampf des Sonnengottes Marduk, der die häßliche Göttin Tiamat besiegt und als Kosmokrator aus ihrem Leichnam die Welt erschafft, zu neuem Leben.

Das ganze Poem »Der Eherne Reiter« ist dem gewidmet, »dessen Wort gleich *Schicksalsmacht* die Stadt gegründet einst am Meere«. Warum Schicksalsmacht? Im Umkreis des wundermächtigen Bauherrn vollzieht sich ein Mysterium. Die Grenzen des menschlichen Schaffens werden überschritten. Die kosmischen Kräfte werden zum Kampf gefordert. Die Gesetze, die dem menschlichen Willen zugrunde liegen, werden gebrochen. Das Schicksal muß zur handelnden Person werden. Wird es den Ehernen Reiter bestrafen? Wird es den vernichten, der es sich anmaßte, die Geschicke zu *beherrschen*? Mit einem heiligen Beben betrachtet der Dichter den Genius von Petersburg.

Wie droht Er durch die Nacht rings her!
Welch *Wissen* preßt die Stirn ihm schwer!
Welch *Kraftstrom* liegt in Ihm verborgen!
Und in dem Hengste, wieviel *Glut*!
Sag, wohin sprengst du, Roß voll Mut,
Wo senkst du deine Hufe morgen?
O, *Herrscher über Los* und Raum!
Hast du aus *Abgrunds* Finsternissen
Nicht einst auch Rußland hochgerissen
Mit deinem schweren Eisenzaum?

Prophetisch richtet der Dichter seine angespannte Aufmerksamkeit auf den klaffenden Abgrund der Zukunft.

Licht (der schöpferische Genius) und Finsternis (die unpersönlichen Elemente) werden noch oft grausam zusammenstoßen. Haben doch die dunklen Kräfte des Chaos auch nach dem Sieg des Kosmokrators mehrfach die Götter und sogar Marduk zum Zittern gebracht, indem sie »alles Helle in Finsternis verwandelten«. Die gebändigten Elemente erhoben sich gegen die Stadt des wundertätigen Bauherrn.

... Schon erblaßte zag
Der *Nacht verhängnisvoller* Schlummer,

Schon brach er an, der bleiche Tag …
Der Schreckenstag!
Laut brüllend schwoll die Newa immer,
Ein Kessel brodelnd voller Gier –
Und plötzlich, ein gereiztes Tier,
Warf sie sich auf die Stadt …
Des Volkes Sinn
Sieht leiden Gottes Zorn darin …

Aber Puschkin glaubt an das Schicksal von Peters Werk. Die düsteren Elemente werden es nicht verschlingen.

Das Zwielicht kam
Durch Wolken bleich und flügellahm,
Und als der neue Morgen strahlte,
Fand er schon keine Spur mehr vor
Des Elends. *Purpur übermalte*
Die vorige Not mit hellem Licht.
Schon fand die Stadt ihr *Gleichgewicht.*

Der Eherne Reiter hatte gesiegt – der Gigant auf dem bronzenen Pferd, der die Schlange bezwingt. Wer ist er, dieser Georg der Drachentöter des neuen Rußland? Indem er die Elemente bezwingt und die Schicksale der kleinen Leute bezwingt, treibt er das große Land in eine unbekannte Zukunft. Wie könnte man an ihm zweifeln, der von seiner *unerschütterlichen Höhe* ruft, ihm zu folgen!

* * *

Puschkin schuf aus Petersburg eine eigene Welt. Diese Welt lebt in der Vergangenheit und in der Zukunft, aber sie gehört weniger der folgenden als vielmehr der vorhergehenden Periode an. Puschkins Erbe müssen alle berücksichtigen, die den Versuch unternehmen, ein eigenes Wort über

Petersburg zu formulieren. Der Reichtum von Puschkins Bild regte viele Nachfolger an, die ihm scheinbar nahestanden, ohne daß sie seine Inspiration geteilt oder seinen Glauben angenommen hätten. Puschkins Inspiration und Glaube gehörten der Vergangenheit an: Er teilte sie mit Derzhawin, Batjuschkow und Wjasemski. Für sie alle war das Nördliche Palmyra überwiegend die herrliche Petrinische Schöpfung; ihre märchenhaft schnelle Entwicklung sahen sie als ein Wunder, die Stadt als das Symbol des neuen Rußland, des mächtigen, reichen, aufgeklärten Imperiums. Große Kräfte riefen sie ins Leben, furchtbare Hindernisse stehen auf ihrem Weg, aber mit einem klaren Glauben kann man in ihre Zukunft schauen.

Gedeihe, Peters Stadt, und halt
Wie Rußland selber unvernichtbar!
Es soll des Elements Gewalt
Dir untertänig sein und richtbar:
Es mögen ihre Wut uralt
Vergessen Finnlands rauhe Wellen
Und nicht mehr nutzlos zornig gellen
Und stören Peters ewigen Schlaf![21]

II

Puschkin war der letzte Sänger der hellen Seite von Petersburg. Mit jedem Jahr verdüstert sich das Erscheinungsbild der nördlichen Hauptstadt. Es ist, als verschwände ihre strenge Schönheit im Nebel. Petersburg wird für die Russen allmählich zur kalten und langweiligen, zur »Kasernen«-Stadt der kranken und gesichtslosen Bewohner. Gleichzeitig versiegt auch das mächtige Schöpfertum, das ganze Viertel kunstvoll erhabener Bauten in der »einzigartigen Stadt« (Batjuschkow) errichtete. Der Niedergang der Stadt setzte ein, merkwürdigerweise zeitgleich mit Puschkins Tod. Und unwillkürlich erinnert man sich an Kolzows Klagegesang:

Trauernd stehst Du jetzt,
Ganz in Schwarz gehüllt,
Stumm und menschenscheu.
Nur wenn Stürme nahn,
Ringt ein Klaggestöhn
Aus der Brust sich los.[22]

Die »Dämmerung von Petersburg« brach ein. Was war passiert?

Es ist hier nicht der Ort, nach Erklärungen zu suchen, welche tiefen historischen Gründe den *Niedergang Petersburgs* zusammen mit einem Fall des Kulturschaffens der Autokratie in Rußland verursachten. Schon unter Katharina II. zeichnete sich eine Spaltung zwischen Macht und Gesellschaft ab. Der vaterländische Krieg vertiefte diesen Prozeß. Der Sieg über Bonaparte, der die russischen Truppen nach Paris lockte, bewirkte eine geistige Umkehr in der russischen Jugend, die zum Dekabristenaufstand führte.* Die Autokratie ging als Siegerin aus dieser ersten russischen Revolution auf dem Senatsplatz hervor, aber sie wurde vom »Gott der Geschichte« verlassen.

Die russische Intelligenzija begann, sich unabhängig von der Autokratie zu entwickeln und gegen sie zu wenden, da der zaristische Despotismus sie beengte. All dies veränderte auch das »Petersburggefühl« in der Seele der russischen Gesellschaft. Das Nördliche Palmyra ist das Zentrum der Autokratie und mußte als solches eine ähnliche Beziehung zu sich hervorrufen. Charakteristika jenes Petersburgs,

* N. Turgenjew, *Rußland und die Russen*

das der junge Puschkin kannte, erstehen wieder. Die Stadt wird jetzt zur Personifikation des Despoten, der die Freiheit unterdrückt. So wirken die geraden Linien nicht mehr durch ihre Einfachheit und Strenge angenehm, sondern sie scheinen nun den abtötenden Geist des Verteidigungsministers Araktschejew zu verkörpern. Nach und nach ändert die ganze russische Gesellschaft ihr Verhältnis zu Petersburg, sogar jene, die auf der anderen Seite des 14. Dezember stehen.

Das architektonische Schöpfertum erstarrt, und man spürt den granitenen Leib der Stadt nicht mehr. Es verschwindet die feierliche Klarheit und Harmonie im *Petersburggefühl. Trauernd steht es jetzt, ganz in Schwarz gehüllt.* Nun erwecken die *Nachtseiten** seiner Seele Aufmerksamkeit. Das Motiv der »unwirtlichen Nacht« erklingt immer häufiger und intensiver.

* * *

Nikolai Gogols Petersburgbild darf nicht isoliert betrachtet werden. Man kann es nur in Verbindung mit dem allgemeinen Hintergrund des damaligen Rußland begreifen.

Vor Gogol erstreckt sich grenzenlos die unübersehbare Rus, sie wird geliebt und sie quält. Im wollüstigen Wirbel schwebt über ihre endlosen Weiten der vom wilden Wind umwehte, sich nach höheren Daseinsformen sehnende Geist.

»Rußland! Rußland! *Ärmlich, verstreut und unfreundlich ist alles in dir*… Offen, öde und flach ist alles in dir…, nichts bezaubert oder entzückt den Blick. Doch was für eine *unbegreifliche, geheime Macht zieht mich zu dir?* Warum singen und klingen in meinem Ohr unaufhörlich *deine trauri-*

* Die »Nachtseite« ist ein Begriff der deutschen Romantiker. Unter ihr versteht man wissenschaftlich kaum erklärbare Erscheinungen der Psyche: Hypnose, Halluzination, die Macht des Vererbbaren usw.

gen Lieder, die überall in dir, in deiner ganzen Länge und Breite, von Meer zu Meer, ertönen?

Was liegt in ihm, in diesem Lied? Was ruft, was schluchzt, was ergreift so das Herz? Was für *Töne* küssen mich schmerzhaft, dringen mir in die Seele, *fesseln mein Herz*?

Noch stehe ich unbeweglich und voller Zweifel, doch *das Haupt ist schon von der drohenden Wolke überschattet, die die künftigen schweren Regengüsse in sich birgt*, und jeglicher Gedanke verstummt vor deiner Weite. *Was prophezeit diese unermeßliche Weite?* Wo sonst, wenn nicht hier, in dir, wird der grenzenlose Gedanke geboren, da du doch selbst ohne Ende bist? Wo sonst, wenn nicht hier, wird der Recke leben, da er doch Platz hat, sich zu entfalten und sich zu bewegen? Und *drohend umfängt mich die machtvolle Weite*, die sich mit furchtbarer Kraft in meinem Innern spiegelt, von übernatürlicher Gewalt werden meine Augen erleuchtet: Ah! Was für eine glänzende, wunderbare der Erde unbekannte Weite! Rußland!«

Erfaßt vom Pathos des Raums, liebevoll verbunden mit dem armseligen und ungemütlichen Land, übervoll von Sehnsucht in Erwartung drohender Ereignisse, stand Gogol vor Rußland wie Ödipus vor seinem Rätsel.

»Rußland, wohin stürmst du? Gib Antwort! Es gibt keine Antwort. Wunderhell klingt das Glöckchen; die Luft reißt donnernd in Stücke und wird zu Sturm ...«[23]

Der Wirbel Rußlands, der es in einer wahnsinnigen Geschwindigkeit zu seiner drohenden Zukunft fortträgt, einer drohenden, aber erhabenen, voll von grenzenlosen Ideen und heldenhaften Taten, dieser Wirbel, der in Rußland alle Grundsätze in Stücke reißt und es daran hindert, in friedlicher Behaglichkeit zu schlummern, dieser Wirbel ist der Ursprung, der dem grenzenlosen Raum Leben gibt und die furchtbare Masse in Bewegung setzt. Rußland ist eine Welt im Werden, voll unergründlicher Geheimnisse.

In seinem düstersten und trostlosesten Gebiet, am Rande, wo ein fremdes Volk lebt, erwuchs den Elementen zum Trotz das Rußland krönende Petersburg – die unbegreifliche Stadt. »Schwer ist es, das, was Petersburg ausmacht, mit einem allgemeinen Ausdruck zu bezeichnen«.

Um diesen zu erhalten, muß man die umgebende Landschaft betrachten, die der Stadt ihr Gepräge gibt. Der naturgegebene Rahmen der nördlichen Hauptstadt verstärkt das beklommene Gefühl der Schwermut.

»Wogende Nebel in der Luft; auf der fahlen, graugrünen Erde verkohlte Baumstümpfe, Kiefern, ein Tannenwäldchen, Bülten ... Wie gut noch, daß euch die pfeilgleich dahinfliegende Landstraße und die singende, tönende russische Troika mit Windesschnelle vorbeitragen.«

Die Hauptstadt muß zu Rußland, das sie krönt, in irgendeiner Entsprechung stehen. Unbegreifliche Bande verknüpfen die geheimnisvolle und angeschlagene Seele Petersburgs auf dem Weg seines raschen Flugs in die »vom kommenden Regen schwere« Zukunft mit dem grenzenlosen Land, das die Stadt hervorbrachte.

Gogols Petersburg ist *eine Stadt mit doppelter Existenz.* Einerseits ist es »ein akkurater Mensch, ein perfekter Deutscher«, ein geschäftiger, unruhiger »Ausländer seines Vaterlandes«[24], andererseits – unfaßbar, verlockend durch sein unerklärliches Rätsel – die Stadt unerwarteter Treffen und geheimnisvoller Abenteuer. Auf diese Weise wird das Bild einer Stadt *der bedrückenden Prosa und der entrückenden Phantastik* geschaffen.

Gogol träumte in seiner wunderbaren Ukraine von Petersburg. Dort wird das richtige Leben beginnen: der Dienst, das heißt der Dienst an Rußland: »Ich versetze mich bereits in Gedanken nach Petersburg in jenes fröhliche Zimmerchen, dessen Fenster auf die Newa blicken, da ich immer dachte, einen solchen Platz für mich zu finden. Ich weiß nicht, ob sich mein Vorhaben verwirklichen wird, ob ich genau an einem solch paradiesischen Ort wohnen werde ...«[25] Das Leben in der Hauptstadt wurde für Gogol zu einem Kampf »des Traums mit der Wirklichkeit«. Auf die Zwiespältigkeit des von Gogol vermittelten Bildes habe ich schon hingewiesen.

Schwer ist es, das, was Petersburg ausmacht, mit einem allgemeinen Ausdruck zu bezeichnen. In gewisser Hinsicht gleicht es »einer europäisch-amerikanischen Kolonie«: »Ebensowenig bodenständig Nationales und ebensoviel international Gemischtes, noch nicht zu einem festen Körper Verschmolzenes. Soviel verschiedene Nationen die Stadt aufweist, soviel verschiedene Gesellschaftsschichten enthält sie auch. Diese Gesellschaften stehen jede völlig für sich.« In diese europäisch-amerikanische Kolonie »kommt das russische Volk in der Sommerszeit zu Fuß, um zu bauen und zu arbeiten«. Das Leben kocht in ihm. »Petersburg rührt sich in allem, vom Keller bis zum Dachboden.« Tag und Nacht ist es voller Unruhe. »Und die ganze Nacht hindurch leuchtet bald das eine, bald das andere seiner Augen.«

Und wie ist der äußere Anblick dieses *vornehmen Ausländers*? Der naturgegebene Rahmen ist armselig. Verkohlte Baumstümpfe, Bülten, ein Tannenwäldchen. Aber Piter bleibt für sich. »Und wie steht Petersburg vor uns – straff und gertenschlank und elegant! Ihn, den Stutzer Petersburg, umgeben von allen Seiten Spiegel – da ist die Newa, da ist der Finnische Meerbusen. Überall Gelegenheit, sich zu beschauen.«

Nach einer solchen Charakterisierung stellt Gogol fest: »Rußland braucht Moskau, Petersburg braucht Rußland.« Es scheint sich zu erweisen, daß Rußland Petersburg nicht braucht, es ist ihm fremd. Moskau »stichelt« es sogar damit, daß es »nicht russisch zu sprechen verstehe«.

Aber nein. Irgendeine tiefe, unfaßbare Verbindung besteht zwischen dem Land und seiner neuen Hauptstadt. Hinter Petersburg sind die grenzenlosen Räume von Rußland zu spüren.

Gogol sah Petersburg durch sein Alltagsleben; die architektonische Seite hörte auf, die Charakterisierung der Stadt zu dominieren.* Verlorengegangen war die Fähigkeit, die Seele der Stadt durch ihre Landschaft wahrzunehmen, was Batjuschkow und Puschkin so gut gelang. Gogol empfand die Schönheit der Massive und Linien nicht, er verstand ihre Sprache nicht, aber er war im Stande, sich von der eigentümlichen, auf der Wirkung von Natur und Beleuchtung beruhenden Schönheit der Stadt verzaubern zu lassen. Gogol verstand die Schönheit des Newski-Prospekts »an einem frischen, frostigen Morgen, da über das Gold und das Rosa des Himmels hier und da die durchsichtigen Wölkchen des aus den Schornsteinen aufsteigenden Rauches gleiten«.

In den Farbnuancen, die der Nebel annimmt, den rosa und hellblauen Tönen, bildet sich eine Luftspiegelung, die ferne Erinnerungen weckt und weit fort von der realen Stadt Peters entführt.

»Als ich von dem Admiralitäts-Boulevard die Anlegestelle erreichte, vor der zwei Jaspisvasen *schimmern*; als sich vor mir die Newa auftat; als von der Wyborger Seite gleichsam schwingend ein *rosiger* Himmel durch *bläulichen Nebel* herüberschaute und die Gebäude auf der Petersburger Seite sich *geradezu in lila Licht* kleideten, das ihr unschönes Äußeres verhüllte; als die Kirchen, an denen der Nebel mit seinem einfarbigen Schleier alle Wölbungen

* In seinem Artikel »Über die Architektur der heutigen Zeit« begeistert sich Gogol für die Gotik und indische Tempel und bewertet die Architektur des 18. und beginnenden 19. Jahrhunderts negativ.

verdeckte, wie auf *rosa Stoff gemalt* oder *geklebt* wirkten und in diesem *lila-bläulichen* Dunst einzig die Spitze des Glockenturms von Peter und Paul *blitzte* und sich im endlosen Spiegel der Newa abbildete: da schien mir, ich sei nicht in Petersburg, *da schien mir, ich sei in eine andere Stadt gefahren*, wo ich vorher schon gewesen war, wo ich alles kannte und wo das war, was in Petersburg nicht war.«

Vor uns ersteht die Stadt der Visionen.

Gogols Petersburgbild zeigt vorwiegend Alltagsleben. Diese prosaische, amerikanische Stadt, die nach Rußland geriet, erweist sich als *verhexter Platz*. In einigen Novellen tritt Petersburg als Stadt außergewöhnlicher Verwandlungen auf, die sich vor dem Hintergrund eines bissig und saftvoll geschilderten schweren und prosaischen Alltags ereignen. Wahrheit und Traum fließen ineinander, die Grenzen zwischen Wirklichkeit und Vision verwischen.

Alles zerstückelt sich in den Tiefen der merkwürdigen Stadt. Alles in ihr ist zerteilt. »Alle bilden ganz abgeschlossene Kreise, die ..., den anderen unsichtbar, ihr Leben führen und ihre Freuden haben.«[26] Es gibt keine Einheit in der Gesellschaft, auch in den einzelnen Persönlichkeiten keine Geschlossenheit. Der religiöse Traum strebt danach, Integrität zu erlangen. Die Persönlichkeitsspaltung resultiert aus der Wirkung von Petersburg, das die schwache Individualität zerdrückt.

Im »Newski-Prospekt« äußerte sich Gogol am umfangreichsten und tiefgründigsten über Petersburg. Die ganze Novelle baut auf dem Effekt eines komplizierten Kontrastes auf. Zwei auf der Straße geknüpfte Abenteuer von zwei Freunden entfalten sich in diametral entgegengesetzter Richtung und führen den einen ins Verderben, bringen den anderen in das übliche Wohlergehen zurück. Der Parallelismus aller Ereignisse wird in Gegenüberstellungen realisiert. Aber es gibt ein verbindendes Motiv: *Auf dem*

Newski-Prospekt ist alles »Trug, alles Traum, alles nicht das, was es scheint!«. Und beide Freunde erleben ihre Heldinnen nicht als das, was sie in Wirklichkeit sind. Das Thema verwandelt sich in das Motiv des *»ewigen Streits zwischen Traum und Wirklichkeit«*, das zum Verderben des Künstlers Piskarjow führt.

Die wichtigste handelnde Person der Novelle ist der Newski-Prospekt. Er wird in allen tageszeitlichen Veränderungen beschrieben. »Was für eine rasche Phantasmagorie sich auf ihm nur im Laufe eines einzigen Tages vollzieht!« Die Gestalten, die über ihn laufen, sind keine Menschen, sondern Masken der »allgemeinen Kommunikation von Petersburg«. Und diese Masken sind keine phantastischen, sondern ganz reale, niederdrückend durch die Trostlosigkeit ihres Alltags. Gogol hört auf, die Menschen zu unterscheiden, es flimmern Bruchstücke menschlicher Gestalten.

»Überall werdet ihr einzigartigen Backenbarten begegnen, die mit ungewöhnlicher und erstaunlicher Kunst hinter die Halsbinde gesteckt sind, Backenbärten, die samten sind, wie Atlas glänzen, schwarz wie Zobel oder Kohle sind«, »Schnurrbärten, denen die bessere Hälfte des Lebens geopfert wird«, »dünnen Taillen, schmalen Taillen, nicht dicker als ein Flaschenhals«.

Eines kann man in dieser Kommunikation Petersburger Bewohner nicht treffen – ein menschliches Antlitz.

Aber der Tag vergeht, und in der unruhigen Beleuchtung der abendlichen Lichter öffnet der Newski-Prospekt seine Phantastik. »Doch sobald sich die Dämmerung auf die Häuser und auf die Straßen senkt und der Nachtwächter, in eine Bastmatte gehüllt, auf die Leitern klettert, um die Laternen anzuzünden, während aus den niedrigen Fenstern der Geschäfte jene Stahlstiche hervorgucken, die sich tagsüber nicht zu zeigen wagten, dann wird der Newski-Prospekt wieder lebendig und beginnt sich erneut zu rühren.

Dann bricht jene geheimnisvolle Zeit an, da die Lampen allem und jeglichem einen verlockenden, wunderbaren Schein verleihen. Ihr werdet sehr vielen jungen Leuten, größtenteils Junggesellen, in warmen Röcken und Mänteln begegnen. Um diese Zeit ist irgendein Ziel zu spüren oder, besser gesagt, etwas Ähnliches wie ein Ziel, etwas außerordentlich Eigentümliches; jetzt beschleunigen sich aller Schritte und werden überhaupt sehr nervös. Lange Schatten huschen über die Mauern und das Pflaster und reichen mit den Köpfen fast bis zur Polizeibrücke.«

Alles ist vorbereitet für den Beginn eines Mysteriums. Zu nächtlicher Stunde wird in der Stadt der Vanitas vanitatum die ewige Weiblichkeit in der Gestalt der Unbekannten geschaut.

»Das unbekannte Wesen, dem seine Augen, Gedanken und Gefühle so zugetan waren, wandte den Kopf und blickte ihn an. Mein Gott, was für göttliche Züge! Die in blendender Weiße glänzende Stirn war von achatschwarzen Haaren beschattet. Sie ringelten sich in wunderbaren Locken, und ein Teil, der unter dem Hütchen hervorguckte, berührte die Wangen, die von einer feinen, frischen, von der abendlichen Kühle bewirkten Röte überzogen waren. Den Mund verschloß ein ganzer Schwarm entzückender Träume. Alles, was von den Erinnerungen an die Kindheit übrigbleibt und was Schwärmerei und stille Begeisterung beim Schein der Ampel vor den Heiligenbildern eingibt – dies alles schien sich harmonisch auf ihren Lippen zu vereinigen, schien ineinanderzufließen und sich widerzuspiegeln.«

Dies ist das erste Treffen. Die zweite Erscheinung auf dem Ball. Wieder die unpersönliche Menge voneinander abgesonderter, einsamer Bürger, und mitten unter ihnen sie, die durch ihre gleichgültig gesenkten wunderbaren, langen Wimpern blickt und auch wieder nicht blickt. »Die strahlende Weiße ihres Gesichts stach noch blendender in die Augen, wenn ein leichter Schatten bei der Neigung des Kopfes ihre bezaubernde Stirn berührte.« Dies war ein Traum des Künstlers in seinem »neuen Leben«. Das dritte Treffen im Wahn – die gänzliche Verwirklichung des Traums. Die Menge, welche den nötigen kontrastierenden Hintergrund gebildet hatte, verschwindet. Sie ist allein am Fenster eines hellen Holzhäuschens. »*Alles* an ihr war bescheiden, alles – ein geheimnisvolles, unerklärliches Gefühl für Geschmack. Wie liebreizend ihr graziöser Gang war! wie musikalisch das Rauschen ihrer Schritte und des einfachen Kleidchens! wie schön der Arm mit dem aus Haaren geflochtenen Band!«

Nach dieser Vision, losgelöst von der Macht der Wirklichkeit, führt das letzte Treffen den Widerspruch zwischen »Traum und Wirklichkeit« bis zur äußersten Zuspitzung. Die Unbekannte erscheint das letzte Mal in ihrer wahren Gestalt – der nach einer durchzechten Nacht erwachenden Prostituierten. »Es wäre besser, wenn es dich überhaupt nicht gäbe!« Der Künstler Piskarjow durchtrennt seinen Lebensfaden …

Die Novelle endet mit einem abschließenden Blick auf die Straße von Traum und Trug.

»Er lügt zu jeder Zeit, dieser Newskijprospekt, doch am meisten dann, wenn sich die Nacht als dichtes Gewölk auf ihn herabsenkt und die weißen und gelben Mauern der Häuser trennt, wenn sich die ganze Stadt in Donner und Blitz verwandelt, Myriaden Karossen sich über die Brücken wälzen, die Vorreiter schreien und auf ihren Pferden vorbeisprengen und wenn der Dämon selber die Lampen anzündet – einzig deshalb, um alles nicht in seiner wahren Gestalt zu zeigen.«[27]

Das Ewigweibliche gleitet durch die Petersburger Unrast als nicht zu erfassender Schatten, der in andere Welten entführt. Gogol suspendiert jede Verbindung mit der Realität. Alle Illusion ist zerstört. Der Dualismus wird strikt durchgeführt. Ideale und reale Welt sind voneinander getrennt. Und trotzdem entspricht die Gestalt der Ewigen Jungfrau einer Wahrheit: Sie wurde von der Stadt der doppelten Existenz gezeugt und lebte in der verwirrten Seele des romantischen Künstlers real.

Drei Bilder, die sich gegenseitig bedingen, sind vor uns entstanden und schaffen eine Art von Triptychon: 1. das grenzenlose und geheimnisvolle *Rußland*, das seinem drohenden Schicksal entgegenstürmt. 2. *Petersburg*, das aus dem trostlosen Rahmen der graugrünen sumpfigen Erde hervortritt, die Stadt des geheimnisvoll widerlichen Alltags und 3. die *Ewige Jungfrau*, die in der Welt der Träume lebt, aber unerwartet in den endlosen Feldern Rußlands dem gänzlich prosaischen Tschitschikow oder im Strudel des Nachtlebens auf dem Newski dem romantischen Künstler erscheint und die unsichtbar über dem ganzen Schaffen Gogols schwebt.

Im Zentrum von Puschkins Petersburg steht auf einer unerschütterlichen Höhe der Eherne Reiter. Ihn versteht Gogol nicht. Das weibliche Element ist das wahre Wesen Rußlands. Gogol sucht es in der Nördlichen Hauptstadt und findet es am Ort der Täuschungen nicht. Er fühlt keinerlei Mission Petersburgs, und deshalb sucht er keine Rechtfertigung für die grausame Stadt. Den Streit zwischen der einzelnen menschlichen Persönlichkeit und den hehren Aufgaben eines überpersönlichen Wesens (bei Puschkin zwischen Jewgeni und dem Ehernen Reiter) entscheidet Gogol zugunsten des Menschen.

Der kleine, furchtsame Beamte Akaki Akakjewitsch verfolgte in seinem Leben einen Traum, für den er eifrig in einem Departement diente. Es war sein Traum, einen Mantel zu erwerben. Dies gelang ihm. Aber es war ihm nicht vergönnt, sich lange seines Glückes zu freuen. »Irgendwelche Leute mit Schnurrbärten« nahmen seine Kostbarkeit auf dem endlosen Platz, der auf die furchtbare Ödnis blickte, fort. Die dunkle Nacht Petersburgs in ihren grenzenlosen Weiten vernichtete den kleinen Menschen.

»Unsere arme Geschichte nimmt unerwartet ein phantastisches Ende.«[28] Bei der Kalinkinbrücke suchte ein Toter in Gestalt eines Beamten den entwendeten Mantel und bestahl die Vorübergehenden. Was auch der Wahrheit nahe kommt, man kann es in einer Zeitung unter der Tageschronik nachlesen. Die Forderung nach Realismus wurde also eingehalten. Der furchtsame Akaki Akakjewitsch jedoch wurde durch dieses Ende in ein Gespenst verwandelt. Die von Gogol geschaffene Gestalt ist das Opfer der riesigen und kalten Stadt, welche sich teilnahmslos zu den kleinen Freuden und Leiden seiner Bewohner verhält. Schon Puschkin zeigte dieses Problem. Aber er bekräftigte das Recht der »nichtmenschlichen Persönlichkeit«, deren große Mission es ist, das Imperium anzuführen. Nichtig ist vor ihr der »aufrührerische Sklave«, der frech seine Hand gegen den Ehernen Reiter erhob: »Ich werd dir! du Bauherr wundermächtig!« Bei Gogol finden wir das gleiche Thema, aber das Motiv des »Aufstandes« fehlt. Hier wird die vollständige Ergebenheit des kleinen Menschen gezeigt. Und Gogols Sympathien richteten sich ganz auf das Opfer. Seine Sache ist es nicht, dieses große Leben der providentiellen Stadt, die für unbekannte Ziele ihren Bewohnern die Individualität raubt und sie als Inhaberin der Macht vernichtet. Gogol überprüft das von Puschkin vorgebrachte Thema und erklärt die Stadt für schuldig. Petersburgs Erhabenheit ist ihm nicht zugänglich; den Ehernen Reiter findet man in seinem Werk nicht. Dessen mächtiger Geist verließ die Stadt Peters für eine lange Zeit. Klarheit und Harmonie des Geistes begegneten Gogol in dem Nördlichen Palmyra nicht. Seine Seele sehnte sich nach dem blauen Himmel Italiens. »Italien! Es ist mein …! Rußland, Petersburg, Schnee, die Schurken, das Departement, der Lehrstuhl, das Theater – all dies habe ich geträumt. Ich erwachte wieder in der Heimat …« »Ich erblickte die Heimat meiner Seele, wo meine Seele noch vor mir lebte, bevor ich in die Welt geboren wurde!« Fern von Petersburg, in Rom, erlangte Gogol Gesundung für seine Seele.

* * *

Die Umwertung, die Gogol in der Frage über die Rechte von *»diesen Kleinen«* vornahm, charakterisiert die Stimmung der russischen Gesellschaft in der Mitte des 19. Jahrhunderts. In dieser Hinsicht ist *Jakow Polonskis* Phantasie »Miasma« besonders interessant.* Damals erinnerte man sich an die unzähligen menschlichen Opfer, die bei der Geburt der »Stadt auf Gebeinen« entrichtet wurden.

In der Näh der Mojka, ausgeschmückt mit Kränzen,
ein Gebäude strahlt,
voller Prunk und Wohlstand: Reichtum ohne Grenzen,
Decken bunt bemalt.

Abends war es heiter: Viele Gäste kamen
zum Empfang, zum Ball;
da auf einmal: Stille!

Der Sohn der Hausherrin scheidet dahin. Die Mutter schluchzt über dem toten Kind. Plötzlich hört sie, wie jemand flüstert:

* Dieses Gedicht wurde später (in den siebziger Jahren) geschrieben, aber es entspricht der Stimmung der ganzen Mitte des 19. Jahrhunderts.

Und ein bärtger Bauer, ähnlich einem Bären,
kletterte hervor ...
Seufzte da und sagte: »Bete nur in Trauer
für den toten Sohn;
das bin ich, mein Täubchen, bloß ein dummer Bauer,
spare nicht mit Hohn ...
... deines Hauses Feste
drückt mit schwerem Stein
einen alten Friedhof, unsre Überreste,
unser Mark und Bein.
Denn zu Peters Zeiten trieb man uns zusammen ...«

Getrennt von der Familie, von dem bestellten Feld. In den Norden gejagt.

Da begann die Arbeit, Wälder ließ man roden
bis zum letzten Stumpf,
ließ die Pfähle richten, ebnete den Boden,
trocknete den Sumpf.
War ein schweres Jährchen. Doch in einem Sommer
wuchs die Stadt empor![29]

Aber der bärtige Bauer »starb – und das war's«. Sein schwerer Seufzer hatte das im »Haus auf Gebeinen« lebende Kind erstickt. Auf diese Weise wird die Tat Peters verurteilt. *Hier wird der absolute Wert jeder einzelnen menschlichen Persönlichkeit anerkannt, die nicht leiden oder zugrunde gehen möchte, um »Humus zu sein für eine zukünftige Harmonie«.* Um die Menschen glücklich zu machen, ihnen Frieden und Ruhe zu geben, darf man nicht ein einziges winzigkleines Geschöpf opfern. Die russische Intelligenzija stellte sich auf diesen Standpunkt, den Dostojewski so deutlich formuliert hatte. Diese Sichtweise bestimmte ihr Schicksal in Zeiten der Prüfungen durch Krieg und Revolution. Die

Stadt des Ehernen Reiters protestiert mit ihrem ganzen Sein gegen einen egalisierenden Humanismus. Für seine unbekannten Ziele wird Petersburg immer neue Opfer fordern. Es wird Leben zerstören und Seelen zerstören. Wehe dem, der sich seiner Macht ergibt. Es ist der kalte und mächtige Herrscher, der allen, die ihm dienen, die Persönlichkeit raubt, sie zu Automaten macht, die seinem Willen gehorchen. *Und nur die Elemente, die von ihm gefesselt, aber nicht gebändigt wurden, sind fähig, wütend gegen den kalten Despoten aufzubegehren und ihm und seinen gesichtslosen gehorsamen Sklaven zu verkünden:* memento mori!

* * *

Wladimir Odojewski verwendete in den *Russischen Nächten** Puschkins Motiv des Hochwassers und des Sargs, der auf den wütenden Wellen getrieben wird, als Kunde von Petersburgs Untergang.

»Der Herbststurm heulte; der Fluß wollte aus den Ufern brechen; auf den breiten Straßen schwankten die Laternen; ihre langen Schatten huschten hin und her; die dunklen Dächer, die Basreliefs, die Fenster schienen sich bald zu heben, bald zu senken.« Mit dieser Beschreibung der »unwirtlichen Petersburger Nacht« beginnt »Das Lachen des Toten«. Die Stadt wird hier als »nichtmenschliche Persönlichkeit« dargestellt, die ihr eigenes besonderes Leben, das dem Menschen und auch dem Himmel fremd ist, lebt. Nach der Beschreibung des Straßenlebens gibt Odojewski ein erstaunliches Bild der Stadt als lebendigem Organismus.

»Und aus allen diesen mannigfaltigen, gesonderten Bewegungen entstand etwas Gemeinsames: das Atmen und *Leben dieses seltsamen Ungeheuers, das aus Bergen von*

* »Das Lachen des Toten«

Menschen und Steinen zusammengesetzt ist und eine vielbevölkerte Stadt heißt.« In diesem Bild ist deutlich *die Macht der Stadt über die Seele ihrer Bewohner*, die Einheit ihres physischen Leibs. Dieses Ungeheuer bemächtigte sich der Menschen, schließt sie in die Grenzen seines Lebens ein, reißt deren Herzen von der Ewigkeit los.

»Allein der Himmel war klar, drohend, unbeweglich – und wartete vergeblich, daß der Blick zu ihm gehoben würde.«

Eine junge schöne Frau verschmähte die Liebe eines träumerischen Jünglings, dessen Seele tief und edel war. Aus Berechnung ging sie die Ehe mit einem Menschen ein, der kein Gesicht hatte, dieses hatte sich durch die Anpassung an die seelenlose Stadt aufgelöst. Die Lebensgeschichte des Jünglings blieb ohne Fortsetzung. Er starb …

Ein Ball in einem prächtigen Palast. »Scharen schmeichlerischer Meteoriten wirbeln um einen Eintagskometen … Dort kriechen lautlos dunkle Sünden, und die triumphierende Niedertracht trägt stolz den Stempel des Verstoßenseins … Doch es ertönt Lärm … Das Wasser! das Wasser.« Die Elemente haben sich erhoben … »Schon schwanken die Wände, ein Fenster bricht und noch eins, das Wasser flutet herein, überschwemmt den Saal; da erscheint in einer Bresche etwas Riesiges, Schwarzes … Ein Mittel zur Rettung? Nein, ein schwarzer Sarg schwimmt herein – der Tote kommt die Lebenden besuchen und sie zu seinem Fest einladen …! Plötzlich stürzen krachend die Wände ein, die Decke birst – und den Sarg und alles, was im Saal war, tragen die Wellen hinaus in das unübersehbare Meer … Alles ist verstummt; nur der Wind heult, jagt kleine, rauchgraue Wolken am Mond vorüber, und sein Licht erhellt von Zeit zu Zeit wie ein blauer Blitz den drohenden Himmel und den unerbittlichen Meeresabgrund. Der offene Sarg treibt darauf; die Wellen ziehen die Schöne hinter ihm her. Sie sind allein inmitten des rebellischen Elementes: sie und der Tote, der Tote und sie; es gibt keine Hilfe, es gibt keine Rettung …! der Tote aber schwebt immer noch über ihr und lacht: ›Sei gegrüßt, Lisa! vernünftige Lisa …!‹«[30]

Odojewski sagt nicht mit Puschkin: »Es soll des Elements Gewalt Dir untertänig sein und richtbar.« Die Elemente sind für ihn Träger der Wahrheit. Sie stellen die gesichtslosen Menschen vor das Antlitz des Todes und zwingen sie, »ihre Herzen in die Höhe zu erheben«, endlich die Augen zum vergessenen Himmel auf zu richten. Aber die Macht der Stadt über sie ist unermeßlich groß. Die Elemente müssen der strafenden Nemesis als Waffen dienen und die Stadt selbst mit ihren Bewohnern vernichten, wie einst der Feuerregen Sodom und Gomorrha zerstörte.

* * *

Michail Lermontow berührt unser Thema nur wenig, gleichsam im Vorübergehen. Auf sein Wort über Petersburg wirkte die gleiche ethische Verurteilung, die unseren Romantikern der dreißiger Jahre eigen war.

> Vor wenig Jahren kam ich spät zur Nacht
> Über die Hauptstadt dieses Reichs geflogen;
> Am Himmel schon, durch seine Flammenpracht
> Die Nacht verscheuchend, kam der Tag gezogen.
> Doch weit umher kein menschlich Auge wacht!
> *Doch seltsam klang es aus den toten Räumen,*
> *Ein Stöhnen, wie aus sünd'gen Menschenträumen.*
> Und ferne schon im Glanz der Morgenglut
> Erschimmerte der Newa breite Flut;
> Und langsam gleitend schwere Schiffe zogen
> Hinab zum Meere mit des Stromes Wogen.
> Wie dunkle Schatten liefen schauerlich
> Die Säulen der Paläste und der Dome

Am Ufer hin; die Stufen wuschen sich,
Die aus Granit gehauenen, im Strome.
Vergangner Jahre schicksalhafter Taten
Die Welle spülte fort des Schicksals Spuren;
In seinen Sternen lächelte der Himmel,
Als wär' er für die Torheit blind und taub,
Und könnt' es, auf den stolzen Erdenstaub
Herabzusehn, ihm wirklich Freude machen –
Ich sah das und – fing selber an zu lachen.

Dies ist die beste *romantische Landschaft von Petersburg* in unserer Literatur. In das Panorama des Nördlichen Palmyra werden Motive eingeflochten, die in früheren Jahren unbekannt waren. Die Stadt wird vor dem Hintergrund der weißen Nacht gezeichnet, die so reich ist an unklaren Sehnsüchten. Die Umrisse der Newa-Ufer erhalten einen halbphantastischen Charakter. Die Stadt ist von einem Geheimnis umgeben, etwas Sündiges läßt sich in ihr spüren. Und über dem irdischen Staub wölbt sich (wie auch bei Odojewski) der ewige Himmel, der Gegensatz zur eitlen Stadt. Das Thema der Sünde entwickelt sich weiter.

Ich ließ dem Auge seinen Späherlauf,
Und aus Palast, Gerichtshof, Wohnhaus, Tempel
Die Geister alle stiegen vor mir auf –
Doch alles trug verbrecherischen Stempel!
Bestechlichkeit, Betrug saß obenauf;
Seltsam wirft seine Lose das Verhängnis:
Die Wahrheit, Tugend schmachtet im Gefängnis,
Hier zu dem Schrei der Not aus tiefster Brust
Mischt sich der Jubel wilder Sinnenlust;
Das Laster und die Faulheit schwelgen, feiern,
Auf Fleiß und Arbeit liegt die Sorge bleiern.

Die Beschreibung der sündigen Stadt führt zum Aufeinandertreffen der beiden Welten, der Generationen des alten und neuen Petersburgs. Die Handlung entwickelt sich in dem Palast eines Würdenträgers des 18. Jahrhunderts.

Doch an der Newa stand ein altes Haus,
Drin Ernst und *heil'ge Ruhe* ausgedrückt war.
Alt angestammte Würde sprach sich aus
In allem, womit reich das Haus geschmückt war.
Das Wappenschild wies auf ein Fürstenhaus,
Von Marmorsäulen ward es stolz getragen,
Gußeiserne Balkone sah man ragen
Vor Fenstertüren; in den Nischen stand
Manch Marmorbild, geformt von Meisterhand.
Vorhänge wahrten, reichgezierte, dicke,
Die hohen Fenster vor der Neugier Blicke.

Ein Abschiedsbild des Nördlichen Palmyra!

Der äußere Anblick des fürstlichen Hauses, das so charakteristisch für das vergangene Jahrhundert ist, vielleicht ein Werk von Juri Veldten, erweckt den Schatten des erlöschenden Lebens.

Wohl aus der alten, der Bojarenzeit
Noch diese hohen Prunkgemächer melden,
Da hier gehaust in Pracht und Herrlichkeit
Verschollner Taten ritterliche Helden!
Musik erklang aus dem Palaste weit,
Der Fenster Glanz schwamm auf des Stromes Rücken,
Fürstinnen mit gepuderten Perücken
Und rotem Absatz schwebten durch den Saal;
Ein Füßchen gab das Zeichen oft zum Mahl,
Und stern- und edelsteingeschmückte Greise
Bespöttelten die fremde Modeweise ...

Die von der weißen Nacht wachgerufenen Schatten der Vergangenheit verschwinden. Zwei Leben begegnen sich in der Stille. Das eine ist wie das »alte Haus« selbst ein Überrest des Nördlichen Palmyra.

Die Zeit ist hin, und mit ihr das Geschlecht –
Mit dem Jahrhundert wechselten die Leute.
Wo lebensfroh die Alten einst gezecht,
Liegt's in den Sälen wüst und öde heute.
Verwittert ist das Schnitzwerk und Geflecht,
Nur die bestaubten Bilder in den Sälen
Nun von der Ahnen Tracht und Pracht erzählen.
Die klamme Feuchte und die Dämmerung
Erobern ruhig den langen Saal ... das stille Haus
Schien leer, doch wohnt ein dürrer, stolzer Greis darin,
Der noch aus alter Zeit herüberragte,
Und ob der Neuzeit trauerte und klagte.

Das andere Leben, dem die alten Zeiten fremd sind, glimmt wie ein schwaches Laternenlicht im Halbdunkel und der klammen Feuchtigkeit des Palastes.

Sie ward, wie im Treibhaus eine Blume, groß
Im großen Saal war ihr befohlner Gang,
Doch immer schien ihr's hier so bang und schaurig –
Bei jedem Schritt ein lautes Echo klang,
Sonst *wie ein Friedhof* lag er still und traurig,
Daß sie nur selten ihre Furcht bezwang.
In allen Spiegeln rings so lang erschienen
Die Bilder, mit so *todeskalten Mienen* –
Und öfters gar kam es ihr deutlich vor,
Als träfe geisterhaft Geräusch ihr Ohr.
Bald schallt' es, kratzt' es, dann entschwebt' es leise
(Das waren Ahnenschatten oder – Mäuse!).

Oft träumte sie ...
Rief alle Lust der alten Zeit zurück,
Schuf sich *den toten Raum* voll Leben wieder.[31]

Die alte Welt, die einstmals so kräftig und glänzend war, zerfällt. Wird die zarte Blume, die sich zwischen den Trümmern emporrankte, am offenen Grab den Weg zum Licht finden? Dem jungen Mädchen wird es schwarz vor Augen, als wäre es im tiefblauen Meer. In der schrecklichen Stadt, wo die Menschen den ewigen Himmel vergessen haben, droht ihm der Untergang. Aber wehe auch der Stadt Peters!

Wie Wladimir Sollogub bezeugte, bewegte auch *Lermontow* das Bild des untergehenden Petersburgs. Der Dichter liebte es, mit der Feder oder sogar dem Pinsel Ansichten des wütenden Meeres, aus dem das Ende der Alexandersäule mit dem sie krönenden Engel herausragt, zu zeichnen. In dem ihm zugeschriebenen Gedicht wird das Bild der vom Schicksal bestraften untergehenden Stadt entworfen.

Und schließlich kam der Tag, da droben
das Schicksal die Geduld verlor
und sich die Flut mit lautem Toben
zum allerletzten Kampf verschwor.

Die Elemente sollen eine Bedrohung für den irdischen Gott – den allmächtigen Zar – darstellen? Der alte Xerxes legte den ungehorsamen Pont in schwere Ketten.

Umringt von einer großen Schar
der Schmeichler, lachte laut der Zar ...

Der Zar weiß, daß seine granitene Stadt an solchen Kampf gewöhnt ist.

Sein Wort erklingt voll Übermut
und selbstgerecht erwartet er,
daß sich beruhige die Flut

Aber das Schicksal verkündet sein Urteil:

Das *freie* Heer läßt sich nicht zwingen,
will tosend den Palast umringen

Und der Despot verstand. Die Kraft der Freiheit ist nicht zu besiegen. Es konnte ihm gelingen, einen Volksaufstand zu befrieden, aber der Wille zur Freiheit ist unzerstörbar, er bricht nicht nur im Volk hervor, sondern auch in den Naturelementen. Er weht wie der Geist, wo er will. Und das Volk und die Natur sind durch den einen Geist miteinander verbunden.

Er merkte. Es war hoffnungslos.
Gewöhnlich reichte ein Geschoß,
und die empörerische Meute
zerstreute sich in banger Hast.
Nun hat ihn selbst die Furcht erfaßt ...
Er wandte sich an seine Leute ...
Doch Stille herrschte im Palast:
So stieg er einsam und erhaben
aufs alte Dach, um todesmatt
sich an der schönen Stadt zu laben,
an seiner großen, prächtigen Stadt!*[32]

* * *

* In der Erzählung »Stoß« findet man eine interessante Darstellung von Petersburg: »Ein feuchter Novembermorgen lag über Petersburg. Der nasse Schnee fiel in dicken Flocken, die Häuser erschienen schmutzig und düster, die Gesichter der Passanten waren grün; die Kutscher nickten am Droschkenstand unter den rotbraunen Plaids

Noch deutlicher nahm dieses Thema *Wladimir Petschorin*, der Ahasver der russischen Intelligenzija, wahr. In der revolutionären Periode seiner geistigen Wanderschaft verfaßte er ein Poem über den Untergang von Petersburg.*

Er griff *das Problem vom Kampf zwischen dem schöpferischen Genius der Stadt und den unpersönlichen Elementen auf und fällte ein strenges Urteil über Petersburg.* Für ihn ist diese Stadt vor allem eine Ausgeburt des Despotismus, die das Leben von Tausenden unbekannter Arbeiter kostete. Die Stadt rechtfertigte ihren Triumph über die Elemente nicht. Auf Gebeinen geboren, wurde sie zur verbrecherischen Stadt der Fesseln, des Blutes und des Gestanks, zur Führerin eines tyrannischen Imperiums. Die Elemente wurden bei Petschorin zur Waffe der strafenden Nemesis. Die Wahrheit ist mit ihnen. Es erheben sich stürmische Winde.

Unser Erzfeind, bist besiegt!
Standst vor uns gleich einem Riesen,
hast dereinst mit Eisenhand
deine Zähigkeit bewiesen,
spöttisch unsren Sturm gebannt.
Wenn an deinem steilen Strande
manche Welle mit dir stritt
wehrten ihr, zu unsrer Schande,

ihrer Schlitten ein; das nasse lange Fell ihrer armen Mähren ringelte sich in Locken; der Nebel verlieh einigen Gegenständen eine gewisse graulila Farbe. Über das Trottoir klapperten nur selten die Galoschen eines Beamten – und manchmal erklang Lärm und Gelächter in einer Schwachbier-Kellerschenke, wenn man dort einen betrunkenen Burschen im grünen Friesmantel und karierter Schirmmütze hinauswarf.«

* »Der Triumph des Todes« – M. Gerschenson, *Das Leben von W. S. Petschorin.*

deine Dämme von Granit!
Doch die Nemesis soll rächen
diese Schmach und dich zerbrechen.

Mit den Winden gehen die von Petersburg zugrunde gerichteten Jünglinge, die dieser Dämon mit Pulver, Dolch und Gift vernichtete. Hinter ihnen die Soldaten, die dem Imperialismus geopfert wurden.

Oh, Gehenna! Stadt der Sünde!
Wohlgenährt mit Menschenblut!
Deine ungeheuren Schlünde
fraßen Fürsten, Gold und Gut!
Die Erinnyen geloben:
Deine Strafe ist gewiß.
Und, das Richterbeil erhoben,
steht vor dir die Nemesis.

Und die in den Wellen umgekommene Bevölkerung schließt sich den Verdammten an und sagt sich von ihrer Heimatstadt los.

Nein, nicht unsre: deine Schuld
raubt dem Himmel die Geduld ...
... Höllische Dreifaltigkeit:
Kriege, Seuchen, Hungersnöte,
deren Schweif wie ein Komet
über dir am Himmel weht:
eine finstre Abendröte.
Und in diesem blutigen Schlick
geht zugrunde unser Blick.
Wir verfluchen dich im Sterben:
Sollst verderben, sollst verderben!
Fluch! Fluch! Fluch![33]

Und der Himmel grollt aus der Höhe: Jetzt und immer und in alle Ewigkeit!

Die letzte Meeresflut und die Stadt verschwindet. Es erscheinen alle Völker, die vergangenen, gegenwärtigen und zukünftigen, und verneigen sich vor Nemesis.

Dies ist der Inhalt des Poems »Der Triumph des Todes«.

In der Gestalt von Petersburg wird die ganze Periode des russischen Imperialismus, zu dessen Symbol das Nördliche Palmyra geworden war, verdammt.*

* * *

Der Dichter *Michail Dimitrijew* arbeitete das Thema des Untergangs von Petersburg in der Gestalt der untergehenden Stadt weiter aus. Im Gedicht »Die Unterwasserstadt« schuf er gleichsam einen dritten Teil für das Bild des Puschkinschen Petersburg. »Aus Forst und Morast stolz genug die junge prächtige Stadt«, und sie verschwindet wieder, von den Meereswellen zu Grabe getragen. Sumpf – Stadt – Meer.

* Es ist interessant zu sehen, daß dieses Bild auch in das Schaffen des zeitgenössischen französischen Romantikers, des Heine-Freundes *Gérard de Nerval*, Eingang fand. Petersburg solle sich in den Abgrund hinunterstürzen. »Die Wolken wurden durchsichtig und ich sah, wie sich vor mir ein tiefer Abgrund auftat, in den sich tobend die Fluten der eisigen Ostsee stürzten. Es schien, daß sich die ganze Newa mit ihren blauen Wassern in diese Erdspalte ergießen müsse. Die Schiffe von Kronstadt und St. Petersburg zerrten an ihren Ankern und schienen bereit zu sein, sich loszureißen und in diesem Schlund zu verschwinden, als ein göttliches Licht von oben diesen trostlosen Vorgang erhellte« [G. de Nerval, *Aurelia oder der Traum und das Leben*, Ü.: H. Kubin, München, Leipzig 1992, S. 144]. Aber es zuckte die Hand, mit der das ahndende Schwert erhobenen wurde. Die Erhabenheit der Stadt des Ehernen Reiters rang dem Herzen des Ausländers ein Zittern ab.

Wellen stöhnen, Wellen heulen!
Kaum berühren sie den Strand,
müssen sie von hinnen eilen,
wie von Schmerzen übermannt!
Wellen weinen, das Gestade
ist verödet, wüst und leer;
trüb der Himmel, fahl und fade
steigt die Sonne aus dem Meer...

Alles spricht hier von Trauer. Alles ist öde, wild, trübe. Erneut, wie vor vielen Jahren, läßt das »traurige Stiefkind der Natur« sein altes Boot ins Wasser. Aber der öde Ort ist nun voll Grauen. Der Fischerjunge schaut schweigend in die »ferne Düsternis« und wird »von Schwermut ergriffen«; er fragt den alten Fischer, worüber die »Wellen heulen«. Der Alte zeigt auf die Turmspitze, die aus dem Wasser ragt, an der das Boot festgemacht ist:

Eine schöne Stadt erfreute
hier die Menschen einst zuvor.
Nur ein Glockenturm ragt heute
einsam aus der Flut empor.
Diese Stadt, so wird gestammelt,
war voll Schönheit, Prunk und Pracht,
hat sich Schätze angesammelt
und die andren arm gemacht!
Jener Held, der sie errichtet,
hat viel menschliches Gebein
über Sümpfe aufgeschichtet.
Und der Herr gedachte sein!
Einmal floß, das muß ich melden,
hier ein Strom ins Meer hinein,
doch die starke Hand des Helden
zwang ihn in ein Bett von Stein!

Schließlich kam ein Sturm vom Meere,
unbesiegbar im Gefecht,
er vertrieb die mächtigen Heere,
hat am Menschen sich gerächt,
welcher alle, die da litten
in dem Überfluß vergaß,
welcher alle ihre Bitten
überhörte, trank und aß.[34]

Nemesis wird durch die sündige Gründung »auf Gebeinen« motiviert sowie des Gründers Auflehnung wider Gott und die Anbetung des Mammon unter den kaltherzigen Bewohnern, die das Stöhnen der Geknechteten überhörten.

Eine Beschreibung des Nördlichen Palmyra fehlt, sie hätte sich ja auch merkwürdig aus dem Mund des alten Fischers angehört, der die Legende von der untergegangenen Stadt erzählt. Sie starb für ihre Sünden, wie Sodom und Gomorrha, und das todbringende Meer deckte sie zu. Die zweite russische Legende über eine Stadt unter Wasser. Kitezh und Petersburg.

Das Motiv des Kampfes, das zu Beginn des 19. Jahrhunderts erklang, tönte in der Mitte des Jahrhunderts als Motiv des Untergangs. Allmählich verdüsterte sich das helle Antlitz der Petrinischen Schöpfung. Unsere Stadt verwandelte sich in einen dunklen Dämon. Jedoch *während dieser ganzen Periode bewegt Petersburg nach wie vor die Seelen, wenn auch mit unguten Gefühlen. Die Wirkung auf die Seele bleibt kräftig und angespannt. Sein Bild, wenn auch in düstere Töne gefärbt, ist weiterhin deutlich ausgeprägt.* Noch war die Zeit nicht gekommen, Petersburg in die trübe, kranke, trostlose Stadt der Kasernen, des Schneematsches und der Nebel zu verwandeln.

III

In den vierziger Jahren entbrannte der Streit zwischen *Westlern* und *Slawophilen.* »Petersburg« wurde zur Losung der gegensätzlichen Gruppen. Den einen erschien es als Symbol für die Abtrennung von der heiligen Rus, den anderen als Unterpfand für die Vereinigung mit dem Westen. Vom fortschrittlichen Flügel der Gesellschaft wurde Petersburg deshalb verteidigt. Man erinnerte sich daran, daß »hier ein Fenster nach Europa aufgestoßen werden sollte«.

Leider blieb *Petersburg* jedoch *für beide streitenden Gruppen nur ein Symbol.* Sein Gesicht kannten die Slawophilen nicht und wollten es nicht kennen. *Iwan Aksakow* rief dazu auf, sich von ihm wie vom Satan feierlich loszusagen. Vade retro!

Aber auch die Westler, welche die Tat Peters verteidigten, kannten die Seele Petersburgs nicht und konnten sich ihr nicht recht nähern. Eigentlich liebten sie die Stadt nicht und teilten in dieser Hinsicht die Auffassung der gesamten Gesellschaft. Wenn wir bei *Wissarion Belinski* auf leidenschaftliche Reden zur Verteidigung von Petersburg stoßen, so soll uns dies nicht täuschen. Er kämpft für das Symbol, nicht aber für das »nichtmenschliche Wesen« der Stadt mit einem eigenen Geist und Leib.

Einzig *Alexander Herzen* vermochte es, in das wahre Antlitz der Stadt zu blicken, wie es zwischen der Hast ihrer Bürger und den Steinkolossen hindurchscheint. In *Erlebtes und Gedachtes* bekennt er aufrichtig, mit welchem an Haß grenzenden Gefühl er Petersburg verließ. Das Gesicht der Stadt scheint er zu der Zeit nicht gespürt zu haben. »Die geordnete Einförmigkeit, das Fehlen des Mannigfaltigen, Persönlichen, Launischen und Eigentümlichen, die verbindliche Form, die äußere Ordnung – all dies ist im höchsten Maß in Kasernen entwickelt.« Hier vermischen sich zutreffende Bemerkungen (zum Beispiel das Fehlen des Launischen) mit so ungerechtfertigten (das Fehlen des Persönlichen, Eigentümlichen), so daß man annehmen möchte, die Zeit habe die Erinnerungen verwischt. Die unmittelbaren Beobachtungen waren stimmiger, in ihnen kann man feinsinnige Eindrücke und zündende Worte finden. In seinem Artikel*, den er unmittelbar nach einem Aufenthalt in Petersburg abfaßte, bemühte sich Herzen darum, die Psychologie der Stadt zu charakterisieren. »Petersburg ist eine erstaunliche Sache«, ruft er verwundert aus und bekennt, daß er es wenig verstehe. »Es gibt in Petersburg nichts Originelles, Eigenes«. »Petersburg unterscheidet sich gerade darin von allen Städten Europas, daß es allen ähnlich ist.« »Außer an Peter I. kann es sich an nichts erinnern, *seine Vergangenheit wurde in einem Jahrhundert zusammengezimmert.*« »Es hat in die eine und in die andere Richtung keine Geschichte.« Die Stadt hat kein eigenes Gesicht, weder Vergangenheit noch Zukunft, sie ist irgendein leerer Fleck. Es zeigt sich jedoch, daß sie mit ihrem bequemen Sein zufrieden ist, das keine Wurzeln hat und wie sie selber auf Pfählen steht, die Tausende von Arbeitern einschlugen und dabei ihr Leben ließen. *Die Charakterisierung von Herzen erweist sich insgesamt als kompliziert und unausgewogen*, wie auch das Gefühl, welches die Stadt in ihm weckt, dessen rätselhafte Existenz zu lösen Herzen keine Mittel hatte. Für ihn ist Petersburg »voller Widersprüche und Gegensätzlichkeiten, physischer und moralischer«. »Dieses vielgestaltige Chaos sich gegenseitig verzehrender Kräfte.« Die ursprüngliche Einheit, die bezaubernde Harmonie des Nördlichen Palmyra fiel auseinander. In ihrer Seele wurde das Chaos, das in den sie umgebenden Elementen herrschte, inthronisiert. Das in ihr geschaffene

* »Moskau und Petersburg«

Neue wurde immer ärmlicher und ärmlicher. Da es seinen Stil verlor, erschien Petersburg für Herzen als *nahe Stadt, die allen ähnlich ist.* Noch nicht lange her war es, da konnte sie Batjuschkow als »einzigartige Stadt« erscheinen!

Aber Herzen war zu vielseitig und sensibel, als daß ihn die Seele Petersburgs nicht hätte fesseln müssen. In »Petersburg ist das ewige Klopfen der Vanitas vanitatum, und alle sind so sehr beschäftigt, daß sie gar nicht leben« – dies ist das Bild von Odojewski! Dies ist natürlich sehr schlecht, aber hinter dieser Vanitas vanitatum ist doch eine geistige Spannung zu spüren. »*Petersburg unterstützt physisch und moralisch einen fieberhaften Zustand.*« »Nirgendwo habe ich mich so häufig und so viel traurigen Gedanken hingegeben wie in Petersburg ... und dafür habe ich *es zu lieben begonnen.*« Aber, als würde er sich plötzlich besinnen, bemerkt er: Petersburg »zwingt jeden ehrlichen Menschen, tausendmal dieses Babylon zu verfluchen«.

Es zeigt sich, daß Herzens Haß mit Liebe verflochten ist. Was also hat ihn angezogen und was abgestoßen? *Petersburg hatte für ihn eine zweifache Bedeutung. Einerseits ist es der Despot, der die versklavten Völker unterdrückt und auch das eigene Volk mit Hilfe des deutschen Zirkulars und der Kasakennagaika knebelt, andererseits ist Petersburg die Verbindung zur Welt, ein Unterpfand für die Vereinigung Rußlands mit der Familie der europäischen Völker.* Und das ist nicht alles: Diese Symbole sind bestimmend, aber sie schöpfen die Wirkung der Stadt auf die Seele nicht aus. Tiefer wurde Herzen *von der Tragik Petersburgs und seinem revolutionären Wesen* berührt. All dies Vanitas vanitatum und der fiebrige moralische Zustand wurden von der revolutionären Herkunft der Stadt und der Erwartung seines katastrophischen Untergangs hervorgerufen. Als Herzen sich Karl Bjullows Gemälde »Der Untergang von Pompeji« anschaute, ein akademisches Gemälde, dessen Thema Rußland fremd ist, erfaßte er die organische Verbindung zwischen ihm und unserer Stadt. »Der Künstler, der sich in Petersburg formierte, stellte mit seinem Pinsel das schreckliche Bild der wilden, unsinnigen Kraft dar, welche die Menschen in Pompeji vernichtete. Dies ist die Petersburger Inspiration!« Und Herzen verweilt beim Leitmotiv unserer Stadt – ihrem Untergang. Petersburg ist die »Stadt ohne Zukunft«. »*Im Schicksal von Petersburg gibt es etwas Tragisches, Düsteres und Erhabenes.* Es ist das Lieblingskind des nördlichen Hünen, des Giganten, in dem die Energie und Grausamkeit des Konvents aus dem Jahr 1793 sowie *dessen revolutionäre Kraft* konzentriert war, das Lieblingskind des Zaren, der sich von seinem Land für dessen Nutzen lossagte und es im Namen der Europäisierung und Zivilisierung unterdrückte.«

In der Gestalt des Ehernen Reiters, dieses Geistes der Stadt, fließen der weltumfassende Ursprung Petersburgs und sein Despotismus zusammen. Die Gestalt des großen revolutionären Imperators schwebt noch über der Stadt.

Alles in ihr trägt das *Gepräge der Ausweglosigkeit.*

»Der Himmel von Petersburg ist immer grau; die Sonne, die auf Gute und Böse scheint, scheint einzig nicht auf Petersburg; der sumpfige Boden verdunstet Nässe; der feuchte Meereswind pfeift um die Ecken. Ich wiederhole, es kann jeden Herbst einen Sturm erwarten, der es überfluten wird.«

In dem, den man im Westen »Russischer Jeremias« nannte, erwachte der weise Geist. Herzen teilte die Stimmung der verschiedenen Schriftsteller, aber er strebte nach einem gerechteren Zugang zur providentiellen Stadt. In seinen Zeilen weht erneut der Geist des Ehernen Reiters.*

* * *

* Die vergleichende Charakteristik von Moskau und Petersburg in dem Artikel »Station Jedrowo« fügt nichts Wesentliches hinzu.

Die Epoche der russischen Romantik krankte an Petersburg. Es quälte jene, die es wagten, einen Blick auf sein bedrohliches Antlitz zu werfen. Denn mit sehenden Augen sahen sie. Petersburg wurde geliebt oder gehaßt, aber es ließ niemanden gleichgültig. Herzens ewiger Weggefährte *Nikolai Ogarjow* ergänzte dessen Bild von Petersburg mit einigen interessanten Strichen.

Sein tragisches Antlitz weckt bei ihm weder Haß noch Verehrung, sondern ihn übermannt Grauen. Eine Stadt ohne Sonne …

> Nur einmal tritt die Sonne in der Mitte des Jahres hervor,
> Leuchtet auf und versteckt sich sofort …*

Auch Ogarjow erscheint Petersburg als Stadt der Ruhe und Finsternis, dessen Bewohner »nachdenklich wie Nebel« und »sein Lied eintönig und traurig« zu sein hat. Aber dies ist nur eine Seite, Petersburg ist die Stadt des Kontrasts.

> Hier, ganz anders, ist das Volk
> Das runde Jahr wie auf dem Jahrmarkt.

Woher kommt Vanitas vanitatum? Welchen Sinn verfolgt sie? »Welches Ziel, wohin das Streben?« Das Ziel ist eins: *in der Bewegung ein Sinnbild des Lebens zu finden*, sich vor der erstickenden Schwermut zu retten, irgendwie »den Tag totzuschlagen«.

> Mit der Sense in der Hand, auf der Stirn die Uhr,
> Schaut der graue Saturn
> Auf sie alle durch giftiges Gelächter.
> Mir wurde es unheimlich … Vor mir

* »Humor«

Erschien das Leben von Millionen
Menschen, umfangen von Leere,
Allen göttlichen Gesetzen zur Schande.

Worauf bezieht sich dieses giftige Gelächter der Zeit? Die großen in die Stadt hineingelegten Aufgaben entarteten zur Vanitas vanitatum, zum Schmoren in einer leeren Handlungslosigkeit. Das Petrinische Werk enttäuschte des Schöpfers Hoffnungen. Ogarjow blickte prüfend auf den wundermächtigen Bauherren und die verhängnisvolle Petersburger Nacht.

Es legte sich die Nacht, es wuchs die Welle,
Und Eisschollen rauschten mit Knirschen vorbei;
Von grauem Schaum erfüllt,
Mit bleiernem Glanz überzogen,
Schrecklich war die Newa.

So kann sie sein, wenn sie sich wieder einmal darauf vorbereitet, ihre wütenden Wellen auf den Untergang der granitenen Stadt loszulassen.

Schwarz zeichnet er sich im nächtlichen Nebel ab,
Mit stolz erhobenem Haupte,
Die Statur hochmütig gestreckt,
Irgendwohin in die Ferne weist die Hand,
Auf dem Rosse sitzt der mächtige Hüne.

Aus dieser Ferne erhellt der Geist Europas unser waldiges Land, unser Dickicht. Dank Peters Tat läßt sich eine Verbindung mit der westlichen Kultur erwarten, darum verbeugt sich Ogarjow dankbar vor dem Ehernen Reiter.

Vor ihm ich neigte das Knie
Und fühlte, daß ich Russe bin.

Hundert Jahre vergingen, und die für ein hehres Ziel gegründete Stadt bewahrte den Geist ihres Gründers nicht, sie verriet dessen Tat. Es stand nicht in ihrer Kraft, die ihr auferlegte Mission zu erfüllen.

Und Peter der Große weist weiter in die Ferne.

Die Stadt aber demütigt sich, sie sinkt herab. Deshalb peinigt Gram den Gründer, deshalb ist sein Anblick so düster. Und in dieser unheimlichen Nacht scheint es, daß gemeinsam mit dem giftig lachenden Saturn

Die Statur hochmütig gestreckt
Der Hüne bitter lachte.

Wie Herzen bemerkt auch Ogarjow im Petersburgbild die tragischen Züge. Während Herzen diese jedoch direkt mit dem Gründer verbindet, so sieht Ogarjow sie im Widerspruch. *Bei ihm wird Petersburg zum verlorenen Sohn.* Der Dichter möchte sich in Gedanken verlieren, sich im Traum aus diesem Nebel forttragen.

Am Newa-Ufer zwei Sphingen.
Gesicht und Augen der Nil-Ungeheuer
Erhellte ein Schimmer von Zärtlichkeit
prächtig und leidenschaftlich.
(...)
Vor mir lag die Steppe
Und eine riesige Kette aus Pyramiden.

So fand auch Gogol in Italien seine Befreiung von Petersburg. *Bei Herzen ist die Stadt noch von der Größe des schöpferischen Petrinischen Geistes erfüllt. Ogarjow charakterisiert den Bruch und den Abfall der Stadt, aber der Geist des Schöpfers schwebt noch über ihr, als Vorwurf und Ermahnung.*

* * *

Alles Westlertum half *Iwan Turgenjew* nicht, über Petersburg zu urteilen, all seine künstlerische Empfindsamkeit lehrte ihn nicht, in unserer Stadt irgend etwas anderes zu sehen als Krankheit.

Der Geist Ellis stiebt in der weißen Nacht über die schlummernde Stadt:

»›Hör zu-u-u-u!‹ – ertönte der langgezogene Schrei in meinen Ohren. ›Hör zu-u-u-u!‹ – erwiderte es gleichsam verzweifelt aus der Ferne. ›Hör zu-u-u-u!‹ – verhallte es irgendwo am Ende der Welt. Ich erschauderte. Mein Blick fiel auf die hohe goldene Turmspitze: ich erkannte die Peter-und-Paul-Festung. Nördliche, bleiche Nacht! Ist es überhaupt Nacht? *Ist es nicht ein bleicher, ein kranker Tag?* ...«*

Die sehnsuchtsvolle Seele spannt sich, vor den Augen eröffnet sich das Panorama von Petersburg.

»Dies also ist Petersburg! Das ist es, ganz genau. Diese leeren, breiten, *grauen* Straßen; diese *grau*-weißlichen, gelb-*grauen*, *grau*-violetten, die verputzten und *abblätternden* Häuser, mit ihren *hohlen Fenstern*, den grellen Aushängen, den eisernen Abdeckungen über den Dächern und den schmuddeligen Obstständen, diese Frontons, Aufschriften, Buden, Rinnen; die goldene Kappe der Isaaks-Kathedrale, die *unnötig* bunte Börse, die Granitmauern der Festung und das brüchige Holzpflaster, diese Barken mit Heu und Brennholz, dieser Geruch von Staub, Kohl, Bast und Pfer-

* »Gespenster«

destall, diese Schafsmäntel der erstarrten Hauswarte an den Toren, diese *im dumpfen Schlaf* gekrümmten Kutscher auf den klapprigen Droschken – ja, das ist es, unser Nördliches Palmyra. Alles rundherum ist sichtbar; alles ist klar, *deutlich und klar bis zur Unheimlichkeit*, und alles *schläft traurig*, türmt sich dabei *merkwürdig* auf und zeichnet sich in der *trüb*-durchsichtigen Luft ab. Die Röte der Abenddämmerung – *eine schwindsüchtige Röte* – verging noch nicht und wird bis zum Morgen nicht vom weißen sternlosen Himmel vergehen, sie legt sich auf den seidenen Wasserspiegel der Newa, diese murmelt ein wenig und schwankt ein wenig und treibt vor sich die kalten, blauen Wasser her. ›Fliegen wir fort‹, – flehte Ellis.«

Die feine Kunstfertigkeit macht diesen Ausschnitt tief überzeugend. Aber was bleibt hier von Petersburg? Die ohne jegliche Charakteristik erwähnte Peter-und-Paul-Festung, die goldene Kappe der Isaak-Kathedrale. Über die Börse sind nur zwei Worte gesagt: »unnötig bunt«, aber sie zeigen, wie sehr der ganze Stil der Stadt Turgenjews Verständnis hoffnungslos fremd bleibt. »Denn mit sehenden Augen sehen sie nicht!«

Es bleibt nur die weiße Nacht und das »Inventar der Stadt«. Überall sind die grauen Töne herausgestrichen. Die Vergleiche vertiefen den krankhaften Eindruck der Petersburger Landschaft. »Die Häuser mit ihren hohlen Fenstern« rufen das Bild eines Sterbenden hervor – die Fenster als Augen des Hauses. *Petersburg wird nicht an den wütenden Elementen zugrunde gehen. Eine geheime innere Krankheit untergräbt die Kräfte. Eine schwindsüchtige Röte liegt auf seinem Gesicht, das deutlich in der trüb-durchsichtigen Luft hervortritt.* Welch Grauen! Unwillkürlich möchte man flüstern: »Fliegen wir fort, Ellis!«.

* * *

Dmitri Grigorowitsch greift in seiner Vision »Der Traum von Karelin« das Thema vom Ende der kranken Stadt auf und führt ein neues Motiv ein: *die Vorahnung eines Untergangs nicht im Kampf mit den wütenden Elementen des Wassers, sondern durch eine langsame, feierliche Erfrierung, eine Umwandlung der nördlichen Hauptstadt in ein Reich des Eises.*

»Über die Platten des Trottoirs lief, rutschend und sich verstreuend, ein scharfes trockenes Schneetreiben, in den tieferen Teilen des Senatsgebäudes sammelte sich der Schnee an und rundete sich dort zu Trichtern; er strebte weiter über das verwitterte Pflaster mit den nackten grauen Steinen, die mir kälter noch als Frost erschienen. Alles rundherum war von einer trüben, gräulichen Farbe; der Schnee wurde fest wie Alabaster, er knirschte und kreischte, wenn man ihn berührte ...«

Der Wind »treibt vor sich Wolken von Schnee und erfüllt die Luft mit Schneestaub, der die Augen verklebt ... Aber die erfrierende Stadt ist mit Flaggen geschmückt, die sich ständig, dem Wind gehorchend, um die Stangen wickeln ... Bei aller Feierlichkeit, bei Frost von zwanzig Grad, spürt man eine gewisse Anspannung, irgend etwas *Bestelltes, Unnatürliches, Gewalttätiges*, welches an das Lächeln eines Menschen erinnert, der eigentlich weinen möchte ...«

Sogar im Moment seines Erfrierens verliert Petersburg seine »Vorsätzlichkeit«, seinen Widerspruch zur Natur, nicht. Und Grigorowitschs Blick enteilt zu dem Abschnitt der Newa, wo in dieser Zeit gewöhnlich die angereisten Mesener Fischer ihre Jurte aufschlagen, neben der man dann einige magere Rentiere sehen kann, die fast so weiß sind wie der Schnee, auf dem sie mit hängenden Köpfen stehen.

Eben dort, »in diesem Teil der Stadt scheint alles auf seinem Platz zu sein, *auf seinem Boden*, nichts stört die Harmonie, und alles kommt einem vollkommen natürlich und normal vor«.

Alles bleibt so, wie es vor dem schicksalhaften Augenblick war, als durch den Willen des Hünen, den Elementen zum Trotz, die große, tragische, an Dissonanzen reiche Stadt ins Leben gerufen wurde.

»Die riesigen Säulen der Kirche erstarrten so auf ihren bronzenen Postamenten, zwischen ihnen ging und dröhnte ein solch unerträglicher Wind, daß ich, so erinnere ich mich, von nur einem Gedanken geleitet wurde: so schnell wie möglich vorbeizugehen.«

Über den Platz der erfrierenden Stadt zieht sich eine Beerdigungsprozession. »Der Sarg war von schwarzem Tuch mit silberner Tresse bezogen worden, auf dem Deckel prangte der dreieckige Hut mit aus Silberlahn gedrehter Schnur und weißer Plümage, die wie Schneefransen wirkten ... zwischen dem Deckel und dem Rand des Sargs schauten mit Festons verzierte Falten aus Kaliko hervor; wenn diese wie die Rüschen auf der Haube einer alten Frau zitterten, so warfen sie Reif herab, der auf den Flachwagen fiel ... Innen im Sarg mußte es jetzt schrecklich kalt sein ... der Verstorbene war zweifellos schon vollkommen erfroren.«

»Und dann, wenn die Beerdigungszeremonie abgeschlossen sein wird und alle auseinandergehen und -fahren werden, wenn sich die schnell einbrechende Petersburger Winterdämmerung in die dumpfe Nacht wandelt ... dann wird er alleine im Sarg in diesem gefrorenen Grab bleiben, alleine in einer Ecke des Smolensk-Friedhofes, alleine fern von allen, inmitten der nächtlichen Finsternis und der Ödnis aus Schnee mit dem umherblasenden Gestöber ...«

Hier *wurde geschickt eine Parallele zwischen dem Schicksal der Stadt und dem des entschlafenen Bewohners gezogen.* Von dem feierlichen, auf Bestellung gefertigten Prunk des Lebens blieb auf dem Sargdeckel nur »der dreieckige Hut mit aus Silberlahn gedrehter Schnur und weißer Plümage, die wie Schneefransen wirkten«. Unter dem Sargdeckel aber lag der hartgefrorene General, der bald in die hartgefrorene Erde hinuntergelassen und inmitten der nächtlichen Finsternis und der Ödnis aus Schnee mit dem umherblasenden Gestöber allein bleiben würde.

Und der Geist der Stadt, sein wundermächtiger Bauherr, der *Eherne Reiter? Gemeinsam mit seiner Schöpfung taucht auch er in das Eisreich ein.* »Nach einer Minute, als ich meine Wimpern hob, sah ich rechts das Peter-Denkmal. Der Reiter und mit ihm das Roß, das so schnell auf den Felsen springt, schienen am Granit festgefroren zu sein; der Felsen selbst erschien mir bis in die Tiefe seines Kerns durchfroren zu sein. Im Innern des Denkmals, im mit der Bronzehülle des Rosses und des Reiters umgebenen Hohlraum, mußte eine dichte Schicht stachligen Reifes gewachsen sein, außen, auf den hervortretenden Teilen des Denkmals, war die Bronze von einem kalten Glanz übergossen, von dem ein Schüttelfost über die Gliedmaßen ging, und nur auf der ausgestreckten Hand Peters, und noch auf den seinen Kopf bedeckenden Lorbeeren, blinkte weiß der Schnee, der weißliche Flecken in der grauen eisigen Luft kennzeichnete.«

Unbarmherzig bemächtigt sich der eisige Tod des Ehernen Reiters.

Und mit ihm zusammen erlischt in der Finsternis und Kälte langsam das Nördliche Palmyra.

Petersburg verwandelt sich in Kokytos, in den letzten Kreis von Dantes Hölle:

> Noi passamm' oltre, la dove la gelata
> Ruvidamente un' altra gente fascia …

Auch Gigorowitsch wendet sich gedanklich in ferne Länder, fort von der Kälte: »Noch weiter gleitet der Sonnenstrahl über die Wellen, und alles dort – der Himmel, die Wasser und die fernen Ufer – atmet Wärme und Licht. Ich erinnere mich, welch freudiges, bis zu Tränen freudiges Gefühl mich plötzlich überkam; wie ein Vogel wollte ich meine Flügel ausbreiten und mich mit einem Schrei vorwärts stürzen. Aber die sonnig leuchtende Ferne verschwand auf einmal, und ich fand mich auf dem Senatsplatz wieder ...«

Es gibt keinen Ausweg aus der verdammten Stadt, nur riveder le stelle des lächelnden Lebens.

In allen untersuchten Ausschnitten von Herzen, Ogarjow, Turgenjew und Grigorowitsch lassen sich Klänge der Beerdigung von Petersburg, der vorsätzlichen und gescheiterten Stadt, hören.

* * *

Zur Verteidigung trat mit kühnen und leidenschaftlichen Reden *Belinski* an. Für ihn war diese Stadt vor allem *ein Banner des Kampfes für die Vereinigung mit dem Westen*, das Auge, durch welches Rußland nach Europa schaut. Sein Artikel »Petersburg und Moskau« steht im Gegensatz zum Inhalt von Herzens Artikel »Moskau und Petersburg«. Belinski entrüstet sich über die Haltung der russischen Gesellschaft zur »Hauptstadt des neuen russischen Imperiums«.

»Viele behaupten ohne Scherz, diese Stadt habe keine historischen Heiligtümer, keine Überlieferungen, keine Beziehung zum Heimatland – eine Stadt, errichtet auf Pfählen und Berechnungen.« Welch Unglück, daß es keine Vergangenheit gibt! Petersburg bezaubert doch gerade dadurch, daß es *ganz »Zukunft«* ist. »Petersburg ist origineller als alle amerikanischen Städte, da es *eine neue Stadt in einem alten Land* ist, folglich ist es eine neue *Hoffnung*, eine wunderbare Zukunft für unser Land«. Der große und freudige Sinn der neuen Hauptstadt liegt insofern für Belinski darin, daß Petersburg *die Stadt der Erneuerung* ist. Über welche historischen Heiligtümer kann man sprechen, wenn sie die Jugend selbst ist! Denkmäler, über die die Jahrhunderte hinwegzogen, gibt es in Petersburg nicht und kann es nicht geben, weil sie seit dem Tag ihrer Grundsteinlegung erst hundertundeinundvierzig Jahre existiert; dafür aber *ist sie selbst ein großes historisches Denkmal.*

Petersburg gründet sich auf Berechnungen. Aber »Berechnungen sind eine Seite des Bewußtseins«. Sie sind ein Werk des bewußten Geistes. »*Überall sind die Spuren seines Bauherrn zu sehen.*«

Darin liegt seine Schönheit. »Die Weisheit jenes Jahrhunderts sagt, daß ein von der groben Hand eines Dorfschmieds gefertigter Eisennagel großartiger ist als jede Blume, die mit einer solchen Schönheit von der Natur geboren wurde, großartiger in der Hinsicht, daß er ein Werk des bewußten Geistes ist, die Blume aber ein Werk der unmittelbaren Kraft.«

Der Bauherr von Petersburg ist ein Genius der Ablehnung. Aber seine Ablehnung ist auf die Vergangenheit gerichtet und ist nicht willkürlich. »Denn Willkür kann nur einen babylonischen Turm errichten, dessen Folge nicht die Wiedergeburt eines Landes zu einer großen Zukunft, sondern die Zergliederung der Sprachen« ist. Peters Wille ist keine Willkür, da der große Imperator organisch mit seinem Land verbunden ist. »Sein Heldenmut, sein gigantischer Wuchs und das stolze, erhabene Äußere sowie sein enormer schöpferischer Geist und der Wille zur Ausführung – all dies paßte zu dem Land, in dem er geboren wurde, zu dem Volk, welches wiederherzustellen er berufen war, dem grenzenlosen Land, das damals noch nicht organisch vereinigt war, dem großen Volk, das seine große Zukunft jedoch nur dumpf ahnte.« Auf diese Weise bestreitet Belinski die Annahme, Petersburg sei mit dem Heimatland nicht verbunden. *Peters Geist verband die neue Hauptstadt organisch mit dem alten Land.*

Die auf Pfählen errichtete Stadt. Auch dieser Vorwurf klingt für Belinski wie ein Lob. Möge rundum die Feuchtigkeit in die Steinhäuser und die Menschenknochen dringen und das ganze Jahr ein modriger und feuchter Herbst toben, der mal Frühling, mal Sommer und mal Winter parodiert. *Petersburg ist die Stadt des großen Kampfes*, der angespannten Arbeit ... »Es scheint, dem Schicksal gefiel es, das bis dahin tief schlafende russische Volk mit blutigem Schweiß und einem verzweifelten Kampf seine Zukunft schaffen zu lassen, denn von Dauer sind nur die durch schwere Arbeit erreichten Siege, nur die durch Leiden und Blut erworbenen Eroberungen!«

So heftig kämpfte der stürmische Wissarion gegen das von den Gegnern der neuen Hauptstadt vertretene Bild Petersburgs. »Petersburg ist die zufällige und ephemere Geburt einer Epoche, die den falschen Weg einschlug, es ist ein Pilz, der in einer Nacht aus dem Erdboden schoß und am nächsten Tag vertrocknete.« Belinskis Petersburg dagegen ist das Kind eines großen, zu seiner Wiedergeburt strebenden Volkes. Eine Stadt, welche die *Lossagung vom Alten, die Ablehnung im Namen der Erneuerung* verkörpert; eine Stadt der angespannten Arbeit und des großen Kampfes. *Mit einem Wort, eine Stadt des sich stürmisch entwickelnden neuen Lebens. Sein Pathos ist der kommende Tag.*

Dies ist Belinskis Idee von Petersburg.

Man hätte erwarten können, mit Belinski beginne eine Renaissance des hellen Antlitzes von Peters Schöpfung, und er werde mit Überzeugung den Aufruf von Puschkin wiederholen:

Rag, Peters Stadt, in hehrer Pracht,
Wie Rußland stolz und unbezwungen!

Gerne würden wir verfolgen, wie sich die Ideen unseres Kritikers in konkreten, aus einer klaren Anschauung von Petersburg geborenen Bildern verkörpert hätten. Zweifellos liebte Belinski die nördliche Hauptstadt, aber diese *Liebe öffnete ihm die Augen nicht. Sein Petersburg wurde aus dem Ideenkampf geboren und nicht von lebendigen Eindrücken gestützt*, deshalb unterscheidet es sich wenig von den Beobachtungen Turgenjews oder Herzens. Unter diesem »einer Pfütze gleichen Himmel« sind »die Häuser eine wahre Arche Noah, in denen man paarweise verschiedene Tiere antreffen kann«. Nur das geschäftige Treiben der Stadt konnte Belinski lebendig beschreiben. Obwohl Petersburg den Kampf für die Ideale des Westens versinnbildlichte, schwand es im Bewußtsein der russischen Gesellschaft weiterhin.

IV

Die Verdüsterung des Petersburgbildes im gesellschaftlichen Bewußtsein setzte sich fort. Die Entwicklung der bürokratischen Polizeiherrschaft von Nikolai I., dem Weltgendarmen, verstärkte die Entfremdung von der nördlichen Hauptstadt. Ihre architektonische Landschaft schien den Amts- und Militärgeist (Kasernenstadt) auszudrücken. Dieser Prozeß wurde durch einen neuen ergänzt, der sich in Verbindung mit der Entwicklung des Kapitalismus gestaltete. Neue Gesellschaftsschichten verdrängten die alten, kultivierteren Erbauer des Nördlichen Palmyra. In der Stadt werden neue Häuser errichtet, die den Anforderungen des Profits entsprechen. Der strenge, harmonische Anblick der granitenen Stadt wird zerstört, ihre individuellen Züge werden verwischt. Der von den neuen Gebäuden und neuen Menschen gekränkte Genius loci zieht sich für eine lange Zeit in das Innere des Granits zurück. Das Antlitz der Stadt scheint aus dem Bewußtsein der Gesellschaft zu entschwinden.

Trotzdem kann man nicht behaupten, daß gar keine Facette der Stadtseele mehr wahrgenommen worden wäre.

Die anwachsende Strömung des Realismus in der russischen Literatur lenkte immer mehr Aufmerksamkeit auf das städtische Alltagsleben.

Im Jahr 1844 erschien der erste Teil des Sammelbandes *Die Physiologie von Petersburg*, in dem Arbeiten russischer Literaten unter der Redaktion von *Nikolai Nekrassow* zusammengestellt wurden, ein Jahr später kam der zweite Teil heraus. Belinski bemerkte, es sei »das Ziel dieser Artikel, mit Petersburg bekannt zu machen«. »Man darf nicht vergessen, daß *Die Physiologie von Petersburg* ein erster Versuch dieser Art ist«.

Urteilt man nach dem Inhalt der Artikel, so ist unter der *Physiologie* der Stadt das zu verstehen, was *Iwan Gontscharow* mit »zweiter Natur« bezeichnet.

Die ganze Petersburger Zweckdienlichkeit, die Sitten, der Ton, der Dienst – dies ist die zweite Petersburger Natur. »Die Petersburger Leidenschaften, die Petersburger Anschauungen, der Petersburger Hausbedarf an Lastern und Tugenden, Gedanken, Geschäften, Politik und sogar, bitt' schön, an Poesie.«[35] Dies ist der Zyklus von Interessen, welche in der Physiologie von Petersburg erforscht werden.

In den Sammelbänden werden »Petersburger Ecken« charakterisiert (in Grigorowitschs Skizzen »Die Petersburger Leierkastenmänner« wird der Sennaja-Platz beschrieben), Petersburger Typen und Sitten (»Der Hausmeister« von Wladimir Luganski, »Der Omnibus« von Alexander Kultschizki, »Die Petersburger Leierkastenmänner« von Grigorowitsch, »Der Beamte« von Nekrassow, »Der Petersburger Feuilletonist« von Iwan Panajew u. a.). Es gibt auch Darstellungen einzelner Einrichtungen. So wird in einem Artikel das Alexandrinski-Theater geschildert.

Die Physiologie von Petersburg, seine zweite Natur, interessierte unsere Schriftsteller für einen längeren Zeitraum. Es war ein Bedürfnis entstanden, das Leben der Stadt zu erforschen, dieses aus einem Haufen von Menschen und Steinen zusammengetürmten Ungeheuers. *Unsere Realisten hatten indes die Wahrnehmung der Stadt als eines »nichtmenschlichen Wesens« verloren. Ihr Interesse konzentrierte sich auf das Alltagsleben, und das Bild der Stadt selbst mit ihrer Idee schafft gewöhnlich einen kaum bemerkbaren Hintergrund für die Beschreibung ihrer Physiologie.*

In dieser Hinsicht ist Gontscharows *Eine alltägliche Geschichte* besonders charakteristisch. Der junge Adujew verabschiedet sich von der Hauptstadt, in der er seine Lehrjahre[36], die ihn ins Leben einführten, absolvierte, und zieht Bilanz darüber, wie die Stadt ihn beeinflußte.

»›Leb wohl‹, sprach er und schüttelte den Kopf und faßte in sein dünnes Haar, ›leb wohl, du Stadt der falschen Locken, der künstlichen Zähne, der wattierten Nachahmungen der Natur und der runden Hüte, du Stadt *des höflichen Hochmuts*, der gekünstelten Gefühle, *der leblosen Geschäftigkeit!* Leb wohl, du prächtiges Grabmal der tiefen, starken, zarten und warmen Herzensregungen.‹«[37]

In diesem Ausschnitt wird Petersburg aus der wenig maßgeblichen Perspektive des ernüchterten Träumers geschildert. Aber zwei Überlegungen sollen unterstrichen werden: der bürokratische Charakter in den Worten »höfischer Hochmut« und der allgemeine Charakter des Lebens – die leblose Geschäftigkeit. Ein Urteil, das von mehreren Generationen beharrlich wiederholt wurde.

Auf der Grundlage solcher Erörterungen ist es nicht einfach, das Petersburgbild *Gontscharows* zu bestimmen. Aber das fragmentarische Material kann ergänzt werden. So läßt sich beispielsweise feststellen, daß Gontscharow es vermochte, den provinziellen Charakter des hauptstädtischen Randgebietes zu vermitteln.

»Friede und Stille liegen über der Wyborger Seite, über ihren ungepflasterten Straßen und hölzernen Trottoiren, über den spärlichen Gärten und über den mit Brennesseln überwucherten Gräben, wo unter dem Bretterzaun manche Ziege mit einem abgewetzten Strick um den Hals eifrig Gras rupft oder stumpf vor sich hin döst, zu Mittag die stutzerhaft hohen Absätze eines vorübergehenden Schreibers über das Trottoir klappern, der Musselinvorhang an einem der kleinen Fenster zurückgeschoben wird und zwischen Geranien die Beamtenfrau herausschaut oder wo plötzlich über einem Bretterzaun im Garten für einen Augenblick das frische Gesicht eines Mädchens emportaucht und ebenso verschwindet, dann wieder das erste erscheint und vom zweiten abgelöst wird und das Kreischen und Lachen der Mädchen auf der Schaukel ertönt.«[38] Diese schlichten Bilder vom Alltagsleben einzelner Ecken der Stadt kann man mit einer Reihe weiterer Beschreibungen einzelner Aspekte des Petersburger Daseins ergänzen.

In den Erzählungen von *Iwan Gensler* finden wir die interessante Darstellung eines einzelnen Petersburger Winkels – des Hafens (»Die Hafenbeamten im häuslichen Leben oder der Galeerenhafen zu jeder Tages- und Jahreszeit. Landschaft und Genre«). Das Thema des Hochwassers wird hier in ruhigen Alltagstönen abgehandelt. Den Hafen überschwemmt fast jeden Herbst das Wasser, das vom Seewind gejagt wird. »Während man in den anderen Stadtteilen gelassen den dritten Kanonenschuß von der Admiralität, der von einem bedeutenden Anstieg des Wasserpegels am Newa-Ufer kündet, zur Kenntnis nimmt, so gerät im Hafen beim dritten Schuß vom Uferturm alles in Bewegung, alles verfällt in Geschäftigkeit. Und das nicht von ungefähr: Sehr häufig verwandelt sich danach der Hafen in ein Venedig«. Die Hafenbewohner jedoch verlassen ihren unruhigen Winkel der Hauptstadt nicht. »Ehre und Ruhm den würdigen Petrinischen Nachkommen!« Rundherum verwandelt sich das Leben, die Stadt verändert mehrfach ihr Gewand, der alte Hafen aber bleibt immer der gleiche. Wenn man den Hafen betritt, riecht man sofort die patriarchalische Luft. »Alles im Hafen sieht nach Gebrechlichkeit aus ... alles quietscht, ächzt und hustet, in Erwartung der letzten Lebensminuten. Diese greisen Häuschen würden sich sehr gerne zur Ruhe legen, nachdem sie so lange Unruhen, verschiedene Arten von Stürmen und Unwetter erduldet haben. Sie wurden mit Reif bedeckt, sie ergrauten, wuchsen mit Moos zu, wie sich vielleicht die hölzernen Grabkreuze ihrer ersten Besitzer bedeckten, die schon lange unter den Schatten der Birken, Espen und Weiden auf dem Smolensk-Friedhof ruhen.« Wenn man den Hafen betrachtet, kann man lebendig den ursprünglichen Stadtkern erspüren. Der Hafen blieb unverändert wie eine knorrige Tanne in einem prächtig grünenden Wald.

»Dies ist das Urbild der Stadt, ihre erste Idee, die im ursprünglichen Zustand erhalten blieb ...«

Die Schriftsteller der zweiten Hälfte des 19. Jahrhunderts fühlten sich Puschkin folgend zum Stadtrand hingezogen und versuchten dort, noch nicht erforschte Aspekte der vielseitigen Stadt zu enthüllen.

Gleb Uspenski beschreibt in den Notizen »Aus einer Trambahn in die andere« seine Beobachtungen während eines Spaziergangs am Stadtrand, den er unternahm, um in einer Stunde unaussprechlicher Sehnsucht nach etwas Verlorenem, was das hauptstädtische Leben verschlungen habe, seine Seele zu quälen. Die Reise auf der Imperialen entlang der Landstraße auf der Narwschen Strecke gibt ihm die Möglichkeit, das unsinnige, geschwätzige Leben der industriellen Außenbezirke von Petersburg zu betrachten. Interessantes Material zu diesem Thema kann man in den Skizzen von *Iwan Kuschtschewski* finden.

Nikolai Pomjalowski gibt eine ausdrucksstarke Beschreibung der unwirtlichen Petersburger Nacht: »Die Nacht schien sich betrunken zu haben und torkelte töricht durch die Stadt, schmutzig, und sie zürnte und spuckte auf Plätze und Wege, auf Häuser und Kneipen, in die Gesichter der verspäteten Fußgänger und Tiere ... Finsternis am Himmel, Finsternis auf der Erde, Finsternis auf den Wassern. Der Himmel ist in Fetzen zerrissen, und es jagen die Wolken am Himmel wie die Lumpen von Bettlern. Die unglücklichen Kanäle, die Müllgruben und die Lager mit verschiedenem Unrat in den schmutzigen Häusern der Heimatstadt atmen; atmen und vergiften die Luft mit Miasmen und Gestank, und in diesem Gestank wird Mütterchen Cholera geboren, die mit Krämpfen und Erbrechen durch die Stadt zieht ... Ein Donner krachte am Himmel, ein Blitz beleuchtete mit blendenden Streifen das mannigfaltige Bild der Natur. Der Wind heulte auf und stürzte los, er trug schmutzige und feuchte Luft durch die Straßen, er rüttelte am Blech der Dächer, zerbrach krachend die Fenstergläser und trug die schmutzige und feuchte Luft weiter durch die Stadt. Die Newa bäumte sich heftig auf, jetzt ist sie dunkel, aber im Morgengrauen wird sie ihr trübes gelbes Wasser zeigen ...«*

In diesem Abschnitt zerstreute sich die unheimliche Erhabenheit der »unwirtlichen Petersburger Nacht«, und in die das Chaos charakterisierenden Worte wird die Klage des Bewohners hereingetragen.

Das geheimnisvolle Dasein der Stadt, das sich hinter all diesen einzelnen Erscheinungen vollzieht, lag unseren

* »Bruder und Schwester«

Kennern des Alltagslebens fern. Deshalb waren sie außerstande, das Antlitz Petersburgs zu vermitteln, wenn sie auch eine Reihe von wertvollen Beobachtungen machten, in denen sie die eine oder andere Seite der mannigfaltigen Gestalt der nördlichen Hauptstadt herausstellten.

* * *

Nur dem Redakteur des Sammelbandes *Die Physiologie von Petersburg*, *Nekrassow*, gelingt es, obwohl er auf der Ebene des Alltagsgeschehens bleibt, das Problem Petersburg ausreichend breit aufzuwerfen und ein zusammenhängendes Bild zu schaffen. Nekrassow wendet sich gegen die Legende vom wundermächtigen Bauherren; gleichzeitig unterstreicht er, wie überflüssig die nördliche Hauptstadt sei, die ihrem Land fremd blieb:

> Aus einem Sumpfgebiet entwickelte sich binnen
> zwei Jahren eine Stadt, errichtet von den Finnen,
> und bis zum heut'gen Tag blieb sie dem Volke fremd ...*

Weiter entfaltet der Dichter das Panorama des Nördlichen Palmyra:

> Theater und Palais. Die Newa. Manches Schiff
> bringt Prunk aus aller Welt. »Der Bildung Inbegriff«
> ist in der großen Stadt natürlich auch zu sehen:
> Museen der Wissenschaft und Altertumsmuseen ...

Eine ganze Zeile ist bei Puschkin entlehnt. Nekrassow will sagen, daß er das traditionelle Petersburg kennt, daß über die Stadt alles Erdenkliche gesagt worden ist, nur eines ist übersehen worden.

* »Freundschaftlicher Briefwechsel zwischen Moskau und Petersburg«

Es gibt nicht eine – Seele!

Ein Körper ohne Seele zerfällt, und der Dichter beschreibt in einer ganzen Reihe von Bildern die Verwesung der Stadt.

Die Newa mit ihrer herrschaftlichen Strömung ist tot.

Und der Mond schneidet düstere Mienen,
schaut verzweifelt zur Newa herab,
und sie ruht, von den Lichtern beschienen,
wie ein einziges riesiges Grab.
Und es herrscht eine trostlose Trauer
in der Festung, dort, hinter der Mauer,
und ihr Türmchen bedrückt das Gemüt.

Alle Lebenserscheinungen der kranken Stadt sind von dem schweren Leiden vergiftet. Sogar die Häuser scheinen sich inmitten des unerträglichen Schmutzes mit Skrofel angesteckt zu haben.

Ach, nur etwas, nur etwas mehr Reinheit!
Alle Straßen und Brücken voll Schmutz,
alle Häuser will Skrofel benagen:
Immer wieder verbröckelt der Putz,
und die Fußgänger werden erschlagen …
Eine prächtige Stadt …!
… Und im Juli erfüllt deine Luft
ein Aroma von Staub und von Schnäpsen:
ein gewöhnlicher russischer Duft …
In Kanälen wird algig das Wasser,
ganz im Sinne der Mutter Natur …*[39]

* »Die, denen es kalt, die, denen es heiß ist«

Die große Stadt wird mit erbarmungsloser Ironie gezeichnet. Bereits Turgenjew brachte das Motiv der schwindsüchtigen Röte und des schmachtenden Geistes in der weißen Nacht ein. Hier nun erscheint schon im kalten Tageslicht das hoffnungslose Tagaus-Tagein.

Die Luft selbst ist verpestet, und der Tod erfüllt den Wind, welcher über die Straßen von Petersburg fegt.

> Und der Wind ist erschöpfend und stickig
> und sein Pfeifen vermaledeit,
> so als wollte er sagen: »Jetzt schick ich
> euch den Typhus und sonstiges Leid!«*[40]

Wiederholungen geben dem Stil der Beschreibung Nekrassows einen besonderen Charakter, wie das eintönige Getöse der ans Ufer schlagenden Wellen. In der aussätzigen Stadt ist ungebunden nur der Tod. Alles erinnert an ihn. Überall memento mori ...

> An dem Ladenschild »Wir bestatten«
> stellt er aus seine Klammern und Latten
> und noch anderes Sargmaterial ...
> So als wollte er sagen: »Gefällt euch
> meine Arbeit? Seht zu, daß ihr sterbt!«[41]

Sogar um sich zu vergnügen, fahren »die, denen es heiß ist«, auf den Friedhof.

> ... Gräber ringsum,
> Monumente ... Ja, das ist der Friedhof.**

* »Über das Wetter«

** »Die, denen es kalt, die, denen es heiß ist«

Die Beschreibung des *Friedhofes* am Rand von Petersburg, der so gut von Puschkin dargestellt wurde, glückt auch Nekrassow. Bei der passenden Beleuchtung ist hier ein Ort der Einkehr für den Petersburger.

Dieser faulige, düstere Tag
schenkte Regen statt Hagelschlag.
Und wir gingen auf hölzernen Brettern
zwischen all den Gräbern. Da schied
der Dunst und enthüllte uns Städtern
ein gewaltiges Sumpfgebiet:
Kein Haus, kein Gras, keine Sträucher,
alles tot, und es pfeift der Wind.
(...)
Eine frisch gegrabene Grube
ist schon halb mit Wasser gefüllt ...[42]

Auch das Motiv eines »Abenteuers mit einem Verstorbenen« verwendet Nekrassow.

Eine vorbeifahrende Kutsche mit Offizier hakt sich in einen Leichenwagen mit Leichnam.

Der Sarg fiel herunter und öffnete sich. »Du mein Teurer!
Hast Elend als Lebender erlitten,
Und mußtest erdulden auch nach dem Tod« ...*

Was gibt Nekrassow die Betrachtung von Petersburg? Eine auswegslose Sehnsucht bemächtigt sich der Seele.

Wut ergreift, Schwermut bekümmert,
Und Tränen drängen sich aus den Augen.

* »Über das Wetter«

Eine große, unsinnig hastige Stadt, eine irgendwie unnötige, eine »überflüssige Stadt«, wie es »überflüssige Menschen« gab.

Sowohl die finsteren Elemente, immer bereit, die Stadt zu verschlingen, als auch Nemesis, die Vergeltung für die verschmähte Wahrheit übt, verloren die Attribute des drohenden, unpersönlichen Chaos, das den kosmischen Ursprung des persönlichen Schöpfertums zu zerstören sucht. Die von Nekrassow dargestellten Elemente sind ebenso sinnlos und blind wie die Stadt selbst. Der Dualismus verschwand. Weder in der Stadt noch in den sich gegen sie auflehnenden Elementen ist die Wahrheit zu finden. Alles wurde sinnlos.

> Kanonensalven bei Nacht.
> Schon ist der Schlaf verflogen.
> Alle beten: »Oh laß die Wogen
> sich legen! « Und da: ein Glück!
> die Fluten weichen zurück.
> Ein häßlicher Morgen wird kommen:
> dreckig, windig, verschwommen ...[43]

Dieser Stadt des Todes begegnet Nekrassow mit großem Interesse. Aufmerksam betrachtet er die »architektonische Landschaft«, studiert auch die »Physiologie« und wird bisweilen unwillkürlich von der Originalität der Stadt gefangengenommen. Als er den Winter beschreibt, findet der Dichter unerwartet Worte, die dem vergangenen Petersburg würdig sind.

> Man vernimmt
> jeden Schritt, auch die leisesten Klänge.
> Alles wirkungsvoll, frisch. Und wir
> erkennen im Silbergepränge
> Petersburgs schönste Zier ...

Der Schmuck aus Rauhreif bildet tatsächlich für die neblige Hauptstadt des Nordens eine wunderbare Verzierung, da er ihr eine eigentümliche Pracht verleiht (nur das Epitheton »schönste« schwächt den Eindruck).

Nun sind versilbert die Säulen,
versilbert die Brücken, das Tor,
Pferdemähnen und -zügel,
Bärte und Brauen der Leut.
Und schön wie Schmetterlingsflügel
ihr Licht die Laterne streut!* [44]

Aber es gelang Nekrassow nur selten, die Schönheit wahrzunehmen. Erheblich charakteristischer für ihn ist ein anderer Abschnitt, in dem er die Petersburger Landschaft beschreibt.

Laut der Uhr ist es Tag. Ob mich *das* überzeugt?
Hat mir etwa der Mond seine Sichel gezeigt?
Doch die Sonne ist auch nicht zu sehn.
Ohne ihren beseelenden, wärmenden Schein
können all diese goldenen Kuppeln nicht sein,
kann der Prunk dieser Stadt nicht bestehn.
Über allem, was ist: ob Gefängnis, ob Dom,
ob der eherne Zar, ob der grimmige Strom,
ob die eisernen Rosse am städtischen Tor
(wenn sie könnten, sie stünden gewiß nicht davor),
über allem ein nebliger Dunst.
Unsre Stadt ist jetzt häßlich, voll Trübsal und Dreck
wie ein abgeschminkter, verbummelter Geck,
was nutzt ihm noch seine Kunst ...** [45]

* »Die, denen es kalt, die, denen es heiß ist«

** »Über das Wetter«

Aber der Nebel ist, wie auch Nekrassow ständig unterstreicht, Petersburg eigen, und die Sonne ist nur ein seltener Gast, sie scheint sich nicht ganz wohl in der kranken Stadt zu fühlen, und folglich ist Petersburg eigentlich der heruntergekommene abgeschminkte Geck. Den gallig-ironischen Ton des Dichters unterstreicht das Motto, welches aus einem Lakaienlied genommen ist:

Was für eine feine Hauptstadt
Ist das lebenslustige Petersburg!

Es veränderten sich die Menschen, es veränderte sich auch die Stadt. Mit großem Interesse beobachtet Nekrassow das hauptstädtische Leben. Er hält die Hektik des Newski-Prospekts fest:

Am Newski: Bücher und Karten,
Brillanten im Angebot.
Da werden sogar die zarten
Rigaer Damen rot.
Ein richtiges Durcheinander ...*[46]

Aber die Enge, der Glanz und die Freude verführen den Dichter nicht.

Die vorzeigbare Seite der Reichtümer in der europäischen Stadt hat ihre Kehrseite. Nekrassow untersucht Petersburg wie ein exakter Naturwissenschaftler und führt in seine Charakteristik auch die von Arbeitern besiedelten Außenbezirke der Stadt ein:

Es ist Abend. In fernen Bezirken
kriechen Schwaden von Rauch,

* »Die, denen es kalt, die, denen es heiß ist«

die wie schwarze Giftschlangen wirken,
aus den Schornen. Vom Glutgefauch
röten sich riesige Wände
der Fabriken rings um die Stadt …*[47]

Die neue Stadt einer gewichtigen Industrie wächst aus der alten »militärischen Hauptstadt« heraus, aber leider ist dieses Thema wenig entwickelt, als ob sich die Dichtung auf den neuen Orten unsicher fühlte. Dem äußeren Straßenleben mit seinen mannigfaltigen Erscheinungen, aber immer im Ton der bitteren Ironie, verleiht Nekrassow in seinen Beschreibungen von Petersburg sorgfältig Ausdruck. Die von den Massen so geliebten Paraden lenken die Aufmerksamkeit des Dichters auf sich, aber seine Charakteristik erweist sich als Antithese zu Puschkins »Des Marsfelds lustige Melodie«.

In diesem nebligen Rahmen
wirken Soldaten blaß,
und die Trommeln erlahmen,
so als wären sie naß …**[48]

Die blassen Soldaten können die Aufmerksamkeit des Dichters nicht fesseln, er wendet sich mit größerer Begeisterung der zuschauenden Menge zu. Wen es hier nicht alles gibt.

Reiter, Fußgänger, müßige Gaffer
ohne Zahl!
Ein Wachmann, wie Fedotow ihn malte,
führt einen Säufer am Arm;

* »Die, denen es kalt, die, denen es heiß ist«
** »Über das Wetter«

Kräuter und Salben verkauft eine Alte;
dort sitzt ein ergrauter Gendarm;
da stolziert eine schrecklich verärgerte Dame:
man räume ihr schleunigst den Weg!
(...)
Ein Italiener mit kleinen Figuren,
ein Finne, der Pilze verkauft,
ein Kurier mit den Korrekturen ...

Offensichtlich will Nekrassow selbst eines Skizze im Stil von Pawel Fedotow entwerfen. Die bunte Menge interessierte mehr als die »eintönige Schönheit« der Truppen in ihrer »geordnet-schwankenden Ordnung«. Am besten gelingt es Nekrassow, das »Arbeitsleben« der Petersburger Straße zu beschreiben.

Es beginnt, wenn der Morgen graut,
das Konzert von all den Graveuren,
Schleifern und Schlossern. Laut
ist das Dröhnen der Straße zu hören.
Wildes Verkäufergeschrei,
der Drehorgel schrilles Klagen.
Soldaten marschieren in Reih
und Glied, und die Trommeln schlagen.
Zerquält, bis aufs Blut zerhau'n,
schleppen sich dürre Gäule.
Auf den Armen entstellter Frau'n
Kinder mit wüstem Geheule.
Gestöhn, Gedonner, Geläut,
als schmiede man Sklavenketten
für all diese armen Leut',
als drohe ein Sturz den Städten.
Worüber redet der Hauf'?
Vom Brot, von bösen Geschicken.

Ein Brodem. Und blickt man hinauf,
ist auch droben kein Trost zu erblicken.[49]

Der ganze Abschnitt ist auf Lauteindrücken aufgebaut. Die vielfältigen Geräusche, Getöse, Gebrülle, sie alle klingen zu einer unheimlichen Symphonie zusammen (falls man dort über Zusammenklang sprechen kann, wo es keine Harmonie gibt), wie in der Hölle von Dante. All dies sind Laute der zu den Qualen der Sklavenarbeit Verdammten. Für die in diesem Inferno Schmachtenden gibt es keinen Himmel, in dem man Unterstützung und Tröstung finden könnte. Gestank und Ruß erfüllt die Straße.

Eines Köters Winseln und Bellen,
die Prügel bekam' ihm nicht gut ...
Da streiten sich zwei Gesellen.
Lautes Gegröle ... Blut!*[50]

Diese Verbindung von Blut und Gegröle vermittelt dem ganzen Gemälde einen gewissen teuflischen Ausdruck. In der ganzen Stadt läßt sich nichts finden, auf dem der Blick mit Freude ruhen könnte. Es bleibt nur eines – laufen, so schnell einen die Beine tragen.

Ach, geht, geht mit mir fort
In die Stille des Feldes auf dem Land!

Nekrassow stellt Petersburg von der dunkelsten Seite dar; sein Bild kennzeichnet den freudlosesten Moment in der Kette der Bilder von der nördlichen Hauptstadt. Hier finden wir eine vollständige Antithese zur Stadt des Ehernen Reiters.

* »Über das Wetter«

Gleichzeitig soll vermerkt werden, daß Nekrassow das Problem der Stadt sehr weit gefaßt hat, indem er versuchte, in den Schilderungen ihrer Landschaft, in der Charakteristik ihre Teile, in den Beschreibungen ihres Alltags einen Gesamteindruck zu finden; all dies zeugt davon, daß Petersburg sogar in der Epoche seiner Verdüsterung Macht über das Bewußtsein behielt und ein brennendes Interesse auf sich lenkte. Nekrassow definierte die Stadt, in der er in schwerem Kampf »von jung an alle Kräfte verausgabte«, als Stadt der Leiden, der Verbrechen und des Todes.

* * *

Unter den Schriftstellern der zweiten Hälfte des 19. Jahrhunderts, die sich an den Traditionen der sechziger und siebziger Jahren schulten, lassen sich interessante Petersburgbilder bei denen finden, die jung aus der Provinz in die Hauptstadt kamen, um dort am kulturellen Leben teilzunehmen und mit den neuen Ideen bekannt zu werden. In dieser Hinsicht sind die Darstellungen Petersburgs von *Wsewolod Garschin* und *Wladimir Korolenko* bemerkenswert.

Garschin schafft einige Bilder zum Thema »die Physiologie der Stadt« (ausdrücklich zu beachten ist die Beschreibung des Wolkow-Friedhofs). Aber sein besonderes Interesse gilt dem synthetisierenden Bild von Petersburg. Es stimme nicht, daß unsere nördliche Hauptstadt einfach eine »sumpfige, deutsche, schwindsüchtige, bürokratische, aufrührerische, eine *fremde Stadt*« sei. Garschin, dieser »gebürtige Südländer«, »gewann die arme Petersburger Landschaft lieb, die weißen Frühlingsnächte, welche übrigens keineswegs den legendären ukrainischen Nächten nachstehen«. Petersburg wurde seine geistige Heimat, und es sei für einen, der aus der Ferne stammt, »die einzige russische Stadt, die fähig ist, *zur geistigen Heimat zu werden*«. Wodurch erklärt sich diese Eigenschaft? Petersburg ist keine künstliche, keine erfundene *Hauptstadt* des großen Imperiums, sondern ein *wahrhaftiger Knotenpunkt, der den verschiedenartigen Organismus Rußlands zusammenhält.* Garschin weist auf die reale und mächtige Verbindung zwischen dem Land und seiner natürlichen, nicht ausgedachten Hauptstadt hin. Ganz Rußland findet in ihr einen Widerhall. »In ihr finden sich das Schlechte wie das Gute von überall her ein« – deshalb ist Petersburg der deutlichste Vertreter des Lebens »vom russischen Volk, wenn man zum Volk nicht nur die Großrussen aus dem Moskauer Gebiet zählt, sondern den Begriff auf den Ukrainer, den Weißrussen, auf den Bewohner von Neurußland, auf den Sibirer usw. ausdehnt.« Petersburg lebt das Leben seines Imperiums. »An Rußland krankt und für Rußland freut sich einzig Petersburg. Deshalb ist es schwer, *in ihm zu leben*«. Die Schwierigkeit des Petersburger Lebens, auf die bereits Herzen so treffend hinwies, birgt einen großen Reiz in sich. Es ist wie eine harte geistige Arbeit. »Denn es ist schwerer in ihm als irgendwo sonst zu leben, nicht wegen der äußeren Lebensbedingungen, sondern aufgrund des moralischen Zustandes, der jeden denkenden Menschen erfaßt, der in diese große Stadt gerät.«*

Garschins Petersburg läßt sich mit dem Bild von Belinski vergleichen. Es ist die Hauptstadt des großen Imperiums, die organisch mit ihrem Land verbunden ist, die ein schwieriges, fiebriges Leben lebt, in dem sich das Pulsieren des Lebens ganz Rußlands vollzieht. Eine Heimatstadt für jeden wahrhaft russischen Menschen, wer auch immer er sei. Wie Belinski vermochte es Garschin nicht, sein interessantes Bild künstlerisch zu verkörpern. Die Idee von

* All diese Ausschnitte sind aus den »Petersburger Briefen« genommen.

Petersburg bleibt für sich, unverbunden mit den Skizzen seiner Physiologie. Am Ende seiner ersten Skizze sieht Garschin diesen Vorwurf – wo denn ist dieses »leidende«, »denkende« Petersburg? – voraus und verspricht, es in den nächsten Skizzen zu zeigen. Aber wir würden vergebens die Einlösung dieses Versprechens suchen. *Das Petersburg, in dem sich der Geist des großen Imperiums ausdrückt, konkret künstlerisch zu verkörpern, überstieg Garschins Kräfte, und es überstieg auch die Kräfte aller anderen seiner Zeit.* Als einziger vermochte es Dostojewski, eine Charakteristik des »schweren« Petersburger Lebens zu geben, dies ist jedoch nur eine Seite von Garschins Bild. *Die Stadt, die an ganz Rußland krankt und sich für ganz Rußland freut, wurde künstlerisch nicht verwirklicht.*

Mit seinen Erinnerungen konnte *Korolenko* eine Lücke in der Darstellung Petersburgs in der russischen Literatur füllen, indem er ein Bild ausdrückte, welches vielen Zehntausenden von russischen Jünglingen nahe war, die aus den abgelegenen Winkeln Rußlands in Erwartung des »unbegreiflichen, unklaren, kochenden Lebens« in die Hauptstadt strömten.

»Mein Herz zitterte vor Freude. Petersburg! Hier ist alles konzentriert, was ich für das Beste im Leben hielt, denn von hier ging die ganze russische Literatur aus, die wahre Heimat meiner Seele ... Es war zur Zeit, als der Sommer gerade erst dem Herbst Platz gemacht hatte. Vor dem Hintergrund des unbestimmt hellen Abendhimmels zeichnen sich schwerfällig und nachgerade träumerisch die Häusermassive ab, unten laufen wie helle Rosenkränze die Laternenlichterreihen, die man nach den Sommernächten zu dieser Zeit gewöhnlich wieder anzustecken beginnt ... Sie erscheinen so hell, frisch und jung. Ganz als ob sie nach den Ferien erstmals zur Arbeit erscheinen, die noch nicht besonders nötig ist, da die Luft noch voll ist vom träumerischen Widerschein, der von irgendwo oben, vom Horizont strahlt ... Und dieser fröhliche Schein der Laternen unter dem frischen Glanz des Himmels, und das Getöse, und der Klang der Trambahn, und die irgendwo verlöschende Dämmerung, und der besondere kräftige Geruch des Meeres, den der Westwind auf den Platz weht – all dies harmonierte erstaunlich mit meiner Stimmung. Wir standen am Haupteingang, abwartend, daß sich der unordentliche Haufen von Kutschen entflechten würde, und mit meinem ganzen Wesen saugte ich den Eindruck von Petersburg auf. Da also stehe ich – derselbe, der damals ›allein‹ mit beklommenem Herzen zum erstenmal ans Tor der Pension schritt – jetzt an der Schwelle der großen Stadt. Und dort, links – die Mündung der wie ein Fluß breiten Straße ... Dies ist natürlich der Newski ... All dies war schön, träumerisch, frisch und verschwand, wie die Laternenreihen, in einer geheimnisvoll schimmernden Perspektive, die mit dem unbegreiflichen, unklaren, kochenden Leben erfüllt war ... Und die Laternen, die unterm Wind zusammenzuckenden Flämmchen, schienen zu leben und zu spielen und mir etwas Bezaubernd-Zärtliches, Verheißendes zu sagen ... die gleichen Laternen redeten später zu meiner Seele in einer anderen Sprache ... dieses träumerische Spiel ihrer Flämmchen jagte mich später fort aus Petersburg.«*

Hier lenkt das Motiv der Laternenlichterreihen die Aufmerksamkeit auf sich. Es ist aufschlußreich, die sie charakterisierenden Epitheta zu betrachten: »helle Rosenkränze« ... »fröhlicher Schein der Laternen unter dem frischen Glanz des Himmels« ... »All dies war schön, träumerisch, frisch und verschwand, wie die Laternenreihen,

* W. Korolenko, *Die Geschichte meines Zeitgenossen.* Bd. II

in einer geheimnisvoll schimmernden Perspektive« ... Alle diese Epitheta sind freudig, anregend, frisch.

Zum Thema der verschwindenden Laternenreihen kehrt Korolenko einige Male zurück.

Ein kleines Studentenzimmerchen ... »Ich stand am Fenster und schaute ... Eine geheimnisvolle trübe Finsternis. Ungeordnete Lichter, irgendwo über einem hohen und schmalen Schornstein ein rotes Licht, irgendwo das Pfeifen einer Lokomotive, und eine Lichterkette läuft über die Ebene ... Was wird am Tage aus diesem Nebelchaos aus Dunkelheit, Lichtern und Nebel heraustreten? Sicherlich etwas Überragendes, Ungewöhnliches, Unerwartetes.«*

Vor uns sehen wir den ewigen russischen Jüngling, der über Petersburg ins Leben strebt. Die nördliche Hauptstadt bildet die Propyläen für dieses Leben. In ihr soll sich die Weltanschauung formieren, der Wille härten, der berufliche Lebensweg abzeichnen, in ihr auch kommt man nicht umhin, vom bitteren Kelch der schmutzigen russischen Wirklichkeit zu schmecken.

Aber Petersburg bleibt die Funktion der Propyläen. Der Weg führt weiter. Man möge sich an Gogols Jüngling erinnern, der so die nördliche Hauptstadt sah und in ihr das Grab seiner Träume fand**, aber im Gegenzug ein tieferes Wissen um die Lebensgeheimnisse erwarb – und dann Belinski, Nekrassow und Tausende Namenloser, die in immer neuen Wellen Petersburg überschwemmten, es in eine Stadt der Lernenden verwandelten, in ein Seminar für die

* Ebd.

** Offensichtlich personifiziert die Unbekannte in der Erzählung »Der Newski Prospekt« den Traum von Petersburg, der Gogol betrog (Annahme von Viktor Winogradow).

aufgeklärten Arbeiter Rußlands, die danach dürsten, »das Vernünftige, Gute und Ewige zu säen«.

Die Vorbereitung ist abgeschlossen. Petersburg bleibt, trotz seiner Bedeutung, nur Etappe. Der Weg ins wirkliche Leben liegt hinter ihm, die Lichter laufen weiter:

»Es war frisch und angenehm. Der heftige Küstenwind erfrischte die Luft, es atmete sich leicht. An unserem Fenster lief eilig der Lampenwärter mit der geschulterten Leiter vorbei, und bald streckten sich zwei Lichterreihen in die helle Dämmerung ... Ich fühlte, wie mir eine plötzliche, scharfe und eindeutig an etwas erinnernde Sehnsucht die Brust schnürte. Sie wiederholte sich in diesen Stunden täglich, und ich fragte mich unwillkürlich, woher stammt sie? Im Restaurant las ich die Nummern der *Russischen Welt*, in der zu jener Zeit im Feuilleton Leskows Erzählung ›Der verzauberte Pilger‹ abgedruckt wurde. Sie wirkte auf mich durch die eigentümliche Weite der Steppen und die wunderlichen Abenteuer der ungebändigten wandernden russischen Seele. Vielleicht wehten von dieser Erzählung, ihrer Gegensätzlichkeit zu meinem Leben in diesem Sarg die Sehnsucht und die neckenden Rufe?

Ich schaute die Gasse entlang. Die Lichterkette hörte auf. Sie brannte jetzt ferner, entlang der Mojka und der Kleinen Morskaja. Plötzlich verstand ich: Es war meine Sehnsucht nach diesen Lichtern, die mich nach meiner Ankunft in Petersburg so beeindruckt hatten. Damals gab es genau solche Abende, und genau solche Lichter flammten in der Petersburger Dämmerung auf. Mit einer unerwarteten Kraft belebte sich in mir die Stimmung des damaligen Glaubens an die Weite des Lebens und der damaligen Erwartungen ...«

Das Bild von Petersburg, das sich nicht aus einem direkten Kontakt mit der Stadt, sondern aus der wunderbaren Ferne bildete, konnte leicht mit einem rein literarischen

Inhalt gefüllt werden. Korolenko nahm, gemeinsam mit der lernenden Jugend, auch das literarische Petersburg zur Kenntnis: »Mein Herz zitterte vor Freude. Petersburg! Hier ist alles konzentriert, was ich für das Beste im Leben hielt, denn von hier ging die ganze russische Literatur aus, die wahre Heimat meiner Seele ...«

Die literarischen Bilder bleiben die ständigen Weggefährten aller Eindrücke des Studenten Korolenko:

»Dies ist natürlich der Newski ... Ja, dort also spazierte der Leutnant Pirogow... Und irgendwo weiter, in diesem verwirrten Koloß aus Häusern, lebte Belinski, dachte und arbeitete Dobroljubow. Hier schrieb er mit starr werdender Hand: ›Lieber Freund, ich sterbe, weil ich ehrlich war...‹ Hier auch lebt heute Nekrassow, und ich atme also mit ihm die gleiche Luft ein ...«

Es ist bemerkenswert, daß über erdachte Helden im gleichen Ton gesprochen wird wie über Schriftsteller selbst. Alle Übelstände des Petersburger Lebens werden von vornherein angenommen, weil sie durch die Literatur geadelt wurden.

»Der Himmel war trübe, grau. So muß es auch sein: Nicht von ungefähr wird er mit einem grauen Soldatenmantel verglichen ... Das ist er nun. Tatsächlich ähnlich. Auf die Spitze der Snamenskaja-Kirche zieht vom Newski der kriechende Dunst. Vortrefflich. Es ist ja genau der so vielmals beschriebene ›Petersburger Nebel‹. Alles genauso! Ich bin ohne Zweifel in Petersburg.«

Diese Stimmung ist nicht flüchtig. Korolenko bekennt, daß der »rosa Nebel auch weiterhin seine Petersburger Eindrücke überzog«, die »den Himmel versperrenden langweiligen Ziegelmauern« gefielen, »weil sie durch Dostojewski bekannt waren ... Mir gefiel sogar die Ungesichertheit und die Perspektive des Hungerns ... Trifft man doch auch sie in Beschreibungen des Studentenlebens, und ich sah das Leben durch das Prisma der Literatur«.

Und so ist das Petersburg von Korolenko die Stadt der lernenden Jugend, die deren Lebensweg prägt, sowie die Stadt der literarischen Traditionen.

Nichts Wesentliches trug zur Charakteristik von Petersburg Tolstoi bei. Dmitri Merezhkowski erklärt dieses Fehlen* damit, daß Tolstoi, der an der Scholle hing, jeder Stadt gegenüber gleichgültig war. Und tatsächlich berührt er, obwohl er ständig Petersburg als Handlungsort für seine Romane wählt, nirgendwo die Individualität unserer Stadt. Seine großartige Schilderung des Gesamteindruckes von Moskau (siehe *Krieg und Frieden*, Napoleon auf dem Poklonberg) zeigt indes, daß Tolstoi das Gesicht einer Stadt deutlich erfühlte und dies vermitteln konnte. So können wir nur bedauern, daß wir ohne ein von Tolstoi geschaffenes Bild von Petersburg blieben.**

V

Bevor die Wahrnehmung von Petersburg in der neusten Zeit charakterisiert wird, ist es nötig, noch einmal zurückzugreifen und sich den Wortkünstlern zuzuwenden, welche

* *Tolstoi und Dostojewski*

** Anton Tschechow blieb ebenfalls gleichgültig gegen das Problem der Stadt als individueller Existenz. Zum Ende des 19. Jahrhunderts verlor die russische Gesellschaft jegliches Gefühl für die Persönlichkeit der Stadt. Bei Tschechow findet man nur flüchtige Bemerkungen, die Petersburger Sitten und Bräuche charakterisieren. So kann man bei ihm auf eine Skizzierung der Gestalt des Petersburgers stoßen. »Orlows Äußeres war das eines Petersburgers: schmale Schultern, eine lange Taille, hohle Schläfen, eine nicht definierbare Augenfarbe und ein trüb gefärbter Haarwuchs auf dem Kopf, am Bart und Schnurrbart. Sein Gesicht war kalt, abgegriffen und unangenehm«. (»Erzählung eines unbekannten Menschen«).

das Bewußtsein für die Bedeutung des geistigen Wertes von Petersburg bewahrt und eine Wiedergeburt der Liebe zur Stadt und eines Verständnisses ihrer Seele vorbereitet hatten.

Zu der Zeit, als die Stadt Peters gänzlich zu erlöschen schien, setzte eine unbemerkbare Wiedergeburt des Gefühls für Petersburg in der russischen Gesellschaft ein. *Fjodor Dostojewski* deckte in der Stadt, der prosaischsten auf dem Erdenrund, eine unsichtbare Welt voller Phantastik auf. Schon Gogol hatte auf diese Welt hingedeutet, und nach ihm in den vierziger Jahren *Apollon Grigorjew*. Dessen Darstellung von Petersburg ist außergewöhnlich breit und bedeutungsvoll, *sie deckt viele Momente im Bild des Nördlichen Palmyra aus der vorhergehenden Epoche ab und bestimmt in den Grundzügen und vielen Details den Zugang zur Stadt von Dostojewski und sogar Andrei Bely.*

Grigorjew sah sich, als er noch ganz jung nach Petersburg kam, in eine völlig andere Welt versetzt.

»Durch den Willen des Schicksals oder, besser gesagt, durch den unüberwindbaren Durst nach Leben wurde ich in eine andere Welt versetzt. Es war die Welt von Gogols Petersburg, dem Petersburg aus der Epoche seiner trügerischen Originalität.«* Hier wird die Frage über die Seele und die Geschichte der Stadt angesprochen. Dabei wird die ganze Kompliziertheit unserer Stadt berücksichtigt. »Um Petersburg gut kennenzulernen, ist es nötig, ihm sein ganzes Leben zu widmen, sich ihm mit Körper und Seele hinzugeben.«**

»Der Petersburger Gaffer« nimmt in seinem Ehrgeiz, die Seele der Stadt zu begreifen, alle Besonderheiten der

* »Moskau und Petersburg, Notizen des Gaffers A. Trismegistow« (*Moskovskij Gorodskoj listok*, 1847, Nr. 88)

** *Repertoire und Pantheon*, 1844, Teil 12

Stadt zur Kenntnis. Er besitzt ein ausgeprägtes Gefühl für das Individuelle. Diese erstaunliche Feinheit in der Wahrnehmung wirkte sich auch in dem gefährlichen, von den Wortkünstlern so entlarvten Thema über die weiße Nacht aus, dessen ganze Schwierigkeit Grigorjew gut verstand. »Es gibt in Petersburg eine Zeit, für die man ihm das Pflaster und den Regen und alles vergeben kann. Weder unter Italiens Himmel noch zwischen Griechenlands Ruinen, noch in Indiens Platanenwäldern, noch auf Südamerikas Llanos gibt es solche Nächte wie in unserem schönen Petersburg. Eine Unmenge von Dichtern besang und beschrieb unsere nördlichen Nächte, aber ihre Schönheit in Worten auszudrücken ist genauso unmöglich, wie den Duft einer Rose oder das Beben einer in der Luft erstarrenden Saite zu beschreiben. Kein Dichter vermag es, *das unbeschreibliche, geheimnisvolle Schweigen, das voll von Gedanken und Leben ist*, auszudrücken, *welches sich auf die schwer atmende Newa legt*, wenn ein schwüler Tag zu Ende geht, mit dem phosphoreszierenden Licht der leichten Wolken und des purpurnen Westens. Kein Maler vermag es, jene wunderbaren Farben und das Kolorit einzufangen, in denen der Himmel schillert, die sich im Fluß wie auf der Haut eines Chamäleons, wie auf den Facetten eines Kristalls, wie in der Polarisierung des Lichts widerspiegeln. Kein Musiker vermag es, jene mit tiefen Gefühlen durchdrungenen Laute in irdische Sprache zu vertonen, die von der Erde in den Himmel aufsteigen und in der Widerspiegelung am Firmament wieder auf die Erde sinken ...« Nach der Beschreibung der weißen Nacht bewertet Grigorjew den Petersburger Tag. *»Als hohes, ungelöstes Poem erweist sich der abgeschmackt-prosaische Tag Petersburgs.«* Diese Wahrnehmung verweist auf die Mystik des Alltagslebens.

Die Stadt lebt ihr rätselhaftes Leben, und der »Petersburger Gaffer« spürt ihr Atmen überall. Seine Wahrnehmung ist so geschärft, daß er den besonderen Charakter jeder Straße einfängt. »Die Petersburger Straßen unterscheiden sich eine von der anderen nachhaltig ... zumindest durch ihren Geruch.« Grigorjew vermerkte die spezifische Besonderheit von Petersburg, die aus der Fülle und der Mannigfaltigkeit der Brücken besteht. Sogar die Straßennamen erhalten für ihn eine Bedeutung.

»Eine sehr kennzeichnende Tatsache ist auch die Benennung der Petersburger Straßen und Gassen«.

Das Leben in Petersburg ist voll von »trügerischer Originalität«.

»In dieser neuen Welt blitzte für mich ein Lebensstreifen, ein gänzlich phantastischer, auf; über meiner moralischen Natur tauchte ein merkwürdiges *mystisches Wehen* auf – aber auf der anderen Seite lernte ich durch ihren ziemlich trüben Geruch und die ziemlich schmutzige Farbe ... die *merkwürdig abgeschmackte Welt* kennen.«*

Dies sind doch fast die genialen Worte Dostojewskis.

»Das ist alles dermaßen erbärmlich und prosaisch, daß es fast schon wieder phantastisch wird.«[51]

Diese schmutzige, merkwürdig abgeschmackte Welt lockt durch irgendeine merkwürdige Berückung fort vom heimischen Herd.

»Die einfach abgeschmackte leidenschaftslose Sehnsucht, die jedem wirklichen Petersburger einfach angeborene *Abneigung* des heimischen Herdes.«

Liest man diese Zeilen, wird man unwillkürlich an Wersilow mit seiner »fortstrebenden Liebe zur Familie« erinnert.

Die merkwürdige Stadt der doppelten Existenz sucht gleichsam nach Ruhe und Gleichgewicht in den geraden,

* »Moskau und Petersburg, Notizen des Gaffers A. Trismegistow« (*Moskovskij Gorodskoj listok*, 1847, Nr. 88)

fließenden Linien, die ihren beiden Elementen gleichermaßen fremd sind.

In dem Epitheton *regelmäßig*, das Grigorjew »in den Geographien, in denen Städte sehr passend mit einem Epitheton bezeichnet werden«, findet, sieht er einen wesentlichen Zug, um den Charakter der Stadt zu definieren: »Schaut, in welche erstaunliche Linie alle ihre Straßen gezogen sind! Wie geometrisch gleichmäßig die Umrisse ihrer Plätze und Aufmarschgelände sind! Wenn sich auch irgendwo auf der anderen Newaseite die Häuser ein wenig schief neigen, so neigen auch sie sich dennoch außerordentlich regelmäßig.«*

Diese vielgestaltige Stadt mit allen Gegensätzen weckt auch in Grigorjew *ein tragisches Gefühl*, und in diesem Gefühl findet er die Quelle einer tiefen Sympathie.

Noch einmal erscheint das Bild des Nördlichen Palmyra.

Natürlich liebe ich die große stolze Stadt,
mit ihren glänzenden Fassaden,
doch meine Liebe steht auf einem andren Blatt:
Nicht diese steinernen Arkaden
und die Verzierungen bewegen mein Gemüt.
Denn ich erkenne schmerzlich vage:
Unter der eisigen und harten Kruste glüht
hier eine tiefe, tiefe Klage.

Turgenjew stellt die »schwindsüchtige Röte« mit den abblätternden Häusern, mit den hohlen Fenstern zusammen. Grigorjew stellt diesem grauen, faden Bild ein Bild der alten Stadt der Kontraste entgegen. Sie ist die stolze Stadt,

* *Repertoire und Pantheon*, 1844, Teil 12. »Notizen eines Petersburger Gaffers«. Alle Zitate sind aus Blocks Artikel über Apollon Grigorjew entnommen.

voll von prächtigem Glanz, eingefaßt in jahrhundertealten Granit, aber die trauernde Seele erahnt in ihr ein schmerzhaftes Leiden. Und es scheint, als wollte die stolze Stadt ihre Qual unter der äußeren kalten Ruhe verbergen.

Unter der eisigen und harten Kruste ... Klage!

Dostojewski lernt diesen Schmerz kennen und gibt uns ein anrührendes Bild des schwindsüchtigen Mädchens aus den weißen Nächten, welches Petersburg personifiziert; gleichzeitig erlebt er auch das kühle, stumme Panorama, das sich von der Nikolai-Brücke eröffnet (*Schuld und Sühne*). Aber sogar Dostojewski war nicht in der Lage, dies *zu einem Bild des stolzen Leidens und der schamvollen Qual* zu vereinigen.

Und wenn sie auch den Sumpf gehärtet mit Granit,
und wenn sie auch die Fluten bannte,
und wenn sie auch ganz tief in ihrem Innern litt,
und wenn sie Freude übermannte,
und wenn der Strom zu ihren Füßen trägt
des Überflusses reiche Gaben,
ihr hat sich überall der Kummer eingeprägt,
hat sich die Sorge eingegraben.
Sind die Paläste auch bestrahlt vom hellen Licht,
erfüllt mit feierlichen Tönen,
es ist nur Tand, nur Tand! Dahinter schwindet nicht
der Menschen leiderfülltes Stöhnen.

In diesem Ausschnitt wurden alle gängigen Motive der ersten Hälfte des 19. Jahrhunderts ineinander verflochten. *Der nutzlose Triumph über die Elemente, der mit Blut gemischte Schweiß, den die Hauptstadt des Imperiums verschlang, und ein Gogolesker Abschluß: Alles ist Trug, alles*

Traum, alles nicht das, was es scheint. Die Wahrheit liegt nur in einem – im Leiden.

> Ich ahne überall das Leid: Ob ungeschmückt
> oder gehüllt in teure Seide:
> Das Leid hat jedem Ding sein Siegel aufgedrückt!
> *Die Dinge ähneln sich im Leide!*

Die durchsichtige »weiße Nacht« allein entlarvt in ihrem klaren Leuchten allen Betrug der Maskerade und bringt das wahre Antlitz ihres »schmerzhaften Leidens« zum Vorschein.

> Und ist die Stadt von jener Nacht erfaßt,
> in der sich keine Schatten zeigen
> und alles vage ist, da huscht vor mir in Hast
> ein ekelhafter Geisterreigen.
> Und wäre sie auch noch so ruhig und verklärt,
> die strahlend helle nächtige Stunde:
> Es ist die Ruh, an der ein schweres Siechtum zehrt,
> und die Verklärtheit einer Eiterwunde.[52]

* * *

Grigorjew skizzierte die Grundlinien, an die *Dostojewski* anknüpfte, als er die Seele des wiedergeborenen Petersburg aufdeckte.

Dostojewskis Wahrnehmung von Petersburg ist so tief und so kompliziert, daß man leicht einem Fehler erliegt, wenn man sich auf den einen oder anderen Text, der das uns betreffende Thema berührt, stützt. Wie widersprüchlich sind Dostojewskis Äußerungen über die nördliche Hauptstadt! Um sein Bild von Petersburg zu zeichnen, muß man mit einer besonderen Sorgfalt alle Gedanken, Gefühle und Wünsche zusammenstellen, die unsere Stadt im Romancier anregte, damit man die ganze Vielfalt erfaßt, mit der sich ihre Seele widerspiegelte.

Dostojewski versucht in flüchtigen Notizen über die Stadt (»Kleine Abbildungen« im *Tagebuch eines Schriftstellers*), eine *Charakterisierung der Architektur* von Petersburg zu geben. Wir können schon ahnen, daß keine wohlwollende Bewertung zu erwarten ist. Die Jahre, in denen sich die russische Gesellschaft für die strenge, harmonische Stadt begeisterte, sind in eine weite Ferne gerückt. Und sogar ihr genialer Bürger, ein Hellseher, war in dieser Hinsicht *hoffnungslos blind.* Dies zeigt nur ein weiteres Mal, wie organisch das Leben einer Gesellschaft ist, wie weit die Macht des Ganzen über seine Teile geht.

Dostojewski unterstreicht die *Charakterlosigkeit in der äußeren Erscheinung der Stadt*: »Überhaupt ist die Architektur von ganz Petersburg außerordentlich charakteristisch und originell und erstaunte mich gerade durch die ganze Charakterlosigkeit und Gesichtslosigkeit während ihrer gesamten Existenz. Charakteristisch im positiven Sinne, im eigentlichen Eigenen, sind in ihr wohl gerade mal die fauligen Holzhütten, die sogar auf den glanzvollsten Straßen neben den bombastischen Häusern übrigblieben und plötzlich unseren Blick verwundern, gleichsam ein Holzstapel neben einem Palazzo aus Marmor, und gerade in ihnen doch spiegelt sich die ganze Charakterlosigkeit der Idee, das ganze ablehnende Wesen der Petersburger Periode wider, vom ersten Anfang bis zum letzten Ende« (*Tagebuch eines Schriftstellers*: »Kleine Abbildungen«).

Auf diese Weise verurteilt Dostojewski gemeinsam mit den Slawophilen die Petersburger Epoche und sieht in der neuen Hauptstadt ihr Symbol und ihren Ausdruck. Nichts Eigenes, alles auf Schiffen mitgebracht, was von allen Enden fort zu dem reichen Hafen strebte. »In architektonischer Hinsicht ist sie eine Widerspiegelung aller Architekturen der Welt, aller Epochen und Moden, alles wurde allmählich übernommen und alles auf eigene Weise umgeformt«. Diese letzte Bemerkung ist völlig gerechtfertigt. Tatsächlich hat sich Petersburg nichts mechanisch angeeignet, sondern alles immer in Entsprechung zum eigenen Stil organisch verwandelt. Wie aber beurteilte Dostojewski diese wertvolle Eigenschaft? Alles, was in Petersburg in der Epoche seiner Entwicklung geschaffen wurde, erweist sich als armselige Kopie des römischen Stils, als pseudoerhaben, langweilig bis zur Unglaublichkeit, aufgezwungen und erfunden!

Wenn man diese Darstellung liest, möchte man Dostojewski liegen lassen und nicht weiter in seinem Werk nach Spuren Petersburgs suchen. Das aber wäre ein unverzeihlicher Fehler. Treten wir in das Petersburg von Dostojewski ein, so geraten wir in eine außergewöhnlich eigenständige, komplizierte und geistig reiche Welt. Schon in der Fortsetzung des oben angeführten Ausschnittes treffen wir auf Gedanken, mit denen wir uns gerne einverstanden erklären. Es handelt sich freilich auch hierbei um eine negative Äußerung, aber sie bezieht sich auf die letzte Bauperiode, die so barbarisch Petersburgs strenge Gestalt zerstörte. »Das ist die Architektur eines modernen riesigen Hotels – dies ist schon Geschäftstüchtigkeit, Amerikanismus, Hunderte von Zimmern, ein riesiges industrielles Unternehmen, sofort auch ist zu sehen, daß ebenfalls bei uns die Eisenbahn auftauchte und wir uns plötzlich als geschäftstüchtige Menschen verstehen«.

Diese industriellen Häuser sind jedoch einfach und offen merkantil, abgelöst wurden sie von dem allergeschmacklosesten Stil der Gegenwart. Es ist ein ununterbrochener *Niedergang von Generation zu Generation.*

»... Jetzt, jetzt weiß man wahrlich nicht, wie man unsere

jetzige Architektur bestimmen soll. Hier herrscht irgendeine Abgeschmacktheit, die im übrigen der Abgeschmacktheit der Gegenwart entspricht. Da haben wir die Vielzahl außerordentlich hoher (insbesondere hoher) Häuser ›zum Vermieten‹, die, so sagt man, außerordentlich dünnwandig und geizig erbaut wurden, mit einer bewundernswürdigen architektonischen Fassade: hier Rastrelli, dort spätester Rokoko, Dogen-Balkone und -Fenster, unbedingt œil de bœuf, und unbedingt fünf Etagen, und all dies in ein und derselben Fassade. ›Ja, ein Dogen-Fenster, Brüderchen, bau mir unbedingt herein, denn weshalb sollte ich schlechter sein als irgendeiner von deren lumpigen Dogen; nun, und so fünf Etagen zieh mir doch auch hoch, damit ich Mieter hereinnehmen kann; das Fenster soll sein, aber auch die Etagen sollen sein; ich werde doch nicht wegen der Spielerei auf das Kapital verzichten.‹«

Dieser Ausschnitt zeugt vom bekannten künstlerischen Gespür Dostojewskis, seiner Fähigkeit, das Leben der Gesellschaft mit deren Geschmack zu verbinden, *den architektonischen Ausdruck des Alltags zu finden.*

Und mehr noch, man kann nicht mit Sicherheit behaupten, Dostojewski habe nicht um die Erhabenheit von Petersburgs Schönheit gewußt. Einige seiner Beschreibungen lassen vermuten, er habe sogar den landschaftlichen Charakter von Petersburgs Architektur durchschaut.

Und trotzdem bleibt Dostojewskis Petersburg die *»düsterste Stadt«* auf der Welt. Dostojewski nähert sich dem Verständnis ihrer Seele in Entsprechung mit den Verfahren des künstlerischen Schaffens seiner Zeit: durch meisterhaft geschriebene Schilderungen des Alltäglichen.

So eine Ecke der Stadt beim Sennaja-Platz: »Die Hitze auf der Straße war fürchterlich, dazu die schwüle Luft, das Gedränge, überall lagen Kalk, Ziegelsteine, standen Baugerüste, überall war Staub und machte sich jener besondere

Sommergestank bemerkbar, der jedem Petersburger wohlbekannt ist ... Der unerträgliche Geruch aber aus den Schenken, die in diesem Stadtviertel besonders zahlreich sind, und der Anblick Betrunkener, denen man, trotz des Werktages, alle Augenblicke begegnete, vollendeten noch die widerwärtige und traurige Stimmung des Bildes.«[53]

Auf dem Weg zum Sennaja-Platz traf Raskolnikow einen schwarzhaarigen Leierkastenmann mit einem Mädchen in Krinoline, Mantille, Handschuhen und einem Strohhut mit einer feuerroten Feder; alles war alt und abgetragen; sie sang mit einer klirrenden, aber angenehmen Stimme. Raskolnikow liebte es, »wenn zu einer Leierkastenmelodie gesungen wird an einem kalten, dunklen und feuchten Herbstabend, unbedingt an einem feuchten, wenn alle Vorübergehenden blaßgrüne und kranke Gesichter haben; oder noch besser, wenn ein nasser Schnee kerzengerade, ohne Wind, niederfällt, wissen Sie, und die Gaslaternen hindurchschimmern«[54]. Diese Motive sind uns durch unsere Kenner des Alltagslebens aus der »Physiologie der Stadt« vertraut, aber wie angespannt und erbebend erklingen sie hier!

Diese Neigung zur Physiologie ist bei Dostojewski so groß, weil sein Blick durch sie zum geheimnisvollen Kern der Stadtseele dringt. Dadurch öffnet Dostojewski eine neue Seite in der Geschichte der Wahrnehmung von Petersburg.

Wersilow bekennt dem Jüngling: »Ich liebe es zuweilen, aus Langeweile ... aus schrecklicher seelischer Langweile ... mich in gerade solche Kloaken zu setzen. Diese ganze Einrichtung hier, diese meckernde Arie aus der ›Lucia‹, dazu diese Kellner mit ihrer fast schon unanständigen russischen Tracht, dieser Tabaksqualm, dieses Geschrei aus dem Billardzimmer – das ist alles dermaßen erbärmlich und prosaisch, daß es fast schon wieder phantastisch wird.«[55]

Angespannt und unverwandt betrachtet Dostojewski die Gestalt der Stadt; der traurige, kranke und kalte Anblick erschreckt nicht, sondern zieht den Geisterseher an, und er beginnt, durch die abstoßende Hülle hindurch die »anderen Welten« zu schauen. In einem ähnlichen Wirtshaus »machen sich die Brüder bekannt« und werden Gespräche zwischen den »grünen Jungen« geknüpft, in denen die »quälenden alten Fragen gestellt werden, über die hunderttausende von Köpfen in die Runde gingen, sich zermarterten und schwitzten« (Tjutschew, »Fragen«, seine Übertragung von Heine).

So tief und bedeutungsvoll ist die Petersburger Prosa, in der Dostojewski so viel erblickte! Die phantastische *unwirtliche Nacht* von Petersburg, wenn »uns der Abgrund mit seinen Ängsten und seiner Finsternis entblößt wird« (Tjutschew), zerreißt bereits alle Schranken zwischen uns und der die Geheimnisse bergenden Seele der Stadt.

In einer solchen modrigen Petersburger Nacht erinnerte sich der Lüstling Swidrigailow im schmierigen Hotel an das Mädchen mit der engelhaft reinen Seele, die »in der dunklen Nacht, in der Finsternis, der Kälte, beim feuchten Tauwetter, als der Wind heulte«, frech geschändet wurde. Auch jetzt nun wehte ein starker Wind – inmitten der Finsternis und Nacht ertönte ein Kanonenschuß, ein zweiter folgte.

»Ah, das Signal! Das Wasser kommt – dachte er –, gegen Morgen wird es dort, an den tieferen Stellen der Straße hervorströmen, in die Keller und Vorratsräume fließen, die Kellerratten werden auftauchen, und in Regen und Wind werden die Menschen beginnen, fluchend, naß, ihren Kehricht in die höheren Stockwerke zu schleppen.« Die Nacht, voller ungeheuerlicher Alpträume, ließ Traum und Wirklichkeit in eines zusammenfließen. Der Morgen brach an. »Ein milchiger, dichter Nebel lag auf der Stadt.«[56] Auf dem

Weg zu den feuchten Büschen der Peter-Insel, beim Feuerwachturm erschoß sich Swidrigailow…

Ein anderer Held von Dostojewski, der Beamte mit der »erschrockenen Seele« – Goljadkin –, findet in der unwirtlichen Nacht seinen Doppelgänger. »Von den Türmen der Stadt schlug es gerade Mitternacht… Das Wetter war grauenvoll – eine Petersburger Novembernacht: naß, neblig, dunkel … Der Wind heulte durch die menschenleeren Straßen und über den Kanal, daß das schwarze Wasser in der Fontanka bis über die Ringe an der Quaimauer stieg, rüttelte eilig an den spärlichen Laternen, die auf sein Pfeifen mit leisem Kreischen und Knarren antworteten … es schüttelte Herr Goljadkin den Schnee von sich ab, der schon mit einer dicken Schicht seinen Hut und Kragen, die Schultern und Stiefel bedeckte, – doch jene seltsame Empfindung, jene dunkle Beklemmung konnte er noch immer nicht von sich wegstoßen, nicht von sich abschütteln. Irgendwo fern fiel ein Kanonenschuß. ›Das ist aber ein Wetter‹ dachte unser Held, ›hu! wenn es nicht noch eine Überschwemmung gibt? Das Wasser muß doch schon bedeutend gestiegen sein …‹ Kaum hatte Herr Goljadkin das gedacht, als er nicht weit von sich einen Menschen erblickte, der ihm entgegenkam.« Der Unbekannte verfolgt ihn. Es stellt sich folgendes heraus: »Sein nächtlicher Freund aber war niemand anders als er selbst – ja: Herr Goljadkin selbst – mit einem Wort und in jeder Beziehung war er sein eigener Doppelgänger!«[57]

Vor dem Hintergrund der unwirtlichen Nacht vollzieht sich die Bloßlegung der *nächtlichen Seite der Stadtseele*, die den einen Helden zum Wahnsinn, den anderen zum Selbstmord treibt. Der vertiefte Realismus deckt den Untergrund der Seele des Menschen auf, den *Untergrund der Stadt*.

Das Bild von Petersburg wäre unvollständig geblieben, hätte Dostojewski nicht *das Motiv des Verstorbenen* eingeführt und es in einer ganzen alptraumartigen Symphonie, in einen Danse macabre weiterentwickelt. Einer seiner namenlosen Helden, in der Erzählung »Bobok«, zog los, um sich zu vergnügen und geriet auf eine Beerdigung. Dort auf dem Friedhof – »Ich warf auch einen Blick in die offenen Gräber – schrecklich: Wasser, und was für ein Wasser! Ganz grün und ... aber wozu davon reden! Der Totengräber mußte es immer wieder mit der Schöpfkelle herausschöpfen«. Es versteckte sich hier die feindliche Kraft, memento mori Petersburgs. Er blieb lange auf dem Friedhof, legte sich auf einen langen Stein in Form eines Marmorsarges und hörte dumpfe Töne, als würden Münder mit Kissen zugedrückt. Dies waren die Toten, die sich im grünen Wasser liegend unterhielten. Das seelische Verfaulen stinkt noch übler als das leibliche Verfaulen. Die Söhne und Töchter von Petersburg setzen ihre Vanitas vanitatum auch in ihrer Existenz unter der Erde fort, mit nur dem Unterschied, daß sie hier jegliche Scham abwerfen können. »›Ach schneller, schneller doch! Ach, wann werden wir denn endlich anfangen, uns nicht mehr zu schämen!‹«[58]

Dergestalt ist der Untergrund der Stadt.

Dostojewski fühlt nicht das Leben innerhalb von Familienbanden. *Nirgendwo gibt es die Wärme des heimischen Herdes.* Es gibt keine Familie, die durch Liebe zu einem Ganzen zusammengeschweißt wäre. Nirgendwo erklingt die zärtliche Melodie des »Heimchens auf dem Ofen«.

Es gibt Liebe zu Kindern, aber nicht die familiäre, sondern die christliche Liebe zu »diesen Kleinen«. Es gibt eine Liebe zur Familie, aber sie ist irgendwie einsam. Alle lieben sich gegenseitig, aber sind außerstande, sich zu etwas Gemeinsamem zu verbinden. *Das Leben ist auf der Straße konzentriert*, über der immer irgendein Geheimnis schwebt, irgendwer Unbekanntes gleichsam aus dem undurchsichtigen Nebel herausschaut, des Helden Seele mit dem Wissen seines Geheimnisses sticht und in den endlosen Petersburger Räumen verschwindet; im *Wirtshaus*, wo hell ein Gedanke auflodert oder irgendeine Saite in der Seele eines merkwürdigen Menschen erzittert, schließlich im *Gastzimmer*, auf der elektrisierten Szene der »Exaltation« oder des einfachen Skandals. Und wenn uns auch irgendwo ein Bild im »Hausinnern« begegnet, tiefer als im Gastzimmer, in der Kammer, so wird es voll von heftigem Leiden sein, wenn nicht von schaudererregender Wut, die bis zur Wollust geführt wird. Die Stadt im Sumpf. *Das Leben auf dem Sumpf, im Nebel, ohne Wurzeln, die tief in die lebensspendende Mutter Erde gehen würden. Keine Wurzeln, und die Seele der Stadt löst sich auf. Alle sind getrennt, irgendwelche herumirrenden Moorlichter*, ob sie hassen oder lieben, immer quälen sie sich gegenseitig, sie sind unfähig, in ein organisches *Ganzes* zusammenzukommen. *Alle sind in sich*, in den unüberwindbaren Grenzen ihrer tiefen und bedeutungsvollen Seelen, die in der Finsternis und Kälte schmachten. *Irgendeine düstere Wolke.*

Es ist ein »*Unglück …, in Petersburg zu leben, in der abstraktesten und vorbedachtesten Stadt der ganzen Welt*«[59].

Petersburg bleibt wie von der Idee seines Gründers, die nicht in der Wirklichkeit realisiert wurde, abgetrennt. Der wundermächtige Bauherr verzauberte die finnischen Sümpfe, und es entstand über ihnen eine Luftspiegelung, in der sich die lebendige menschliche Seele in ein leidendes Gespenst verwandelt, sie wird ebenso ausgedacht und abstrakt.

»In diesem Nebel ist mir hundertmal die sonderbare, zudringliche, durch nichts zu verscheuchende Vorstellung gekommen: ›Wie aber, wenn dieser Nebel verflöge und in die Höhe stiege? – würde dann nicht mit ihm zusammen auch diese ganze modrige, sumpfige Stadt emporsteigen und wie Rauch verfliegen? – und was zurückbliebe, wäre dann nur der frühere finnische Sumpf, und mitten in ihm, meinetwegen als Schmuck, der Eherne Reiter auf dem heißschnaubenden überjagten Pferde.‹«

Was aber ist dies – eine Vision oder einfach ein Traum?

»Da hasten und eilen sie nun alle hin und her und mühen sich ab, aber wer weiß, vielleicht ist das alles nur ein Traum von irgend jemand, und es gibt hier nicht einen einzigen leibhaftigen, wirklichen Menschen, nicht eine einzige wirkliche Handlung? Irgend jemand, dessen Traum dies alles ist, wird plötzlich aufwachen – und alles wird dann jäh verschwunden sein ...«[60] Dostojewskis Schlußfolgerung ist klar: Der Petersburger Morgen, der als der prosaischste auf dem ganzen Erdenrund erschien, erweist sich nachgerade als der »allerphantastischste auf der Welt«.

Wegen dieser Petersburger Phantastik auch flocht sich in Dostojewskis Haß eine vielsehende Liebe. Feinfühlig nahm er die zerbrechliche und feine Seele Petersburgs im Frühling wahr und wärmte das skizzierte Bild mit einer heißen Sympathie. »Es liegt etwas unsagbar *Rührendes in unserer Petersburger Natur*, wenn sie *im Frühling erwacht* und plötzlich ihre ganze Macht offenbart und alle ihr vom Himmel verliehenen Kräfte entfaltet: wenn sie sich mit weichem Laub umhüllt und mit bunten Blumen schmückt ... Dann erinnert sie mich unwillkürlich an *ein sieches Mädchen*, auf das man zuweilen mit Bedauern, zuweilen mit einer seltsam mitleidigen Liebe blickt oder das man zuweilen auch überhaupt nicht bemerkt, das dann aber plötzlich, auf einen Augenblick und ganz unverhofft, nahezu märchenhaft schön wird, so schön, daß man bestürzt und berauscht vor ihr steht und sich verwundert fragt: welche Macht hat in ihren traurigen, verträumten Augen dieses Leuchten erweckt? Was hat das Blut in ihre bleichen, abgezehrten Wangen getrieben und läßt nun diese zarten Züge tiefe Leidenschaft widerspiegeln? Weshalb hebt sich ihre Brust? Was hat so plötzlich Kraft, Leben und Schönheit in das Antlitz des armen Mädchens gebracht, daß es in süßem Lächeln erglänzt und zu sprühendem Lachen fähig wird? Und man sieht sich im Kreis um, man sucht jemand, man beginnt zu ahnen, zu erraten ... Doch der Augenblick ist vergänglich; vielleicht morgen schon werden wir wieder dem zerstreuten, verträumten Blick begegnen, wie früher, und werden wieder das blasse Gesicht wahrnehmen und dieselbe Ergebung und Schüchternheit in den Bewegungen und sogar so etwas wie Reue, sogar Spuren eines lähmenden Kummers und Ärgers über dieses kurze Aufleben ... Und es tut einem leid, daß die Schönheit so schnell und unwiderruflich verwelkt ist, daß sie so trügerisch und vergeblich vor einem geleuchtet hat – leid, weil man nicht einmal Zeit gehabt hat, sie liebzugewinnen ...«[61]

In der weißen Nacht rührte der trauervolle Petersburger Anblick Dostojewskis Seele, aber er konnte seine Beziehung nicht dauerhaft festlegen, häufig müssen wir harte Worte über die tragische Stadt vernehmen.

Dostojewski versengte seine Seele an der vermeintlich »kalten« Stadt. Sein Gefühl für Petersburg ist vielseitig und läßt sich nur schwer analysieren.

Jedoch charakterisierte er nicht nur die Seele der ganzen Stadt, sondern er *beschrieb auch einzelne Winkel* und deren besondere »Genien«.

»Aber ich habe in Petersburg auch *einige glückliche Orte*, ich meine solche, wo ich einmal aus irgendeinem Grunde glücklich gewesen bin; diese Orte meide ich vorläufig: Ich will sie erst später, wenn ich schon ganz einsam und unglücklich sein werde, wieder aufsuchen, um dann dort trauern und mich den Erinnerungen hingeben zu können.«[62]

In den »Hellen Nächten« wird so ein Winkel gezeigt. Ein älteres Häuschen wird wie ein »nichtmenschliches Wesen« gezeichnet.

»Und niemals werde ich die Geschichte mit dem kleinen allerliebsten hellrosa Häuschen vergessen! Es war solch ein reizendes Häuschen, so freundlich sah es mich immer an und so stolz war es auf seine Reize unter den plumpen Nachbarn, daß mein Herz jedes Mal lachte, wenn ich an ihm vorüberging. Plötzlich, in der vorigen Woche, wie ich in die Straße einbiege und nach meinem kleinen Liebling hinsehe – höre ich ein jammervolles Wehklagen: ›Man tüncht mich gelb!‹ Diese Barbaren! Diese Bösewichte! Nichts hatten sie verschont: weder die Säulen noch die Karniese! Mein kleiner Freund war jetzt in der Tat gelb, gelb wie ein Kanarienvogel.«[63]

Hier begegnet uns erstmals ein Moment der Freundschaft mit der Stadt, wir lernen die Möglichkeit kennen, sich intim mit dem Geist des Ortes auszutauschen.

Und trotzdem, ungeachtet aller Errungenschaften Dostojewskis, die ein neu erwachtes Verständnis für Petersburg voraussagten, und der bewußten Liebe zur Stadt, blieb unserem Romancier *ihr granitenes Antlitz und ihr steinerner Körper fremd.*

»Der Himmel war ohne die geringste Wolke und das Wasser fast blau, was bei der Newa so selten vorkommt. Die goldene Kuppel der Kathedrale, die sich von nirgendwoher schöner ausnimmt, als von der Brücke (der Nikolai-Brücke [Einfügung von Anziferow]) gesehen, leuchtete förmlich, und durch die reine Luft konnte man sogar jede ihrer Verzierungen deutlich erkennen«.

Hier ist die Landschaft der Stadt so deutlich umrissen, daß man annehmen könne, Dostojewski gäbe sich der Puschkinschen Begeisterung hin, aber »eine unerklärliche *Kälte* wehte ihm stets von diesem großartigen Rundblick entgegen; für ihn war dieses prachtvolle Bild wie von einem *stummen* und *tauben* Geiste erfüllt«[64].

Die Zeit war noch nicht gekommen, in der die Stadt ihre Stimme gebieterisch erheben und ihren Bewohnern die Augen auf ihre unvergleichliche, einmalige Schönheit öffnen wird, aber Dostojewski bereitete diese Wiedergeburt vor, indem er den Blick auf die Seele Petersburgs vertiefte und bereicherte.

* * *

Eine ganz besondere Gruppe bilden in der Geschichte der Wahrnehmung Petersburgs die feinfühligsten Dichter – die Lyriker. Unter ihnen versiegte zu keiner Zeit die Fähigkeit, Peters Stadt zu erfassen. Sie waren imstande, dem tiefen Bild von Petersburg einige Schattierungen zu geben. Fürst *Wjasemski* beschreibt 1841 die Petersburger Nacht:

Wie beglückend,
wie entzückend
ist die wunderbare Nacht!
Voll Amouren,
so lazuren,
eine nordisch stille Pracht!
Nach der Schwüle ruht in Kühle
die Natur und schlummert mild.
Ob ich solche Lindrung fühle
am Elysischen Gefild?
(...)
In saphirnen frischen Gluten
sieht man alle Lüfte glühn.
Badend in den sanften Fluten,
werden alle Inseln grün.[65]

Die Nacht auf der Newa gestaltet den Inhalt aller Petersburger Gedichte von *Tjutschew*. Alle Eindrücke des Lebens sind vom Alltagsgeschehen gereinigt und in die selbstgenügsame Welt der Poesie übertragen. Das in diese Welt eingeführte Petersburg wird durchsichtig.

Am Rand der Newa steh ich wieder
Und blicke, *wie sooft vorher*,
Auf ihre trägen Wasser nieder,
Als ob ich noch am Leben wär'.
Blaugrau der Himmel, keine Sterne,
Alles ist still und *fahl die Welt*,
Nur auf dem Flußlauf weltenferne,
Des Mondes Schein herniederfällt.
Ist es mir so, als ob ich träume?
Seh ich die Wirklichkeit vor mir,
Darauf ich einst, beim Mondenscheine,
Im Leben hab geschaut mit dir?[66]

Die Bilder von Petersburg verbanden sich eng mit dem persönlichen Leben des Dichters. Sie flochten sich in seine Vergangenheit hinein. Petersburg wird als Hintergrund für denkwürdige Ereignisse eingeführt. Wenn er seine Erinnerungen anrührt, so ruft Tjutschew Bilder unserer Stadt hervor. Die Nennung von Petersburg führt in die Welt des Vergangenen und bringt das verlorene Leben zurück.

Darauf ich einst, beim Mondenscheine,
Im Leben hab geschaut mit dir?

Fürst Wjasemski stellt sich die Nacht an der Newa als Elysiums Gefilde, durchtränkt von Ruhe und Illusion, vor. Tjutschew fühlt sich ebenfalls, wenn er in die Schattenwelt taucht, dem Leben entrückt.

Wieder taucht der Stern hernieder
In der Newa krause Bahn,
Ihr vertraut die Liebe wieder
Den geheimnisvollen Kahn.
Zwischen Wellengang und Sternen
Gleitet er dahin *im Traum,*
Und zwei Schatten sich entfernen
Mit ihm in den weiten Raum.
Ob sich Kinder wohl vergaßen?
Ihnen nächtlich Spiel gefällt?
Wollen Glückliche verlassen
Schon den Frieden dieser Welt?
Die du üppig schäumst, du Welle,
Strömend wie der Ozean,
Berge du in deiner Hülle
Den geheimnisvollen Kahn![67]

Die trügerische Stadt ist ein Elysium der Schatten! »Zwei glückselige Schatten«, »die irdische Welt verlassend«, gleiten »im geheimnisvollen Kahn« »wie im Traum« »zwischen Wellengang und Sternen« auf der »üppig schäumenden Welle«, »strömend wie der Ozean«. Die *Nacht an der Newa* ist das Hauptmotiv in den Petersburger Strophen Tjutschews. Seine Lyra hallt nicht nur von den weißen Nächten wider, auch von der toten Ruhe des winterlichen Flusses, der von Eisschollen bedeckt und dem granitenen Ufer eingezwängt ist, wenn die Fäden aus Schneestaub unter dem schweren Himmel wirbeln, den die vorzeitige Finsternis zurückdrängt.

Et bercée aux lueurs d'un vague crépuscule,
Le pôle attire á lui sa fidèle citè.

Und schließlich Strophen, die in dem uns schon bekannten Motiv münden:

In des Südens Glut geschwind …

Diese Strophen sind dem gleichen Thema gewidmet:

Siehe, in der Newa Licht
Der Isaak-Kathedrale
Goldner Kuppeldom durch fahle,
Frosterstarrte Nebel bricht!
Auf zum Himmel steigen leise
Wolken, winterlich umnachtet,
Und im Todesschlaf entmachtet,
Blinkt der Fluß, bedeckt vom Eise.[68]

Als Antwort auf Turgenjew gibt Afanasi Fet eine Beschreibung der »hellseherischen«, »gänzlich unverhüllten« Frühlingsnacht.

Poet! Du fragst, warum wir beide immer noch
Trotz allem unsere Heimat lieben?
Weshalb wohl droht, wenn wir von ihr getrennt,
Das Herz uns bis zum letzten Tropfen auszubluten
Vor Sehnsucht nach ihrer Schönheit ohne End?
Was macht es schon, daß unser Frühling kurz und spät
kommt, –
Allein wenn er einmal kommt:
Sind dann nicht blauer noch und noch verträumter
Die Augen, göttlich gar in weisser Nächte Dauer,
Grüner noch, schier ungeheuer des Frühjahrs süße
Schauer …
Erst gestern ging ich längst der Newa nachts spazieren
Und seh sie noch die purpurgoldnen Wolken:

Unmöglich war es, klar zu scheiden, war jener helle
Schein
Vielleicht noch Dämmerung, Abend und ein letztes
Winken –
Oder doch bereits das Morgengrauen, der Sonne frühes
Blinken?
Als sei am lichten Tag sie plötzlich eingeschlummert,
So ruhte sie, die Residenz des Nordens,
Im Zauber ihres Schlafes noch unwandelbar und stolz.
Und über ihr, von Geist erfüllt, spazierte bleich die Nacht,
Einer Hellseherin gleich hielt sie der Kapitale Wacht.
Ich glaubt es kaum, doch Blicke ließen mich erkennen,
Als gleißten sie entlang am reinen Blau,
Der Schiffe Eigner dort an jener fernen Reede, –
Bewegungslos und glatt das Wasser, als wärs ein
Wiedersehn,
Sah ich im Newaspiegel Myriaden bunter Fahnen wehn.
Dumpf hämmerte es – in der Brust regte sich Schmerz,
Da im Flug des Gedankens ich dich traf, Freund:
Glaub es mir, kaum je vermöchte der Süden, lüstern,
In seinen glühendsten Umarmungen uns, wie diese
Nächte,
Gänzlich unverhüllt, ein süßres Glück zu flüstern![69]

Eng an Dostojewskis Bilder schließt sich die dichte Darstellung von *Polonski* aus »Die weiße Nacht« an, die Petersburgs Panorama aus *Schuld und Sühne*, das von einem stummen und tauben Geist umfangen ist, wiedergibt.

Über die Newa zieht, ganz bleich und schattenlos,
die weiße Nacht dahin. Von ferne sieht man bloß
ein goldnes Kuppeldach über den Säulen glänzen,
wie gleicht es *den bestrahlten Totenkränzen.*
Der Himmel stumm und kalt …[70]

Die weiße Nacht wird zum unerläßlichen Hintergrund für die Beschreibung Petersburgs. In ihrer Beleuchtung deckt sich gleichsam die Seele der Stadt auf, treten alle ihre individuellen Züge schärfer hervor. In ihrem stillen Glanz erringt Peters Stadt leichter die Macht über die Seelen.

Ende des 19. Jahrhunderts blicken die *Dichter*, die sich Petersburg zuwenden, durch Dostojewskis Prisma auf die Stadt.

> Ich habe das Gefühl, die prächtigen Paläste,
> sind, ähnlich dieser Nacht, ein vages Schattenbild.
> Und immer deutlicher und stärker wird mein Ahnen:
> Der Himmel öffnet sich mit einem mal vor uns,
> und all die steinernen und stummen Karawanen
> zergehn am Horizont wie blasser Nebeldunst.[71]

Hier kleidet *Konstantin Fofanow* das unmittelbare Bild Dostojewskis in Gedichtform. Die phantastische Stadt ist bereit, sich in Rauch aufzulösen, wie der Morgennebel.

Auch bei *Allegro* ist Petersburg die Stadt der Nebel und Träume, mit einer ungeheueren, unklaren Masse schwerfälliger Paläste, die sich in der kalten Newa spiegeln, eine kranke Stadt mit einem hastigen Leben.

> Unfreundliche, geliebte Stadt,
> Du quälst mich wie ein Traum.*

Für P. Ja. (*Petr Jakubowitsch*) ist Petersburg die Stadt »der kalten Finsternis und Sehnsucht«, die der Dichter mit einem heimlichen Schrecken betrachtet. Wo »rätselhaft geheimnisvoll die bleichen Schatten schlingernd wehen … jemandes Stöhnen tönt … Wirklichkeit oder Traum«.

* »Petersburg«

Prächtig ist diese Stadt mit der Schar der Palastgiganten vor dem Angesicht des stolzen Flusses, der drohend gegen die Granitmauern schlägt, die Stadt mit den Labyrinthen aus regelmäßigen Straßen und massiven Plätzen. Wunderbar ist sie im weißen Leichengewand der Frühlingsnacht, entblößt von Farben und Liedern. Und P. Ja. bekennt seine Liebe zu »dieser Stadt der monotonen Schönheit, der stillen Traurigkeit über den erhellenden Strahl«.

Ach, mit einer krankhaft leidenschaftlichen Liebe
Liebe ich diese unglückliche Stadt.*

Die beharrliche Wiederholung dieser Bilder zeugt nicht von der Armut der künstlerischen Vorstellungskraft. Es gibt in dieser Gleichförmigkeit einen Rhythmus, der auf die Tiefe des Erlebten verweist. Diese Hinwendung zu ein und denselben Ideen und Stimmungen von Dichtern mit verschiedenen Individualitäten, die verschiedenen Schulen angehören, spricht von der fraglosen Objektivität des Petersburgbildes, welches die Künstler des russischen Wortes entwarfen.

VI

Allmählich konnte die nördliche Hauptstadt wieder mit Liebe und Verständnis rechnen. In den ersten Jahren des zwanzigsten Jahrhunderts bis zur Weltkatastrophe zog Petersburg mannigfaltiges Interesse auf sich. Ganz unterschiedliche Aspekte spielten dabei eine Rolle. Es gab nur einen Punkt, den alle teilten: *die Anerkennung von Petersburgs Bedeutsamkeit.* Die verschiedenen Richtungen sollen erst nach einer Eingruppierung erörtert werden. Vorweg läßt sich feststellen, daß *das Interesse an der äußeren Ge-*

* »Die Märchenstadt«

stalt der Stadt in Verbindung mit dem Interesse für ihre Architektur *wiedererstand.*

Hier ist nicht der Ort, um sich mit der schwierigen Frage auseinanderzusetzen, welche Gründe zur *Wiedergeburt des Geschmacks in der Architektur* führten. Diese Frage ist nicht nur mit Erscheinungen der russischen, sondern der gesamteuropäischen Kultur verbunden und kennzeichnet den Eintritt der europäischen Völker in die synthetische Epoche der Reife, die von dem kommenden goldenen Herbst Europas kündet. Für uns ist es wichtig, die erfreuliche Erscheinung zu vermerken, daß Petersburgs großer architektonischer Wert aufgedeckt und sein steinerner Körper wiedergeboren wurde. Ohne diesen Prozeß hätten wir die Fülle des Bildes unserer Stadt nicht erlangen können, wir hätten nicht einmal den Inhalt ihrer Seele angemessen erkennen können, da ein bedeutender Anteil in der architektonischen Landschaft der Stadt enthalten ist. Der Genius loci wird erst dann in einer verständlichen Sprache zu uns sprechen, wenn wir uns hineinvertiefen, sein steinernes Heiligtum zu erfassen. Man kann sogar sagen, daß wir die Petersburg gewidmeten Gedichte von Derzhawin und Puschkin vorher nicht befriedigend verstehen konnten. Die geistige Arbeit, die in den dreißiger Jahren hoffnungslos dahingeschwunden zu sein schien, wurde erneuert. Als erste regten sich die bildenden Künstler. *Alexander Benois* charakterisiert in seinem bedeutenden Artikel in der »Welt der Kunst«* die Seele der Stadt, indem er sich auf eine Bewertung ihres steinernen Körpers stützt. Dieser Artikel zieht eigentlich ein Fazit aus allem, was in der Geschichte des Petersburgbildes durchlebt wurde. Vor uns liegt die nördliche Hauptstadt, hinter der das große Imperium zu spüren ist.

* *Mir iskusstva*, 1902, Nr. 1

»Für das alte, große, gute, schlampige Mütterchen Rußland ist Petersburg immer noch, nach zweihundert Jahren, ein fremder, unverständlicher und sogar verhaßter Sergeant – kein gutmütiges Onkelchen, sondern ein Komißkopf mit Stock, aber für jeden, der nicht auf das unzufriedene Murren der zerfallenden Alten hören möchte, die ihren schweren, aber auch süßen Schlummer so furchtbar liebt, *verwandelt sich dieser Sergeant in einen weisen, schrecklichen, aber fesselnden Genius*, der wachsam mit seinem hellen kalten Blick alles verfolgt, was auf der weiten Welt vorgeht. Selbstverständlich wird es noch lange ein Rätsel bleiben, warum die Alte nicht einen Nachtwächter brauchte, sondern einen solchen Genius, auch warum man von dem kalten, furchtbaren Blick trotzdem angezogen wird, warum man auch in diesem kalten Blick eine *große, wunderbare und sogar geliebte, der Liebe würdige Gottheit spürt.*«

Benois erklärt nicht, warum diese Gottheit mit dem kalten, furchtbaren Blick (nicht etwa der Eherne Reiter?) anziehend, warum sie groß, wunderbar und der Liebe würdig erscheint. Nicht vielleicht darum, weil ihr tragisches Gesicht vom Widerschein des titanischen Kampfes und der großen Anstrengung erleuchtet ist, weil das drohende Gespenst des Untergangs einen apokalyptischen Schatten auf sie wirft?

Wieviel mußte die russische Gesellschaft durchleben, um erneut den Ehernen Reiter zu lieben! Das Bild von der Stadt des tragischen Imperialismus wurde erneut im Bewußtsein der russischen Gesellschaft erhellt. Kompliziert ist ihre Seele, voller Widersprüche. Dies sahen alle, die zu sehen vermögen. Aber Benois führt das Helldunkel zu einem scharfen Kontrast. Einerseits gibt es »in Petersburg genau jenen römischen, strengen Geist, den Geist der Ordnung, den *Geist des formal vollkommenen Lebens* (erinnern wir uns an die regelmäßige Hauptstadt bei Grigorjew), unerträglich für die allgemeine Schlamperei, aber unbestritten nicht ohne Reiz«. Weiter vergleicht Benois es mit einem Senator, der in seine mit Purpur besetzte, in breiten geraden Falten fallende Toga gekleidet ist, übervoll von »gravitas«. Andererseits sei es tatsächlich die *allerphantastischste Stadt.* »In dieser Prüderie, in diesem, so scheint es, philisterhaften guten Ton gibt es sogar etwas ›Phantastisches‹, ein Märchen vom klugen und nicht gutmütigen Zauberer, dessen Wunsch es gewesen war, eine ganze Stadt zu erschaffen, in der statt lebendiger Menschen und eines lebendigen Lebens Automaten agieren würden, die tadellos ihre Rolle spielten (erinnern wir uns an Gogol und Odojewski), *eine grandiose, aber schwächer werdende Triebfeder.* Das Märchen ist recht düster, aber es ist nicht restlos unangenehm.«

Indem er den psychologischen Hintergrund zeichnet, gibt Benois eine feinsinnige Beschreibung der eigentümlichen Schönheit, die den architektonischen Stil des alten Petersburg ausmacht.

Auch die Physiologie der Stadt interessiert ihn, jedoch wählt er nicht den Alltag, sondern die *Feste*, in denen er reiches Material sieht, um das Gesicht der Stadt zu charakterisieren. In einigen hervorragenden Skizzen, die an den entsprechenden Tagen auf den Seiten von *Die Rede* (der Jahre 1915–1916) erschienen, beschrieb er Weihnachten, Neujahr, Fastnachtswoche, Karwoche und Ostern, und überall erklingt: »Ich lieb dich, Peters Werk, vor allen.«

Auf den Spuren von Benois verfaßt ein anderer Künstler, *Igor Grabar*, erstmals eine *Geschichte der Petersburger Architektur**, in der er den großen künstlerischen Reichtum

* *Geschichte der russischen Kunst*, Bd. III: *Die Petersburger Architektur im 18. und 19. Jahrhundert* (Verlag »Knebel'«)

des Nördlichen Palmyra und des Gestirns Trabanten, die es umgebenden »Paradiese« – Peterhof, Zarskoje Selo und Pawlowsk –, aufdeckt. Er zeigt das grandiose Ausmaß der architektonischen Entwürfe, berichtet auch über Pläne, denen keine Realisierung vergönnt war, die aber zur Charakterisierung dessen, was verwirklicht wurde, beitrugen. Schließlich werden die Bauherren, deren Individualität das künstlerische Schöpfertum der nördlichen Hauptstadt prägte, vorgestellt.

*Georgi Lukomski** stellt sich das Ziel, die Zuneigung zu zweitrangigen, *»intimen, verwahrlosten Ecken« der lieben alten Zeit* anzuregen. Diese sind zwar »nicht so nötig wie erstklassige Anlagen, sie sind aber nötig für die Gesamtheit des ganzen Bildes, nötig wie Chorsänger, wie Musikanten, wie Statisten in der Gesamtinszenierung einer Oper«. Macht man sich mit ihnen bekannt, so »kann man sehen und beschämt über die zugrundegehenden Gebäude sein, die beschädigten kann man bedauern und die erhalten gebliebenen liebgewinnen, diese lieben Reste einer vergangenen blühenden Epoche, als die Menschen in der Lage waren und den Wunsch hatten, alles, was sie zu bauen hatten, schön zu bauen: Paläste, Kirchen, Mietshäuser, Villen, Brücken, Torbögen, Scheunen und Lauben ...«

Aber Lukomski war nicht in der Vergangenheit verfangen, sein ästhetisches Empfinden wurde nicht nur aus der »wunderbaren Ferne« des Gewesenen angeregt. Für ihn existierte neben dem wunderbaren alten Petersburg das »*Neue Petrograd*«, das er für würdig erachtete, einer aufmerksamen künstlerischen Bewertung unterzogen zu werden. Das Neue Petrograd wurde im Stil des alten Petersburg und in Verbindung mit dem Geschmack und den Anforderungen der neuen Zeit (Fomin, Iljin, Dmitrijew)

* *Das Alte Petersburg* (Verlag »Svobodnoe Iskusstvo«. 1916)

errichtet oder aber in den Traditionen des großen italienischen Klassizismus erschaffen (Schtschuko, Ljalewitsch, Peretjatkowitsch, Lidwal)*.

Der Petersburgkenner *Wladimir Kurbatow* widmete der geliebten Stadt ein Buch**, in dem er neben einem systematischen Überblick über Fragmente der Altstadt anhand einzelner Straßen auch die Geschichte ihrer Architektur darstellt.

Die Künstler *Walentin Serow, Mstislaw Dobuzhinski, Jewgeni Lansere, Alexander Benois und Anna Ostroumowa-Lebedewa* verkörperten in ihrem Schaffen den neuen Zugang zu Petersburg.

Der Nebel, der für lange Jahre das stolze, geordnete Bild der architektonischen Landschaft eingehüllt hatte, löste sich auf. *Erneut erschien ein Gefühl für die Standfestigkeit der Stadt.* Die strengen Monumentalkolosse, diese mächtigen, sie flößen die ruhige Überzeugung ein: der Gang der Zeit zerstört dieses Bollwerk nicht:

> quod non ...
> possit diruere ... innumerabilis
> annorum series et fuga temporum ...

Die lyrische Erregung legte sich. Ein Moment der ruhigen, klaren Kontemplation trat ein. Aus der alten Stadt erwuchs eine neue, vor dem Nördlichen Palmyra tat sich erneut eine große Zukunft auf.

Die Stadt als solche rief ein gesteigertes Interesse hervor, sie wurde zu einem eigenständigen Wert. Indes sollte es noch dauern, bis das neue Verständnis für Petersburg einen künstlerischen Ausdruck in der Literatur fand.

* * *

* *Das Neue Petrograd* (Verlag »Svobodnoe Iskusstvo«. 1916)

** *Petersburg* (Verlag »Komiteta Obščiny Sv. Evgenii«. 1913)

Die auf die unterdrückte Revolution von 1905 folgende Reaktion bremste die Wiederbelebung des Petersburggefühls erheblich.

Der Blick auf die Stadt ist von verschiedenen Voreingenommenheiten vernebelt und nicht in der Lage, zu schauen. Die unterschiedlichsten Assoziationen von Ideen und Bildern verhindern eine klare Sicht. Petersburg gebiert gallige Klagen bei den schwächsten, es ruft Verdammungen bei den hitzigen und Prophezeiungen bei den mystisch veranlagten Seelen hervor. Jede dieser Stimmungen fand ihren Dichter. Der sich der Verzweiflung hingebende russische gewöhnliche Intellektuelle betrachtete Petersburg unwillig, mit düsterem Blick, und erkannte vertraute Züge der Stadt Nekrassows.

Sascha Tschorny konzentriert erneut die Aufmerksamkeit auf die Physiologie von Petersburg. »Petersburgs Stadtrand« ist krank und stinkend und erfüllt die Seele mit auswegsloser Schwermut:

> Selbst die Jahreszeit ist schwankend.
> Dunkelheit versperrt die Sicht ...
> Lichter sind wie blinde Flecken.
> Alles klebrig überschwemmt.
> Und die Brise greift mit kecken,
> kalten Flossen unters Hemd.[72]

Oder hier das Ende eines Tages, eines toten Tages der »düstersten Stadt der Welt«.

> In der Ferne flitzt eine buntäugige Tram vorbei.
> Einsamkeit öder Schritte ... »Hilfe!«
> Immer schwankender, schwärzer weichen die
> Wände.

Der tote Tag löst sich auf im Nebel des Abends …
Vesperläuten.
Trink's bis zur Neige![73]

Nicht tief dringt der Blick des satirischen Dichters, er gleitet über die ärgerlichen Eindrücke der Straße und wähnt hinter diesen nur eine die Seele zur Erstarrung bringende Leere, aus der es kein Entrinnen in die Welt der Phantasie, nicht einmal ein Vergessen im Wein gibt. Er erinnert an Nekrassows gallige Trübsal, aber die aus dem neuen Jahrhundert geborenen Bilder kamen durch das Prisma des Impressionisten. Tschornys Petersburg (seinem Alltag widmete er einen ganzen Gedichtzyklus, zum Beispiel: »Die Abfahrt des Petersburgers«, »Kulturarbeit«, »Alle in gleichartig zugeschnittenen Hosen«, »Allrussischer Kummer« usw.), die düsterste Stadt, die nur hoffnungslose, wird mit einer *»gleichgültigen Erbitterung«* charakterisiert. Diese Erscheinung kann man nicht ausschließlich mit den Eigenheiten des Autors erklären. Seine Stimmung resultiert zweifelsohne aus der von der ganzen russischen Gesellschaft erlebten Krise. *Es ist das Piter nach dem Jahre 1905, das sich in der überspannten Gesellschaft widerspiegelt, die keine Lebenskräfte hat. Es ist das Piter des gewöhnlichen Intellektuellen.*

Die Epoche der Reaktion schuf neben diesem grau-schmutzigen Bild ein weiteres, ein finsteres und drohendes, das aus Wut entstand, in dem Petschorins Haß und Rachedurst erklingen. Petersburg ist der siegreiche Despot, dessen Atem das niedergeworfene Rußland tötet.

Sinaida Hippius gab ihrem Haß die Form eines harten und scharfen, in Gift getauchten Dolches:

Dein Rückgrat fest, dein Blick erbittert,
und dein Granit ist gräulich fad,
die schwächste Straßenkreuzung zittert
vor deinem störrischen Verrat.
Es übertrifft dein kaltes Kochen
die Starre heißer Wüstenein.
Dein Hauch ist Staub und morsche Knochen,
und Wermut sind die Wasser dein.
Aus jedem Hof stinkt es nach Äsern,
die Tage schwarz, die Nächte licht,
und deinen Himmel fahl und gläsern
die Admiralität durchsticht.
Es kann ein Strom sich plötzlich recken
und rückwärts fließen, aber nein:
Nichts wäscht dich von den roten Flecken
der Steinkolosse wieder rein.
Die rostig roten Flecken brennen,
und unauslöschlich ihre Spur …
Auf deinem dunklen Leib erkennen
wir eine ew'ge Signatur.
Unter dem Huf dein eherner Drache,
die widerlichste Schlangenbrut,
doch machtlos ist die Glut der Rache,
die alles reinigende Glut.
Nein, du versinkst in schwarzen Pfuhlen,
verfluchte Stadt des Erzrebells.
Und Würmer, die sich darin suhlen,
zerfressen dein Skelett von Fels.[74]

Wie viele alte Motive sind hier hineingeflochten: Hier ist Vanitas vanitatum schrecklicher als die Starre heißer Wüstenein, über die Saturn bei Ogarjow lachte. Hier auch das Bild der kranken Stadt, die zur *Stadt des Todes* wird. Weiter wird das Motiv der aufständischen Elemente wiedererweckt. Die Newa jedoch ist hier nicht ein gänzlich feindliches Element, sondern gleichsam das geweckte Gewissen. Die Schande des Verbrechens jedoch können ihre Wasser nicht abwaschen. Wieder erscheint der Eherne Reiter, der Geist der verfluchten Stadt – des finsteren Teufels – des Feindes Gottes. Nemesis bestraft Petersburg mit der schrecklichen Strafe aus dem Kreis von Dantes Hölle, in dem sich die widerlichen Würmer mit Blut sättigten, das aus jenen strömte, die von Himmel und Hölle abgelehnt und deren Nichtigkeit verabscheut wurde: »ma guarda e passa« (»Inferno«, cant. III).

Das Gedicht von Hippius stellt das furchtbare Siegel, das Peters Stadt trägt, dar. Es ist mit jener Kraft des Hasses geschrieben, welche die Bekenner der alten Frömmigkeit kannten, die der Stadt des Antichrist den Untergang vorhersagten: Petersburg wird veröden.

Sogar der Dichter, der für die Inspiration geboren war, für süße Laute und Gebete – *Wjatscheslaw Iwanow* – empfand tragisch das Bild des blutigen Imperialismus.

In dem geisterhaft umwehten
Nordpalmyra halte Frieden
mit dem schwärmenden Poeten,
Ariadne, die hienieden
mir erschienen am Gestade,
in der Hand ein trunkner Becher …
(…)
Und du stehst und hältst den müden
Kopf gesenkt, ins Bodenlose
streuen deine Hände Blüten
einer zarten Abschiedsrose,
deine ach so tristen Hände …
(…)

Sieh, jetzt bist auch du verwandelt,
wenn auch langsam ... Nächtens raunst du
in verschlissenen Gewändern
mit der Pythia Gebärde:
Prophezeist du *mir* das Ende
oder gar der ganzen Erde?

Sie verwandelt sich, den Mänaden gleich, im gelb-grauen Luchsfell, unter dem Atem der Todesstadt, in eine wahrsagende Sibylle. Die apokalyptische Erscheinung des Ehernen Reiters schließt die Vision ab:

Dann mit herrischer Gebärde
zähmst du deine Göttergabe,
trotzdem höre ich die Pferde
und ihr ehernes Getrabe ...
Und mit leichenblasser Stimme
ruf ich: »Seherin, ich habe
solche Angst vor diesem Grimme
und dem ehernen Getrabe.«
Und die Pythia: »Noch trüber
klingt der Hufe dumpfe Note ...
Denn das Erz, das reitet über
lauter Tote, Tote, Tote« ...* 75

Ist es nicht des Dichters eigene Seele mit dem flammenden Herzen, die, trunken von den Strahlen der hellenischen Sonne, in diesem durchsichtigen Palmyra zur wahrsagenden Sibylle wurde?

Der Dichter läßt sich mit der Sibylle, seiner Herrscherin, nieder. »Über der geisterhaft umwehten Stadt – ein dun-

* *Cor Ardens*, Bd. 1: »Der Eherne Reiter«

kelgrauer Adler und die Adlerin mit weiten Flügeln.« Warum verzichteten sie auf die sonnigen Länder um der »geisterhaft umwehten Stadt« willen? »Und es krächzt die Sibylle: ›Warum setzen sich Adler, wo Leichen sein werden?‹« (»Auf dem Turm«).

Ein anderer Dichter des dionysischen Geistes, *Innokenti Annenski*, sagte prophetisch den Untergang des Ehernen Reiters durch die Schlange vorher, die nicht zerstampft wurde.

Seine Stadt ist ein verfluchter Irrtum. Sie hat keine Vergangenheit, keine Dichtung und keine Heiligtümer. Eine erfundene Stadt, deren Existenz sich auf Gewalt und Blut gründet. Ihr Untergang ist unausweichlich. Und trotzdem ist in diesem Fluch kein Haß, sondern Trauer, die aus dem Bewußtsein für die unverständliche Verbindung mit der verhängnisvollen Stadt geboren wurde.

Gelber Dampf zieht durch die Stadt,
gelber Schnee verklebt die Steine …
Ich weiß nicht, wo ihr seid, wo wir,
ich weiß nur: Getrennt ist keiner.
Erschuf uns ein Zarenerlaß?
Vergaß uns der Schwed' zu ertränken?
Statt Märchen haben wir nur
Steine und schlimmes Gedenken.
Nur Steine der Zaubrer uns gab,
der Newa gelbe Lichter,
Plätze, leer und stumm,
wo man Menschen nächtens richtet.
Was einst Besondres hier war,
was den Doppeladler erhoben,
der gekränzte Gigant auf dem Fels,

ist schon morgen ein Spielzeug geworden.
So verwegen er war und so kühn,
und so sehr sich das Pferd auch bäumte –
nicht zerstampfte die Schlange der Zar,
unser Abgott ist sie bis heute.
Kein Wunder, kein Heiligtum,
nicht Lachen, Weinen, Verwirrung …
Nur Steine aus Öde und Frost,
im Bewußtsein die schlimme Verirrung.
Selbst im Mai, in der weißen Nacht,
wenn auf Wellen sich wiegen die Schatten,
läßt der Frühlingszauber uns kalt,
unser Wollen führt nur zum Ermatten.[76]

* * *

Alle diese einzelnen von Petersburg hervorgerufenen Widerklänge des Bewußtseins gruppieren sich um ein definiertes Zentrum – das Schicksal der Stadt.

Hippius, Annenski und Iwanow rührten dieses Thema nur durch eine Reihe ausdrucksvoller Bilder an. Merezhkowski und ihm folgend Bely und Alexander Block strebten danach, es in seiner ganzen Fülle aufzudecken.

Drei Momente des Schicksals von Petersburg werden im Schaffen von *Merezhkowski* herausgestellt: 1. die entstehende Stadt (*Peter und Alexei*), 2. Petersburg im Höhepunkt seiner Entwicklung (*Alexander I.*) und 3. der Niedergang der Stadt (»Winterregenbogen« im Sammelband *Das kranke Rußland*).

»Die Nadel der Admiralität *glühte im Nebel trüb* von der Flamme der fünfzehn Schmiedeöfen. Das *noch nicht fertiggebaute* Schiff *hob sich* mit seinen *nackten* Spanten *schwarz ab*, wie das Skelett eines Ungeheuers. Die Ankertaue streckten sich wie Riesenschlangen. Flaschenzüge kreischten, Hämmer dröhnten, Eisen krachte, Teer kochte. Im glutroten Schein liefen Menschen wie *Schatten* hin und her. Die Admiralität ähnelte einer Schmiede in der Hölle.«

In der Admiralität, im Zentrum der neuen Stadt, konzentrieren sich alle Linien, gerade als würde eine geheime unterirdische Arbeit ausgeführt, als reife die Zukunft der Stadt. Ein Bild ihrer vorgeschichtlichen Existenz wird gegeben, überbordend von den Aktivitäten vulkanischer Kräfte.

»Plötzlich veränderte sich alles. Petersburg erstaunte Tichon mit seinem Moskau so unähnlichen Anblick. Ganze Tage streifte er durch die Straßen, schaute und verwunderte sich: die unendlichen Kanäle, Perspektiven, die Häuser auf Pfählen, welche in den unsicheren Schlamm des Sumpfes eingehauen waren, die in Reihen errichtet waren, ›in Linien‹, nach dem Erlaß, so, daß kein Gebäude hinter die Linie oder aus der Linie hervor gebaut würde, die armen Lehmhütten inmitten von Wäldern und Ödland, nach finnischer Art bedeckt mit Gras und Birkenrinde, die Paläste mit der erfindungsreichen Architektur ›nach preußischer Manier‹, die trostlosen Garnisonsmagazine, Zeughäuser, Speicher, Kirchen mit holländischen Turmspitzen und -uhren – *all dies war flach, geschmacklos, alltäglich und gleichzeitig einem Traum ähnlich.* Bisweilen erschien es ihm an einem diesigen Morgen, in den Schwaden des schmutzig-gelben Nebels, daß die ganze Stadt zusammen mit dem Nebel hochstiege und sich wie ein Traum verflüchtige. In der Stadt Kitezh ist das, was ist, nicht zu sehen, aber hier in Petersburg ist es umgekehrt, das, was nicht ist, ist sichtbar; aber beide Städte sind gleichermaßen durchsichtig. Und wieder entstand in ihm das unheimliche *Gefühl des Endes.*«

Dieser Abschnitt zeigt die Tradition auf, an die Merezhkowski anknüpft. Hier entwickelt sich nicht nur das Thema der Durchsichtigkeit und der Phantastik, der Alltäglichkeit und der Geschmacklosigkeit, vielmehr wurde ein ganzes Bild von Dostojewski entlehnt: die wie der Morgennebel verschwindende Stadt (*Der Jüngling*). Jedoch erklingen hier deutlich auch das neue Motiv des Schicksals sowie die apokalyptische Endzeitstimmung.

»Alle schauten vor Schreck erstarrt auf das Feuerwerk. Als dann in den von verschiedenfarbigen bengalischen Feuern beleuchten Rauchwolken ein Meeresungeheuer mit schuppigen, stachligen Flossen und Flügeln erschien, das auf der Newa von der Peter-und-Paul-Festung zum Sommergarten schwamm, kam es ihnen so vor, als sei dies das in der Offenbarung angekündigte Tier, das aus dem Abgrund hervorkommt ...«

»Es erschien ihnen, als würden sie Hals über Kopf fliegen, in diese Finsternis hereinstürzen wie in einen schwarzen Abgrund – in den Rachen des Tieres selber, zum unausweichlichen *Ende von allem.*«

Das apokalyptische Gefühl vom allgemeinen Ende, von dem die Raskolniki besessen waren, drückt auch die Stimmung des Autors aus.

Ein anderes charakteristisches Merkmal von Merezhkowskis Petersburgbild ist *das archäologische Interesse für die Vergangenheit der Stadt.* Ständig stößt man auf topographische Hinweise.

»Am Ufer der Newa, bei der Kirche aller Leidtragenden, neben dem Haus des Zarewitsch Alexei, befand sich das Haus der Zarin Martha Matwejewna.«

»Die Maskerade war auf der Dreifaltigkeits-Platz, beim Kaffeehaus der Osteria.«

»Wir fuhren zum Gostinyj Dwor auf dem Dreifaltigkeits-Platz, ein langer Lehmhof, vom italienischen Architekten Trezzini erbaut, mit Ziegeldach und einem überdachten Arkadengang, wie irgendwo in Verona oder Padua.«

»Wir waren im Theater. Ein großer Holzbau, eine ›Komödienhalle‹, unweit des Schmiedehofes.«

Im Roman *Peter und Alexei* wird eine Fülle von Feierlichkeiten, Gelagen, Spaziergängen an den Kanälen, Darstellungen der Arbeit, Skizzen von Theatern, Bücherläden usw. beschrieben – diese Fülle von Material zu Sitten und Gebräuchen soll der durchsichtigen Stadt Lokalkolorit verleihen.

Merezhkowski strebt danach, das Bild der neugeborenen Stadt einzufangen und das von ihr hervorgerufene Gefühl zu bestimmen: »der kalte, blaß-blaue Fluß mit den flachen Ufern, der blaß-blaue, wie Eis durchsichtige Himmel, das Glänzen der goldenen Spitze auf der Peter-und-Paul-Kirche, der hölzernen, deren gelbe Farbe Marmor imitiert, das Schlagen der Turmuhr – alles erfüllte mit einer noch größeren, einer besonderen Traurigkeit ...

Indessen ist der Anblick recht schön. Entlang des niedrigen Ufers, das durch schwarze geteerte Pfähle eingekerkert war – die architektonisch erfindungsreichen blaß-rosa Ziegelhäuser, holländischen Kirchen ähnlich, mit scharfen Spitzen, Dachluken in den hohen Dächern und riesigen vergitterten Freitreppen. Du denkst, eine richtige Stadt. Aber gleich daneben – armselige Katen, bedeckt mit Gras und Birkenrinde*, weiter – Sumpf und Wald, wo Rehe und Wölfe hausen. Direkt an der Küste Windmühlen, ganz als wäre es in Holland. Alles ist hell-hell, blendend und bleich, und traurig. Als wäre es etwas Gezeichnetes oder vorsätzlich Gemachtes. Es scheint, du schläfst und siehst im Traum eine nicht existierende Stadt.«

So versucht Merezhkowski, ein synthetisches Bild von Petersburg zu entwerfen. Um den Charakter seiner Linien zu bestimmen und seine Besonderheiten herauszustellen,

* Ein Merkmal, das sich bis in das heutige Petersburg erhalten hat.

beschreibt er, der Legende vom wundermächtigen Bauherren gemäß, Peters Geschmack.

»Der Zar hat eine Leidenschaft für gerade Linien. Alles Gerade, Regelmäßige findet er wunderbar. Wenn es möglich wäre, würde er die ganze Stadt mit Lineal und Zirkel bauen. Die Bewohner wurden angewiesen, in Linien zu bauen …

Der Stolz des Zaren ist die unendlich lange, gerade, die ganze Stadt durchschneidende ›Newski Perschpektive‹. Sie ist ganz öd inmitten der öden Sümpfe, aber sie ist bereits von drei-vier Reihen dürrer Linden bepflanzt und ähnelt einer Allee. Sie wird in großer Sauberkeit gehalten. Jeden Samstag fegen die gefangenen Schweden sie.

Viele dieser geometrisch regelmäßigen Linien sind nur imaginäre Straßen – fast ohne Häuser. Es staksen nur die Wegzeichen.«

Dieser um objektive Genauigkeit bemühte und in einem ruhigen Ton gehaltene Abschnitt, der der Stadt gewidmet ist, schließt mit einem Memento mori ab.

»Der sumpfige Boden ist zu feucht. Des Zaren Feinde prophezeien, daß irgendwann die ganze Stadt untergehen werde.«

Hinzu gesellt sich ein deutliches Zeugnis dafür, daß Peters »Paradies« eine Stadt auf dem Sumpf ist.

»Als wir einmal auf dem Boot die Newa entlangfuhren, an einem heißen Tag, bemerkten wir auf dem blauen Wasser graue Flecken: Es waren Haufen von Mückenleichen – in den hiesigen Sümpfen gibt es große Mengen.«

Petersburg bildet in dem Roman *Peter und Alexei* keinen zufälligen Hintergrund für die historische Handlung, mit der die Trilogie *Christ und Antichrist* abgeschlossen wird. Die Stadt ist handelnde Person, sie spielt eine wesentliche Rolle im Schicksal der Romanhelden. Die ständige Hinwendung zum Petersburger Thema zeugt von der großen

Bedeutung, die der Autor der Stadtindividualität einräumt, die ein eigenes Interesse erlangt.

Merezhkowski nimmt sich viel Zeit, einzelne Ecken der Stadt und ihrer Umgebung zu beschreiben, dabei archaisiert er die Sprache seiner Skizzen, um ihnen eine Färbung der Petrinischen Epoche zu verleihen. Dem Sommergarten gilt seine besondere Aufmerksamkeit.

»›Ich werde einen besseren Garten haben als der französische König in Versailles‹, rühmte sich Peter. Wenn er unterwegs war, zur See oder in fernen Ländern, so sandte ihm die Herrscherin Nachrichten über sein liebstes Kind: ›Unser Garten hat sich gehörig ausgebreitet und ist schöner als im letzten Jahr, der Weg vom Palast ist von Ahorn und Eiche fast ganz zugewachsen, und wann immer ich herausgehe, bedauere ich vielmals, mijn Herz, daß ich nicht mit Ihnen gemeinsam spaziere.‹ – ›Unser Garten grünt; schon knospte der Harz zu duften‹ – das bedeutet, die Knospen duften harzig.

Tatsächlich wurde im Sommergarten alles regelmäßig, nach einem Plan, ausgerichtet, wie im ruhmreichen Garten von Versailles. Die beschnittenen Bäume waren glatt und gleichsam gekämmt, die Figuren der Blumenbeete geometrisch gestaltet, gerade Kanäle, viereckige Teiche mit Schwänen, Inselchen und Lauben, ausgeklügelte Springbrunnen, unendliche Alleen – die ›Perschpektiven‹, hohe Blätterhecken, Spaliere, die den Mauern von feierlichen Empfangssälen gleichen, ›man überzeugte die Menschen, spazierenzugehen, und wenn sich jemand angestrengt hatte, so fand er viele Bänke, Theater, Labyrinthe und Tapets aus grünem Gras, um sich in einer sinnenfreudigen Einsamkeit zu entrücken‹.

Der Zarengarten war jedoch weit vom Versailler Park entfernt.

Die bleiche Petersburger Sonne lockte nur dürre Tulpen

aus den fetten Rotterdamer Zwiebeln heraus. Einzig bescheidene nördliche Blumen – die von Peter geliebten duftenden Frauenmünzen, die gefüllten Päonien und die trostlos-grellen Seerosendahlien – wuchsen hier ungezwungener. Auch die jungen Bäumchen, die unter unsäglichen Schwierigkeiten auf Schiffen und Fuhrwerken Tausende von Werst – aus Polen, Preußen, Pommern, Dänemark, Holland – herbeigebracht worden waren, siechten dahin. Kärglich nährte die fremde Erde die schwachen Wurzeln. Dafür waren ›wie in Versailles‹ entlang der Hauptalleen marmorne Büsten – ›Brust-Kunstwerke‹ – und Statuen aufgestellt. Es schien, daß die römischen Imperatoren, griechischen Philosophen, olympischen Götter und Göttinnen ungläubige Blicke austauschten, wie sie in dieses wilde Land der hyperboreischen Barbaren geraten konnten. Sie waren übrigens keine antiken Originale, sondern nur zeitgenössische Imitate schlechter italienischer und deutscher Meister. Die Götter, als hätten sie gerade erst ihre Perücken und genähten Kaftane abgelegt, wie die Göttinnen ihre Spitzenfontange und Roberonden, schienen sie sich geradezu selber über ihre nicht ganz anständige Nacktheit zu verwundern; sie ähnelten den gezierten Kavalieren und Damen, welche sich von ›Benimmregeln der französischen Höflichkeit‹ am Hofe Ludwigs XIV. oder des Herzogs von Orleans leiten ließen.«

»Und in den dunklen Alleen, den Lauben, in allen verborgenen Eckchen des Sommergartens hörte man Flüstern, Rascheln, Rauschen, Küsse und Liebesseufzer. Die Göttin Venus herrschte schon im hyperboreischen Skythien.«*

Solche Beschreibungen von Petersburgs Ecken zeugen von dem Interesse an der Stadt mit ihrer Vergangenheit,

* Es ist interessant, diese Beschreibung des Sommergartens mit Merezhkowskis Bild des Parks von Peterhof zu vergleichen.

von dem Wunsch, die verflossenen Bilder wiederzubeleben, welche bis heute einzelne Orte in Peters Stadt umwehen. Dieses Interesse für die Vergangenheit bedeutet für Merezhkowski keinen Rückzug aus der Gegenwart. Auch wenn er sich bemüht, Petersburg mit den Augen von Peters Zeitgenossen zu betrachten und die Stadt durch deren Sichtweise zu zeigen, führt er uns doch nicht hinters Licht. Sein Petersburg ist ein aus unserer jüngeren Geschichte geborenes Gebilde, voller Vorahnungen einer Katastrophe. Merezhkowski archaisiert die durchsichtige Stadt von Gogol und Dostojewski und bestrahlt sie mit apokalyptischem Licht.

Diese Anreicherung eines Bildes aus der Vergangenheit, das mit dem Kolorit der Epoche, persönlichen Ideen und subjektiven Stimmungen des Autors wiedergegeben wird, ist außerordentlich charakteristisch für Merezhkowski.

»Es war früher Morgen. Oben blauer Himmel, unten weißer Nebel. Ein Stern leuchtete im Osten durch den Nebel, die Venus. Und auf der Insel Koivusaare, auf der Petersburger Seite, der Großen Dworjanskaja Straße, unter der Kuppel des Hauses, in dem Buturlin lebte, der »betrunkenste aller Metropoliten«, flammte eine vergoldete Bacchusstatue unter dem ersten Sonnenstrahl auf, ein feuerroter, blutiger Stern im Nebel, als ob der irdische Stern mit dem himmlischen einen geheimnisvollen Blick ausgetauscht hätte. Der Nebel färbte sich rosa, geradezu als ob in den Körper bleicher Gespenster lebendiges Blut einfließe. Und der Marmorkörper der Göttin Venus in der mittleren Galerie über der Newa wurde warm und rosa, gleichsam lebendig. Sie lächelte die Sonne mit ihrem ewigen Lächeln an, als würde sie sich freuen, daß die Sonne auch hier aufgehe, in der hyperboreischen Mitternacht; der Körper der Göttin war luftig und rosa, wie eine Nebelwolke; der Nebel war lebendig und warm, wie der Körper der Göttin. Der Nebel war ihr Körper – alles war in ihr, und sie war in allem.«

Der Anteil der Natur am Leben der Stadt füllt dieses mit Beben und verstärkt die Spiritualisierung der Stadt. Merezhkowski versucht, die Einheit dieses Lebens zu finden, um das Wesen der Stadt als Organismus vollständiger zu vermitteln. In der Venusstatue will er den Genius loci der neuen Stadt sehen, welche Rußland an die westliche Kultur heranführt, die im Geist der Antike lebt.

Aber im Bewußtsein von Merezhkowski ist Petersburg schon in der Morgendämmerung seines Werdens vom Gefühl des Endes umweht.

In *Alexander I.* und in *Der 14. Dezember* ist Petersburg ständig anwesend. Aber das Bild wird nicht wesentlich erweitert. Es bleibt geradezu unverändert. Die Blüte des Nördlichen Palmyra geht am Bewußtsein von Merezhkowski vorbei, und das Petersburg des strahlenden Tages kennt er nicht.

»Durch das *weiße* Tischtuch der Newa wurde die auftauende Anlegestelle mit den sich neigenden Tannen schon frühlingshaft *schwarz*. Die *helle* Silhouette der Peter-und-Paul-Festung durchschnitt die *dunkel-lila* Streifen der Wolken und die *bleich grünen* Streifen des ebenfalls frühlingshaften Himmels; und dort im Westen, vor der Börse mit den vielen Säulen, die einem alten Tempel ähnelt, ist der Himmel noch *bleicher, grüner, goldener – abgrundtief-klar*, abgrundtief-traurig, wie jemandes Blick. Wessen?«

Diese farbige Beschreibung der Newa zur Frühlingszeit, mit den zartesten Nuancen der Töne, ist mit genau dem Gefühl von Traurigkeit durchdrungen – der Vorahnung von Petersburgs Schicksal.

Es läßt sich Gogols Definition erinnern: »alles ist Trug, alles Traum, alles nicht das, was es scheint«. Merezhkowski beschreibt den unechten Petersburger Frühling.

»Das Holz im Kamin knisterte wie im Winter, und ein winterlicher Wind heulte im Schornstein. Durch das Fenster war zu sehen, wie er an der Biegung der Mojka, bei der Blauen Brücke, die Mützen der Vorbeigehenden herunterriß, die Röcke der Weiber wie Ballons aufblies und die Mantelkragen gegen die Gesichter der Beamten schlug. Der erste Eisgang, auf der Newa, war schon abgeschlossen, und es begann der zweite, vom Ladogasee. Es blies ein nordöstlicher Wind, und alles, was taute, fror wieder ein; die Pfützen überzogen sich mit feinen Nadeln, ein eisiger Nieselregen setzte ein, der mit einem niedrigen, weißen Dampf über der Erde rauchte, und es brach ein zweiter Winter ein, als würde es keinen Frühling geben.

Und dennoch war Frühling. Manchmal lichteten sich die Wolken. Durch sie hindurch schien wie Eis der durchsichtige Himmel blau und grün in Waken, die Sonne wärmte, es taute der Schnee, die Dächer dampften; die feuchten, glatten Pferderücken glänzten wie die von Seehunden. Und der Straßenschmutz funkelte wie blendendes Silber. Alles war doppelt, auch die Kanarienvögel im Käfig zwitscherten doppelt: im Winter – klagend, im Frühling – fröhlich.«

Dieses Bild des Frühlings kann man mit einem anderen ergänzen, das aus dem *14. Dezember* genommen ist:

»Der trübe Morgen, neblig und still wie gestern, machte sich Gedanken, wohin er sich wenden werde, zu Frost oder zu Tauwetter; die Nadel der Admiralität drang in den tiefen Himmel wie in weiße Watte ein; ebenso verschwanden die Brücken über die Newa in einer weißen Wand, und es schien, daß *dort, hinter der Newa, nichts mehr wäre, nur weißer Dunst, Leere, das Ende von Erde und Himmel, das Ende der Welt. Und ebenso sprang der Eherne Reiter auf dem Ehernen Roß in diese weiße völlige Finsternis.«*

Petersburg ist die von vornherein dem Untergang geweihte Stadt. Das Bild des Todes steht an ihrer Wiege, und es ist sehr seltsam, daß sie überhaupt eine Zukunft erlebte. Für Merezhkowski ist die Geschichte von Petersburg ein einziges Mißverständnis. Deshalb geht er an ihr vorbei. Die Nähe des Endes läßt sich in allen Lebensmomenten der Stadt Peters fühlen. Das Thema der *Überschwemmung* mußte Merezhkowski besonders interessieren.

»Dort, wo die Stadt war, ist ein uferloser See. Er schien nicht nur auf der Oberfläche zu wogen, sondern bis in den tiefsten Grund zu kochen, zu wallen und zu brodeln, wie Wasser in einem Kessel über starkem Feuer. Dieser See war die Newa – bunt wie die Haut am Bauch einer Schlange, gelb, graubraun, schwarz mit weißen Wölkchen, erschöpft, aber immer noch stürmisch, fürchterlich unter dem fürchterlichen, wie Erde grauen und niedrigen Himmel.«

Peter las in allen Blicken jene *alte Furcht vor dem Wasser*, mit der er vergeblich sein ganzes Leben kämpfte: »erwarte Unglück vom Meer, Unglück vom Wasser; wo Wasser ist, dort ist auch Unglück; und der Zar kann die Wasser nicht beruhigen« (*Peter und Alexei*).

In *Alexander I.* treffen wir erneut auf das Thema der Überschwemmung. Jelisaweta Alexejewna, welche die Stimmung des Autors verkörpert, begrüßt die Überschwemmung.

»Die Herrscherin aber freute sich mit der Freude, die Menschen beim Anblick eines nächtlichen Feuers überkommt, das den dunklen Himmel mit einem roten Feuerschein bedeckt. Sie wünschte, das Wasser möge höher und höher steigen – *alles ertränken, alles zerstören* –, *und endlich träte für alles das Ende ein.*«

Dem Thema des Endes ist ein besonderer Artikel, »Winterregenbögen«, gewidmet. Merezhkowski sieht »im Antlitz Petersburgs das, was die Ärzte Facies hyppocratica nennen – das Antlitz des Todes«. Petersburg entstand den Elementen der Natur und des Volkes zum Trotz. Es ist »aus der Erde *herausgezogen* oder sogar einfach *ausgedacht*«. Es ist die Verkörperung des nicht eigenen Willens. Die Stadt ist mißlungen. Sie sollte die erste europäische Stadt Rußlands werden, aber es zeigte sich, daß sie auch jetzt, zweihundert Jahre nach ihrer Gründung, »noch immer keine europäische Stadt ist, sondern irgendein riesiges steinernes *finnisches Dorf*, ein nicht gelungenes und schon verschmutztes Europa. Falls sie einer ausländischen Stadt ähnlich ist, so nur in dem Sinn, in dem der Lakai Smerdjakow dem allervornehmsten Ausländer ähnlich ist«. Und »sogar Moskau ist dem wahren heiligen Europa näher als Petersburg. Es gibt die Stadt und scheint sie nicht zu geben. Und tatsächlich, existiert sie denn? Auf allem hier liegt das Antlitz des Todes«. Und Merezhkowski hat eine apokalyptische Vision: »Und ich sah, und siehe, ein fahles Pferd. Und der darauf saß, des Name hieß Tod«. Gespenster des Untergangs verfolgen ihn. Und es taucht vor ihm die schwarze Gestalt einer fernen Stadt vor schwarzem Himmel auf: »Ein Haufen von Gebäuden, Türmen, Kirchenkuppeln, Fabrikschloten. Plötzlich liefen Lichter über diese Schwärze, wie Funken über ein Stück verkohltes Papier. Und ich verstand, oder mir sagte jemand, daß dies Explosionen einer riesenhaften Mine seien. Ich wartete und wußte, daß einen Augenblick später – die ganze Stadt in die Luft gehen wird, und der schwarze Himmel wird sich von dem riesenhaften Feuerschein dunkelrot verfärben.« Und was wird aus dem schicksalhaften Genius, der die Stadt aus der Erde hervorzog? »Die zahllosen Leichname, deren Knochen ›im Sumpf das Fundament gelegt hatten‹, erheben sich im schwarz-gelben kalten Nebel, versammeln sich zu einem Heerhaufen und umringen den Granitblock, von dem der Reiter gemeinsam mit seinem Pferd in den Abgrund stürzt.«

Eine Vision aus der »Schrecklichen Rache« von Gogol.

Petersburg nimmt im Werk von Merezhkowski einen eigenständigen Platz ein, sein Bild ist mannigfaltig und deutlich beschrieben. Und gleichzeitig fügt es sich als wesentliches Glied in die gesamte Weltanschauung des Philosophen und Mystikers ein. Petersburg ist die nicht gelungene Synthese von Rußland und dem Westen, die große Vergewaltigung der russischen Geschichte. Sein Schicksal ist tragisch.

Petersburg wird veröden.

* * *

Auf ganz besondere Weise näherte sich *Andrei Bely* Petersburg. Die Stadt wird zur Heldin seines Romans und insofern als überpersönliches Wesen betrachtet. Es gibt dort auch einen anderen Helden – Nikolai Apollonowitsch Ableuchow, aber er ist die offizielle Hauptperson. Die eigentliche ist – Petersburg. Und Bely untersucht es von den unterschiedlichsten Standorten, auf unterschiedlichen Ebenen. Durch sein *Petersburg* läßt sich leicht eine Exkursion führen, denn er schrieb gleichsam einen Stadtführer. Insbesondere wird die *Lage* der Stadt charakterisiert, ihr *Gesamteindruck* aus der Vogelperspektive beschrieben, einzelne Stadtteile, ihre Paläste, Gärten, Kanäle und Häuser. Die Stadt füllt sich mit *Bildern der Vergangenheit* und erhält eine historische Perspektive, und die *Zukunft* schwebt als drohendes Gespenst über ihr. Die Wirkung der *Natur* auf die Gestalt der Stadt wird in vorzüglichen Beschreibungen gegeben: Winter, Frühling, Herbst, Morgen, Abend ... Die das Erscheinungsbild der Stadt so stark prägende Beleuchtung weckt Belys Aufmerksamkeit, und er stellt, Gogol ähnlich, die Veränderlichkeit von allem durch den Farbenwechsel dar, er vermittelt die Schattierungen als meisterhafter Impressionist. Hinter Petersburgs Grenzen ist das große Land zu spüren, und das Motiv seines Schicksals in Verbindung mit dem Schicksal der Stadt durchzieht Belys ganze Komposition. In der Stadt lebt der

Geist Peters des Großen fort, der sich in Falconets Ehernem Reiter verkörperte. Alles, was in der Stadt geschieht, spiegelt sich auf dem schweigenden Denkmal des wundermächtigen Bauherrn wider. Petersburg ist die Stadt des Mythos.

Wie entstand sie, worauf steht die Hauptstadt des Nordens?

»Hier war der Rand der Welt und zugleich das Ende der Unendlichkeit. Dort aber, dort: Tiefe, grünliche Trübe: von fern, fern, wie ferner, als sie sollten, hatten erschrocken sich niedergelassen und duckten sich die Inseln: es duckte sich die Erde; es duckten sich auch die Häuser; es war – als sänken die Wasser, und als ergössen sich auf sie in diesem Moment: Tiefe, grünliche Trübe.«

Der Abgrund – der Bythos der Gnostiker, eine aktive Kraft des Nichtseins, bewacht die Stadt. Das Urchaos verbarg sich zeitweilig …

Bely versucht, sich Petersburgs Entstehung vorzustellen. Es »flog von dort auf seinen Schattensegeln gen Petersburg der Fliegende Holländer aus den bleigrauen Weiten der Ost- und Nordsee, um hier *als Blendwerk sein nebliges Reich zu errichten* und Inseln zu nennen die Woge andrängender Wolken; die Höllenlichter der Schenken entzündete zweihundert Jahre von hier der Holländer, und das rechtgläubige Volk drängte und drängte in diese Höllenschenken und verbreitete üble Seuchen … Mit dem Trugbild zechte hier viele Jahre das rechtgläubige Volk.«

Diese der eigenen Erde fremde Hauptstadt ist *für Rußland eine Sinnestäuschung*, ein Alptraum, von dem es besessen ist. Aber genug, existiert sie denn überhaupt, diese merkwürdige Stadt, oder ist sie nur irgendein »mathematischer Punkt«? Es ist, als existierte sie überhaupt nicht, aber gleichzeitig gibt es sie (ein Doppeldasein, sowohl ja als auch nein).

Dieses Halbdasein ist indes eine Kraft, die auf das große Land drückt und dessen selbständiges Dasein verneint.

»Und aus genau diesem mathematischen Punkt, der keine Dimension hat, kündet es energisch davon, daß es existiert: von dort, aus genau diesem Punkt, schießt der Schwarm des gedruckten Buches; es schießt aus diesem unsichtbaren Punkt entschlossen ein Zirkular.«

Entweder gibt es Petersburg nicht, aber es gibt Rußland, oder aber, wenn es die Stadt gibt, dann gibt es nichts. »*Ganz Petersburg ist die Unendlichkeit des in die n-te Dimension erhobenen Prospekts. Hinter Petersburg jedoch ist nichts.*«

Diese mathematische Stadt, deren Linien nur eine bedingte Existenz aufweisen, vermittelt seiner Bevölkerung die ihr selbst eigene Halbexistenz. Petersburg ist ein Gespenst, eine Fieberphantasie und verwandelt seine Bürger in Gespenster. »Die Petersburger Straßen verwandeln die Passanten in Schatten«. Ihre Magie ist so beschaffen, daß sie die Schatten in Menschen verwandeln. Dies ist ein »verhexter Platz« für Abenteuer von E. T. A. Hoffmanns Helden!

Diese unruhige Stadt »*fällt auf die Seelen*«, »*quält* sie durch ein hartherziges nutzloses Hirnspiel«, verlockt dazu, »die Süße der Selbstvernichtung in den grünen, von Bazillen wimmelnden Wassern, die in Nebel gehüllt sind«, zu suchen.

Vom halböstlichen Dasein entweder zum vollen Leben, oder zum Nichtsein.

Jedoch gewinnt dieses synthetische Bild von Petersburg im Zuge seiner detaillierten Ausarbeitung neuen Inhalt und ändert sich stark; je konkreter die Bilder von Petersburg werden, um so weniger bleibt von der allgemeinen alptraumhaften Durchsichtigkeit.

Bely, der uns eine Gesamtdarstellung der Stadt vermittelt, führt uns in *eine Reihe von Petersburger Winkeln* und zwingt dabei immer den Genius loci, sich zu äußern. Besonders liebt es der Autor, uns die *Wassili-Insel* zu zeigen.

»Die parallelen Linien durch die Sümpfe zog einst Peter; diese Linien bewuchsen mal mit Granit, mal mit steinernen, mal auch hölzernen Umfriedungen.«

»Nur hier noch, zwischen den Häuserkolossen, stehen Häuschen aus Peters Zeit; dort hinten ein Blockhaus; da ein grünes, hier ein blaues einstöckiges Häuschen mit grellrotem Ladenschild ›Gastwirtschaft‹. Genau solche Häuschen standen überall hier in längst vergangenen Zeiten.«

Da er weiß, welche Bedeutung die *Gerüche* für die Wahrnehmung vom Geist eines Ortes haben, schließt er die Skizze folgendermaßen: »Hier steigen uns noch direkt in die Nase die vielfältigsten Gerüche: es riecht nach Meersalz, Hering und Schiffstauen, nach Lederjacke und Pfeife, und nach geteertem Segeltuch.«

Und zwei weitere Ecken von Petersburg: die *Mojka* »und dahinter trat über dem Wasser hervor die rötliche Linie der Ufersteine, gekrönt von gittriger Eisenspitze«, und das Haus am Kanal mit weißen Säulen, »dunkel lag zwischen den Säulen der Eingang, über der zweiten Etage lief noch immer der Stuckfries«.

Am Winterkanal die Vision von Lisa. »Das leise Plätschern blieb hinter ihr zurück: nach vorn hin öffnete sich der Platz; unzählige Statuen, grünliche, bronzene, traten nacheinander überall vor den dunkelroten Mauern hervor; Herkules und Poseidon bewachten auch nachts die Räume ... die Reihe der Uferlaternen vergoß Lichttränen in die Newa ...«

Am allerbesten von allen Petersburger Winkeln vermittelt Bely den *Sommergarten*.

»Prosaisch, verlassen hasteten hierhin und dorthin die Wege des Sommergartens; diese Räume durchschneidend, sputete ab und zu seinen Schritt ein mürrischer Passant, um dann endgültig sich zu verlieren in trostloser Leere: das Marsfeld bezwingst du nicht in fünf Minuten.

Düster blickte der Sommergarten.

Die Sommerstatuen standen versteckt unter Brettern; die grauen Bretter formten einen hochkant aufgestellten Sarg; und Särge säumten die Wege; in diesen Särgen hatten Zuflucht gesucht die leichten Nymphen und Satyrn, daß im Schnee, im Regen und Frost sie nicht annagen konnte der Zahn der Zeit, denn die Zeit wetzt an allem ihren eisernen Zahn; und der eiserne Zahn nagt gleichermaßen am Körper, an der Seele, und sogar an den Steinen.

Seit den längst vergangenen Zeiten war dieser Garten öde geworden, grau geworden, kleiner; eingebrochen war die Grotte, nicht länger mehr sprühten die Springbrunnen, die Sommergalerie war eingestürzt und versiegt der Wasserfall; kleiner geworden war der Garten und kauerte hinter dem Gitter, demselben Gitter, das zu bewundern sich hierher einfanden fremde Gäste aus englischen Landen, in Perücken, in grünen Kaftanen; und sie pafften rußige Pfeifen.

Peter selbst hatte diesen Garten angepflanzt und aus eigener Kanne gewässert die seltenen Hölzer, den honigtragenden Münzbalsam, die Minze; aus Solikamsk bezog der Zar hierher Zedern, aus Danzig Berberitzen, und aus Schweden Apfelbäume; er ließ Springbrunnen bauen, und durch die zerspellten sprühenden Spiegel, wie duftiges Spinnengewebe, schimmerten hier für lange das rote Kamisol allerhöchster Personen, ihre gewundenen Locken, schwarze Mohrengesichter und Roberonden der Damen; gestützt auf den geschliffenen Griff eines schwarz und goldenen Stocks, geleitete hier ein ergrauter Kavalier seine Dame zum Bassin; in den grünen, sprudelnden Wassern, ganz vom Grund, prustend, reckte sich schwarz eine Seehundschnauze; die Dame huchte, und der ergraute Kavalier lächelte launig und streckte dem schwarzen Monstrum seinen Stock hin ...

All das war, und war nun nicht mehr ...

Da flatterte ein mutwilliger Krähenschwarm auf und begann zu kreisen über dem Dach von Peters Häuschen; und das düstere Netz fing zu summen an; und es schwebten empor solche schüchtern-beklommenen Töne; und verschmolzen zu nur einem einzigen Ton – zum Ton einer Orgel. Und die Abendluft verdunkelte sich; der Seele war wieder, als wäre kein Heute; als würde sich dieses Abenddunkel hinter dort diesen Bäumen her bebend erleuchten in grünheller Kaskade; als würden dort, illuminiert, leuchten rote Jäger, die Hörner gereckt, auf neue melodisch den Lüften Orgelwellen entlocken.«

In dieser wunderbaren Beschreibung fühlt man das gleiche archäologische Interesse, das Merezhkowskis Beschreibung von Petersburg kennzeichnet. Aber Bely verfeinert dieses Verfahren entscheidend. Ein deutliches Bild der Vergangenheit ist für ihn nur eine flüchtige Erinnerung. Die Vergangenheit wird von der Gegenwart umgeschmolzen. Die Bilder der »auswegslosen Leere«, die den Sommergarten umgibt, die Herbstlandschaft des Parks selber, das alles durchdringende Herbstgetose der Bäume und die Schreie des mutwilligen Dohlenschwarms rufen Bilder der Vergangenheit wach. Die Zeit, die ihren eisernen Zahn an allem wetzt, tritt zurück:

> Was ich besitze, seh' ich wie im Weiten
> Und was verschwand, wird mir zu Wirklichkeiten ...
> (*Faust*)

Die lieben Bilder des Vergangenen, die mit solcher melancholischer Ironie gezeichnet wurden, verschwinden; das Bewußtsein der Gegenwart kehrt zurück. Allmählich schmelzen die Töne zu einer Orgelmelodie zusammen, die Farben verdichten sich, und wieder tritt das Verflossene hervor. Es lebt hier in der Stadt fort, man muß es nur finden und die durch die Zeit verdeckten Geister hervorrufen können. Bely lehrt, wie man sie aus Kronos' Gefangenschaft befreit.

Bei der Beschreibung des Winterpalais verkomplizierte er die Aufgabe, den Ort durch Auferweckung der Vergangenheit zu spiritualisieren, mit einer rein künstlerischen Herausforderung: zu zeigen, wie die Farben in der Dämmerstunde die architektonischen Formen verändern, indem sie sich in leichteste, amethyst-rauchige Spitze verwandeln. »Alle gewohnten Wuchten – Nischen und Vorsprünge – verschwanden in leuchtendem Flammen.«

»Du würdest sagen, dort lohte die Vergangenheit.« Das alte Winterpalais beginnt, an der Stelle des neuen hervorzutreten. Es erstand »als zarte hellblaue Wand« »das alte Palais in der weißen Schar der Säulen, manchmal öffnete dort voller Wohlgefallen ein Fensterchen auf die Newa-Weiten die selige Zarin Jelisaweta Petrowna«.

Dieses Verfahren wendet Bely auch bei der Beschreibung des Ingenieur-Schlosses an. Er schildert dessen zeitgenössisches Aussehen und entführt uns unmerklich in die Vergangenheit. Er ruft in einer Fensternische den stupsnasigen weißen Lockenkopf hervor und zeigt, in welchem Fenster er erscheinen muß. (Nicht etwa in diesem?) Er will uns zwingen, sich mit Pawels Augen umzuschauen. Was konnte er sehen? Die Gestalt des Imperators verschwindet. Das Bild der schrecklichen Nacht im Jahr 1801 zieht vorbei, und wieder taucht das Petersburg unserer Zeit auf. Das Bild der Stadt wird durch die Vergangenheit aufgeladen.

Mannigfaltig und tief ist Petersburgs Seele; um sie mit dem allsehenden Blick der Liebe zu umfassen, reicht es nicht, Visionen aus der Vergangenheit hervorzurufen, damit die von ihnen umfangenen Gebäude ihr inneres Antlitz offenbarten. *Der geheime Gang der Zeit*: der Wechsel von Tag und Nacht mit seinem Reichtum an Beleuchtung, das Fließen der Jahreszeiten mit ihrem Schmuck, *eröffnet immer neue Seiten von Petersburgs Seele*, da Saiten, die vorher schwiegen, zum Klingen gebracht werden.

Gerade erst sahen wir die Farbschattierungen der Dämmerung um das Winterpalais. Die *Petersburger Nacht* bricht an.

»Darüber legten sich leichteste Flammen wie Asche auf die Wolken; Asche verteilte sich reichlich ... und im Augenblick schien es, als sei die graue Kette aus Linien, Turmspitzen und Mauern ... aus feinster Spitze ... In dieser zergehenden Gräue zeigten sich plötzlich trübe zahllose staunend blickende Punkte: Flämmchen, winzige Flämmchen... während oben Wasserfälle fielen: blaue, schwarzlila, schwarze. Petersburg versank in die Nacht.«

Der Farbenwechsel verwandelt die Stadt in eine vielfarbige Vision. Der Anbruch des Morgens ist ein Wechsel des Zaubers, eine Art von Magie.

»Irgendwo seitlich am Himmel sprühten leichteste Flammen, und plötzlich leuchtete alles, als in die Flammen ein rosiges Kräuseln aus Wölkchen trat, wie ein Netz von Perlmuttstückchen; in den Fugen des Netzes blaute nun ein blauer Zipfel. Schwerer wurde und trat hervor die Kette der Linien und Mauern ... auf den Fenstern, auf den Turmspitzen merkte man immer mehr ein Beben ... Die leichteste Spitze verkehrte sich in das morgendliche Petersburg.«

Nach Gogol vermochte es niemand, sich so über das Leuchten der Regenbogenfarben in Petersburg zu freuen wie Bely.

Der *Wechsel der Jahreszeiten* wird als erhabenes Sakrament erlebt, an dem die Seele der Stadt teilhat.

Der Herbst bringt ausweglose Schwermut und quälende Unruhe mit sich.

»Ein nasser *Herbst* flog dahin über Petersburg; uns so gar nicht heiter glomm der Septembertag. Ein grünlicher Schwarm, jagten dort Wolkenflocken dahin; sie verdichteten sich zu gelblichem Rauch und schmiegten sich an die Dächer als Drohung. Der grünliche Schwarm stieg unaufhörlich über den trostlosen Räumen der Newa-Weiten auf; die dunkle Tiefe der Wasser schlug mit dem Stahl ihrer Schuppen ans Flußbett; in den grünlichen Schwarm ragte eine Turmspitze …«

Herbstbilder trifft man am häufigsten in Belys Roman. Petersburgs Seele am verwandtesten erschien ihm offensichtlich die Zeit des Welkens. Den *Winter* erlebt er, Puschkin entsprechend, als klar und aufmunternd. »Plötzlich fiel der erste Schnee; und mit solch lebendigen Diamanten funkelte er, tanzend, im Lichtkreis der Laterne; der helle Kreis erleuchtete nun ein wenig das Palais und den kleinen Kanal und das steinerne Brückchen: in der Tiefe entfloh der Winterkanal; es war leer: der einsame Kutscher pfiff an der Ecke, erwartete jemand; in der Droschke lag schlampig ein grauer Uniformmantel.«

Besonders gut gelang Bely das *Treffen des Frühlings mit der Stadt.*

»Unhörbar wie über der Stadt das Schrillen der Kraniche … zur Vorabendstunde, im Frühling, auf dem Fußweg, bleibt wie angewurzelt stehen ein Bewohner der Felder, der zufällig in die Stadt kam; er hält inne, – den zausigen, bärtigen Kopf legt er schief und hält dich an. – ›Tss!‹ – ›Was gibt es?‹ Er aber … wird … verschmitzt, verschmitzt schmunzeln: – ›Aber hören Sie nicht?‹ … – ›Was? Ja was denn …‹ Und er seufzt: – ›Dort … schreien … die Kraniche.‹ Du hörst auch hin. Zuerst hörst du nichts; aber dann, irgendwo oben, in den Räumen hörst du plötzlich: einen vertrauten, vergessenen Ton – einen seltsamen Ton ... Dort schreien die Kraniche ... Und ein Murmeln: – ›Die Kraniche!‹ – ›Sie kommen zurück ...‹ – ›Die lieben ...‹ Über den verfluchten Petersburger Dächern, über dem hölzernen Pflaster, über der Menge – dieses Vorfrühlingsbild, die bekannte Stimme! ... So klingt – die Stimme der Kindheit!«

Der Frühling bleibt Petersburg fern, er weckt nur die Sehnsucht und ruft. Und man möchte sagen: »Trag fort mein Herz in die klingende Ferne, wo kurz wie ein Lächeln die Traurigkeit währt« (Fet).

Dort, irgendwo fern-fern, wohin die Kraniche zogen, dort ist die Heimat, dort irgendwo in der Ferne ist nicht die »Tiefe – eine grünliche Trübe«, sondern die feuchte Mutter Erde, dort kann man die Kindheit wiedererlangen, all das zurückerhalten, was in der Seele das großartige – das unheimliche Petersburg zerfraß.

Die Kraniche spannten ein unsichtbares Fädchen zwischen dem hauptstädtischen Philister und dem Bewohner der Felder, ein reales Fädchen; sie schufen einen unerwarteten Austausch zwischen der Stadt und dem Land, aber einen zugleich flüchtigen. Und dieser ersetzt das gewöhnliche Zirkular, das zielstrebig in die russische Provinz fliegt.

Die Verbindung mit dem Land ergibt sich somit nicht aus politischen, bürgerlichen und kulturellen Beziehungen; sie ergibt aus dem geheimnisvollen und einfachen Leben der Natur.

Petersburg hat einen eigenen Schutzgeist. Das ist der Eherne Reiter. Ist er der Ausdruck seiner Stadt? Ja und nein. Er ist gleichsam der Dämon von Petersburg, der es beherrscht, mit ihm untergeht, der sich mit allem martert, was in der Stadt geschieht, häufig unzufrieden mit der Stadt ist. Wie nun ist sein Anblick?

»Und das Metall des Gesichts lächelte zweideutig« (ist dies nicht ein Merkmal der doppelten Existenz?). In seinen

Augen – die gleiche »grünliche Tiefe« wie in der Stadt. Der Reiter ist voller Unruhe, »und es war: als rühre sich gleich der Arm (und schlügen die schweren Falten des Mantels klingend an den Ellbogen), als fielen die metallenen Hufe mit Donnergedröhn auf den Fels und erklänge über ganz Petersburg die granitzersprengende Stimme: – ›Ja, ja, ja …‹ – ›Das bin ich …‹ – ›Ich vernichte ohne Wiederkehr‹.« Und die Stunde kam: »Um die Mitternachtsstunde fielen auf den Fels und klirrten metallene Hufe … Und das Pferd sprang vom Fels … Linie um Linie flog vorüber … Nüstern schnaubten, die flammend den Nebel durchstießen mit lichter, mit glühender Säule.«

Aber all dies ist nur eine Vision, all dies ist nur Vanitas vanitatum. »Jewgenij (aus dem ›Ehernen Reiter‹, aber bereits nicht mehr als Persönlichkeit, sondern als Symbol [Einfügung von Anziferow]) verstand nun zum ersten Mal, daß er ein Jahrhundert umsonst geflohen war, daß die Schläge hinter ihm donnerten ganz ohne Zorn – über Dörfer und Städte, über Aufgänge, Treppen; ihm war längst schon vergeben, und *alles Gewesene zusammen mit dem erst Künftigen war nur illusorische Lektion bis zur Posaune des Erzengels.*«

Den kleinen Bürger der großen Stadt wehte zum ersten Mal die Ewigkeit an.

In dieser Offenbarung tritt die Stadt in apokalyptischer Erleuchtung auf.

Der Eherne Reiter ist nicht nur Petersburgs Gottheit, sondern er erfüllte mit seinem Geist, mit seiner doppelten Existenz ganz Rußland, verband mit dem eigenen Schicksal das Schicksal des großen Volkes.

»Seit jener folgenträchtigen Zeit, als zum Newa-Ufer der metallene Reiter preschte … hat Rußland sich zwiegespalten; zwiegespalten haben sich auch die Geschicke unseres Vaterlandes … Oder bist du, Rußland, aufgebäumt, für lange Jahre in Grübeln versunken vor dem grausamen

Schicksal, das dich hierher warf, – hier im düsteren Norden, wo selbst das Morgenrot stundenlang währt, wo die Zeit selbst im Wechsel mal in die frostige Nacht, mal – in strahlendes Taglicht sich stürzt? Oder *wirst du, scheuend vor dem Sprung, die Hufe wieder senken, um schnaubend den großen Reiter zu tragen in die Tiefe der ebenen Weiten aus trügerischen Landen? Aber nein* ... Einmal aufgebäumt und mit den Augen die Luft vermessend, wird das Eherne Pferd die Hufe nicht senken: der Sprung über die Geschichte wird kommen; die große Empörung wird kommen; bersten wird die Erde; die höchsten Berge werden stürzen vom großen Beben; und die heimischen Ebenen werden vom Beben sich überall wölben zu Buckeln. Auf den Buckeln liegen dann Nishnij, Wladimir und Uglitsch. Aber Petersburg wird sich senken.«

Die letzten Zeiten sind angebrochen. »Wind stürmte von der Küste her: die letzten Blätter flogen; es wird keine Blätter mehr geben bis Mai; wie viele werden im Mai nicht mehr sein? Die gefallenen Blätter sind wahrhaftig die letzten Blätter... nun nahen, nun nahen blutige, grauenerfüllte Tage; und dann stürzt alles; oh, kreist, o, kreiselt, ihr letzten, mit nichts zu vergleichenden Tage! Oh kreist doch, oh, kreiselt durch die Luft – ihr letzten Blätter!«[77]

Der kosmische Wind erschüttert die ganze Stadt.

* * *

Das Petersburgbild im Werk von *Alexander Block* stellt eines der interessantesten Momente seiner Geschichte dar, wenn es auch nicht schwer ist, in seinen neuen Formen und seinem neuen Inhalt vertraute Züge zu erkennen.

Blocks Tradition schließt an Gogol, Grigorjew und Dostojewski an. Unter den Zeitgenossen, die das Bild von Petersburg gestalten, sind ihm Merezhkowski und Bely die nächsten. Bely schafft eine ganze *Petersburg-Welt*, in deren

Zentrum der Eherne Reiter steht, darum herum Rußland. In diesem und nur in diesem knüpft er an Puschkin an. Es ist, als hätte er Puschkins Petersburg genommen und in Übereinstimmung mit seinen philosophischen und historischen Anschauungen umgebildet. Auch Block schafft aus Petersburg einen ganzen Mikrokosmos, in dem er eine Widerspiegelung des Weltalls findet. Auch bei ihm fühlt man hinter der Hauptstadt Rußland, aber im Zentrum seiner Aufmerksamkeit für die Stadt Peters steht nicht nur der Eherne Reiter, sondern auch die Ewige Jungfrau. Auf diese Weise treffen wir bei Block erneut auf das Triptychon von Gogol: Rußland – Petersburg – die Ewige Jungfrau. Der Sänger der Schönen Dame deckt die Verbindung zwischen diesen drei Bildern unter einer neuen Beleuchtung, mit einem verkomplizierten und veränderten Inhalt auf.

Es wäre nicht angebracht, Blocks Auseinandersetzung mit Rußland hier erschöpfend zu behandeln. Es ist jedoch notwendig, einige Linien aufzuzeigen, um den Hintergrund zu skizzieren, vor dem sich Petersburgs Charakter abzeichnet, der im Verständnis des Dichters organisch mit Rußland verbunden ist.

Auch für Block ist Rußlands Pathos das Pathos der Endlosigkeit.

> Vor den Augen nur die schreckliche Weite,
> Die unfaßbare Breite ohne Ende.

In ihr, in dieser endlosen Breite, ist das unfaßbare und schreckliche Geheimnis der russischen Erde verschlossen. Rußlands Seele öffnet sich im Element des Windes:

> Du liegst unter wildem Schneetreiben,
> Schicksalhaftes, heimatliches Land.[78]

Und der Dichter singt seiner Heimat windgetragene Lieder:

Rußland, bettelarmes Rußland,
Deine grauen Hütten sind
Mir lieb wie früher Liebe Tränen
In den windgetragnen Liedern.[79]

Dieser Wind weht aus anderen »Welten«. In ihm erkennt Block das mystische Element. Der Wind lockt hinter sich her, und des Dichters Blick gleitet über die Weiten der heimatlichen Erde. Weg, Wanderer, Fahrt – dies sind Blocks Lieblingsmotive. Wer besang den Vogel Troika nach Gogol besser als er?

Wurde sein Glück doch auf der Troika »im Silbernebel« fortgetragen.

Fliegt auf der Troika, ist versunken
Im Schnee der Zeit, jahrhundertfern.
Und nur die Seele ist ertrunken
Im Silbernebel, der von Hufen sternt ...[80]

Die blaue Ferne, die goldene Ferne verführt, über Rußland hinweg zu fliegen. Die armselige Rus ist eine Quelle grenzenloser Liebe und unendlichen Leidens. Block nennt sie seine Braut, seine Frau, sein Leben. Er kann sich nicht von ihr lösen. Sie sind unzertrennlich zusammengewachsen.

Seine Liebe zur Heimaterde sieht er als bedingungslosen, absoluten Wert an. Er ist bereit, sie jeglichen Prüfungen zu unterziehen, da er schon vorher weiß, daß sie standhalten wird.

Ja, mein russisches Land, auch so
Bist du mir teurer noch als alle Länder.[81]

Rußland bleibt für den Sänger der Schönen Dame ein Geheimnis, dessen ganze Tiefe er zwar erahnt, aber nicht enträtselt. Und es ist ihm nicht beschieden, als ihr Ödipus zu erscheinen. Mit ehrfurchtsvoller Demut neigt er sich vor ihrer Tiefe:

Rusj, selbst im Schlaf du keinem andern gleiche,
Ich werde nicht berühren dein Gewand;
Gewahr, da träum ich traumlos, das Geheimnis
Und im Geheimnis – deinen Atem, Land.[82]

Und nur manchmal, wenn man sich in diese Zeilen vertieft, stellt sich die Frage: Zeigt sich nicht jene ewig junge Sophia, die vor langem als Vision aufblinkend *erschien* und im umnachteten Nebel verschwand, in der Gestalt Rußlands, der Frau und Braut.

Seine Annäherung an die nördliche Hauptstadt erweckt im Dichter Bilder, die jedem Petersburger gut verständlich sind.

Zwischen zwei Wänden des Waldes
Fällt leichter Schnee.
Vor uns – das Semaphor
Grün schimmert ein Licht.[83]

Die lila Dämmerung, der weiße Schneesturm, der schwere Gang der Lokomotive … Block versucht es nicht mehr, am traurigen Petersburg mit Windesschnelle auf der »singenden, tönenden Troika« vorbeizufliegen. Sein aufmerksamer, hellsichtiger Blick läßt sich auf das trostlose Gebiet ein. Auf dem sumpfigen und feuchten Boden, über dem schwankenden Abgrund entstand die Hauptstadt des Imperiums. Um sie herum der verpestete Traum des Wassers mit der rostfarbenen Welle, durch die Trümmer der ergrauten Nebel schimmern von Moos überzogene Stellen hindurch. Alles ist Sumpf und Sumpf, aus dem die Blasen der Erde steigen.

Das Land des Urchaos – dies ist der Mutterschoß von Petersburg.

Vergebens erstand der lichthelle Tag
Über diesem traurigen Sumpf.[84]

Dem Thema von Petersburg selbst nähert sich Block mit großer Zurückhaltung. Es gibt bei ihm gar keine Gedichte, die ganz der Stadtbeschreibung, einer Charakterisierung einzelner Orte gewidmet wären, wie man es bei Waleri Brjussow, Nikolai Gumiljow, Ossip Mandelstam u. a. zeitgenössischen Dichtern finden kann. Sogar das Gedicht »Peter«, welches dem bei Poeten beliebten Thema des Ehernen Reiters gewidmet ist, wurde mit Nebenmotiven bereichert. Und trotzdem kann man sagen: Bei keinem der Dichter unserer Tage nimmt Petersburg einen so bedeutenden Platz ein wie bei Block. In den meisten seiner Gedichte ist ohne ein genaues topographisches Bild oder eine explizite Nennung die nördliche Hauptstadt doch anwesend. Sie begegnet uns immer wieder als Handlungsort von lyrischen Abschnitten. Nur selten taucht irgendein bekanntes Denkmal der Stadt auf, das sich kaum durch festgelegte Merkmale abzeichnet.

Wieder die *eingeschneiten* Säulen,
Die Jelagin-Brücke und zwei Lichter.[85]

Block zieht es vor, keine bestimmten Orte zu benennen.

Meistens führt er ein für Petersburg charakteristisches Motiv an, das dann verschwindet, um der Beschreibung einer Straßenszene Platz zu machen, und zum Abschluß erklingt es noch einmal.

So wird beispielsweise in die Darstellung der Stadt der blaue Nebel eingeführt.

> Erinnerst du dich an die beunruhigende Stadt,
> Den blauen Dunst in der Ferne ...

Die Thematisierung der Stadt wird unterbrochen. Wie schüchterne Schatten gehen zwei Liebende vorbei, die von der Liebe betrogen wurden:

> Wir gingen – der Mond stieg
> Höher aus den dunklen Mauern hinauf.

Die als Hintergrund gezeigte Stadt dringt in die Seele der Gehenden hinein:

> Nur in mir rührte sich
> Der blaue Nebel der Stadt.[86]

Ebenso erscheint die toskanische Landschaft in den *Tafelbildern des Quattrocento* nur als Hintergrund für die fromme Handlung zu Bibelthemen, aber zugleich bestimmt sie den ganzen Charakter des Bildes.

Die gedrängten, flüchtigen Bilder von Petersburg sind über das ganze Werk von Block verstreut. Man muß sie suchen, aber sie verlieren, wenn sie aus ihrem Zusammenhang, das einem anderen Ziel folgt, getrennt werden, einen wichtigen Teil ihrer Kraft. Trotzdem gibt ihre Zusammenstellung eine gewisse Möglichkeit, das Petersburgbild zu skizzieren.

Blocks Worte über unsere Stadt legen sich auf deren Bild in weichen, durchsichtigen, zitternden Schatten. Als schüchternes Phantom weht Petersburg zwischen diesen Bildern.

Wenn es auch namenlos bleibt oder sich sogar in eine Stadt mit anderen Orten und anderen Zeiten, in eine verallgemeinerte, abstrahierte verwandelt, ist doch in ihm das feine, kränkelnde Petersburg nicht zu verkennen; die steinerne Stadt verliert ihr Gewicht, sie wird zum körperlosen Geist, zum Phantom.

»Ende einer Straße am Stadtrand. Hinter den letzten Häusern eröffnet sich ein weites Panorama – eine menschenleere, dunkle Brücke über einem breiten Fluß.

Zu beiden Seiten der Brücke liegen schlafend stille Schiffe mit brennenden Positionslichtern. Hinter der Brücke verläuft eine endlose, schnurgerade Allee, eingerahmt von weiß bereiften Bäumen und den Lichterketten der Straßenlaternen. Schneeflocken flattern funkelnd durch die Luft.«[87]

Block kennt seine Stadt. Alle Stunden im Wechsel der Jahreszeiten, die verschneiten Winternächte wie auch das bleiche Morgenrot, sind ihm vertraut.

Alle Teile der Stadt: ihr Hafen, die Vororte, die Kanäle, sogar die Einfahrten in die Stadt, fanden in seinen Gedichten ein Echo, gewannen in seinem Werk ein neues Leben.

Der Petersburger Hafen erhält eine unerwartete Beleuchtung. Meeresluft erfüllt die Stadt. »Und in den Gassen riecht es nach Meer.« Die blaue Ferne, die Weite des Wassers weckt Sehnsucht nach fernen Ländern, ein romantisches Verlangen. Die Sehnsucht kleidete sich in die silbernen Rosen des Nebels. *In die Ferne!*[88] Aber die Sirene, die in den nebligen Fernen singt, sie ist verderbenbringend. »Auf die verhängnisvolle und ziellose Reise ruft der laute Ozean.« Ein Schneegestöber weht vom Meer. Dieses Thema begleitet das Thema der Schiffe ständig.

In das Firmament gestürzt
Die Statur der *schneeigen* Masten.

Über ihnen das Gewölk voll Schnee. Ihr Weg ist verschneit.

> Und im Schneetreiben versinken die Schiffe auf
> dem Meer.

Ihre Erscheinung ist verwünscht. »Wir brauchen nicht die Schiffe aus der Ferne.« »Die in die Ferne verschwundenen.« »Die unwiederbringlichen Schiffe wendeten.« Das Meer wird nicht als verbindendes Element gezeichnet, sondern als von den fremden Ländern trennendes, es drückt gleichsam Petersburg an das trostlose Ufer, indem es die russischen Weiten begrenzt. *Es erweist sich, daß Petersburg am Rand der Erde vor der Grenze zum Unergründlichen liegt.*

Freudlos sieht das Umland aus. »Zäune wie Särge. In den Gräben modert die Fäule ... Alles, alles ist beerdigt in der ruchlosen Menschenleere.« Im Frühling gibt es eine Belebung. »Lachen. Plätschern. Spritzer. Fabrikgeruch.« Die Hupen tönen. »Nacht. Das eisige Flimmern des Kanals. Apotheke. Straße. Laterne.«

Die Beschreibungen sind komprimiert, fast Aufzählungen von nur Gegenständen, sogar ohne Epitheta. Die Rede ist schwer, stockend.

Blocks Newa ist rauh, unheimlich wallen in ihr die »ewig kalten«, die »schwarzen« Wasser, welche »vom unendlichen Vergessen künden«.

Die Luft – voll Staub und Ruß. »Es liegt der Staub in Schichten.« »Die Straße erhebt sich, voller Schwefel, verstopft von Spinnengarn.« »Der Fabrikgeruch.« »Der in die Höhe ausgespiene Rauch verdeckt das Licht der Morgenröte.«

Große Straßen, unendliche Prospekte mit Fäden von Laternen, welche in die Finsternis verschwinden, erfüllt von abendlichem Schauder. »Es waren die Straßen trunken von Schreien, es waren Sonnen im Funkeln der Schaufenster.«

Und die Ströme der Kutschen, und der fliegende Motor, der »in der schneeigen Finsternis siegreich und verliebt« oder »schwarz, still, wie eine Eule« singt, er saust vorbei, »Lichter in die Nacht spritzend«. Alle diese Bilder fließen in eines zusammen.

Die widerhallende Stadt, voll des Zitterns.

Auf Petersburgs Bevölkerung liegt ein besonderes Gepräge der Unruhe.

Block richtet seine Aufmerksamkeit auf die Erniedrigten und Beleidigten, auf jene, »deren Traum sogar verdammt ist«, auf die von der schweren Arbeit gebeugten Rücken ... auf die alten Frauen mit Krückstock, die blinden Bettler, die verlassenen Kinder, den finsteren Leierkastenmann, der im Hof jault. Und es gibt viele andere Visionen der »nicht lebendigen Hauptstadt«: »die Rücken verschwanden, es erstanden Gesichter«, schüchterne, unterwürfige. Alle sind von den Rädern des Lebens niedergedrückt, wer sie auch seien: Kranke, Mißgeburten, alle, die sich dem Rausch der Leidenschaften ergaben, mit ihnen ist die Muse des Petersburger Dichters. Und besonders mit denen, die von der eigenen Not und den Leidenschaften anderer niedergedrückt wurden.

Die Straße, Straße ...
Schatten der lautlos hastenden
Den Körper zu verkaufen,
Und Vergessen zu kaufen,
Und sich wieder zu versenken
In den schläfrigen See der Stadt – der Winterskälte.

Block singt ein Loblied auf alle, die versengt, verworfen und verbrannt wurden. Der Ring des Leidens verband ihre

Herzen. Es ist die Stadt des ausweglosen Leidens, in der keine Schiffe – die Boten eines glückseligen Lebens – ankommen.

Das Bild des Todes wandelt durch die Stadt, der Tod ist der Befreier. Mal erscheint er im blauen Schlafkämmerchen, in der Gestalt des kleinen Zwerges, der die Lebensuhr anhält. »Der kleine Zwerg trägt in der Hand das Pendel.« Oder der Tod taucht als ein bis zu den Augen in einen Mantel gewickeltes Skelett auf, das zwei nasenlosen Frauen das verheißungsvolle Fläschchen mit Venenum zusteckt …

Dem sichtbaren Blick erschließt sich der finstere Abgrund, und es ist berauschend, an seinem Rand zu stehen.

Durch die Straßen fegt der Schneesturm
Taumelt, flattert, treibt herum.
Jemand hat mich angefaßt
Jemand lächelte mir zu.
Führt mich. Plötzlich seh ich *Tiefe*
Eingefaßt in dunklen Stein.
Wie das fließt und wie das ruft
Welch verfluchtes schwarzes Reich.

Die Stadt des Todes ist die Stadt des Märchens. Aber das Märchen befreit sowohl vom Leben als auch vom Tod. Die Grenzen zwischen Leib und Geist, zwischen Wirklichkeit und Traum, zwischen Leben und Tod sind in dieser Stadt der Mysterien verwischt. »Tod, wo ist dein Stachel«!

Eine Seele wird veredelt
Durch die Fähigkeit zu sterben.[89]

Welche Farben gibt Block seiner Wahrnehmung von Petersburg? Farben, die das Antlitz der Stadt ausdrücken. Er nennt sie schwarz.

Gottesmutter!
Warum führtest Du in *meine schwarze Stadt*
Das Jesuskind?

Aber ähnlich wie in der weißen Farbe das ganze Farbspektrum zusammengeflossen ist, so enthält auch dieses *Schwarz* viele Töne.

Die Seele der Stadt schillert in zwei Grundfarben.

Die erste ist Blau in allen Tönungen, in Grau übergehend. Dies ist der prägende Hintergrund Petersburgs, »wo blaue Finsternis schlummert«. »Erinnerst du dich an die beunruhigende Stadt, den blauen Dunst in der Ferne.« Und »nur in der *Seele* wiegt sich die blaue Finsternis der Stadt«. »Der rauchig-blaugraue Nebel.« »Der grau-steinerne Leib.« »Der wunderbar graue Himmel«, »die hoffnungslos graue Ferne«.

Auf der Brücke, nahe der schlafenden *blauen Schiffe*, im blauen Schnee erscheint »Die Unbekannte«, die vom Himmel als »leuchtender großer Stern« fiel. »Der ewig junge Schnee umkleidet ihre Schultern, verbrämt ihre Gestalt. Sie wartet, reglos wie eine Statue. Ein Mann, ebenso *himmelblau* umstrahlt wie sie, kommt aus der dunklen Allee und betritt die Brücke. Er ist ebenfalls schneeverbrämt. Und ebenfalls schön. Er schwankt wie eine stille, blaue Flammenzunge … Der Himmelblaue ist verschwunden. An der Stelle, wo er gestanden hat, dreht sich ein Schneewirbel.«[90]

Ein ganzes Poem der blauen Farbe, und es scheint, daß Petersburg selbst zum Phantom wurde und wie eine stille blaue Flamme flackert.

Das Farbenspiel des Grau und Blau von hellen Tönen, die in die Finsternis übergehen – das ist der prägende Hintergrund von Petersburg.

Tatsächlich lassen sich diese Töne für jeden leicht mit

den leiblichen Augen in den Nebeln der nördlichen Hauptstadt erschauen.

Aber Block versteht die Farbe nicht so. Über den blaugrauen Ton springen die blutroten Lichtflecken der nördlichen Morgendämmerung.

Die Stadt hat roten Horizonten
Ihr Totenantlitz zugewandt,
In Sonnenblut getaucht die Fronten,
Den grauen Leib aus Stein und Sand.

Die berauschte Sonne besprengt alles.

Ein roter Hausknecht kippt die Eimer,
Ein trunken-rotes Wasser aus.

Die Stadt wird von einer unheimlichen Phantastik erfüllt.

Und eines Turmes Kupferschelle
Schnellt in den erznen Schall der Wut,
In ihr Gelärm, das freche, grelle,
Die Zunge *streckt sie*, rot von Blut.[91]

Diese rote Farbe flimmert als roter trunkener Gnom in der Dämmerung des sterbenden Tages zwischen den Bildern des Todes auf.

Der trunkene rote Gnom steht im Weg,
Er spritzt und sprengt Wasser, macht die Kleider naß
(...)
Der Zwerg sprang in das Pfützchen wie ein rotes
Klümpchen,
Jagt mit der runzligen Hand ein Rinnsal über das
andere.

(...)
Die rote Sonne ging hinter den Gebäuden unter.*

Aber oben – hingekauert wie zum Sprunge –
Auf dem Mauerabsatz hockt ein Gnom.
Und es lohte seine himmelwärts gereckte Zunge
Wie ein rotes Banner auf in einem blauen Dom.[92]

Irgendwer hat den Himmel mit Blut beschmutzt. Irgendwer hat eine rote Laterne herausgehängt ...

Aber die Purpurfarbe ist nicht nur das Motiv des unheilschweren Untergangs. Auf eine eigentümliche Weise ist sie überall in Petersburg verteilt, nachgerade wie in Sevilla oder Neapel.

Auf den Straßen werden »rote Sperren« errichtet, in die Fenster stellt man hochrote Blumen. Alle Kleidung ist rot: ein rötlicher Mantel, eine rote Kappe, ein roter Frack, »irgendwer im roten Kleid hob ein kleines Kind in die Luft« ... »Und sie lag mit ausgebreiteten Armen auf dem Rücken, im schmutzig-roten Kleid auf dem blutigen Pflaster...« Noch einmal unterstreicht der Dichter (ebendort): »Die freie Jungfrau im Feuermantel« (»Ich gehe – und alles ist flüchtig«). Und die Schau dieser Stadt:

Mit dem verschütteten Weinkelch
Auf einem scharlachfarbenen Tier – ein Weib ...**

Es ist nicht möglich, diesen sich wiederholenden Akzent auf dem klangvollen russischen Wort als zufällig anzusehen. Er ist dem mit dem leiblichen Auge sichtbaren Petersburg zu fremd.

* »Der Betrug«
** »Das Unsichtbare«

In dieser Stadt des abendlichen Bebens, der Winde und der winterlichen Schneestürme läßt die rote Farbe – die Farbe der Leidenschaft in Verbindung mit den unheilschweren Untergängen – die Stadt in die Vorahnung der großen Erschütterungen tauchen.

Nur zwei von Blocks Gedichten sind der unmittelbaren Charakterisierung von Petersburg gewidmet (»Die Schneejungfrau« und »Peter«).

Aus der wilden Ferne trat die *Schneejungfrau* in die Stadt Peters ein, die »nächtliche Tochter anderer Zeiten«.

Verwandte sind ihr nicht begegnet,
der Himmel hat sie nicht bestrahlt.
Jedoch mit einem leisen Rufen
begegnete sie einer *Sphinx*
über den ungeheuren Ufern
im düstren Schneegestöber rings.

Die Schneejungfrau ist nicht nur die Tochter anderer Zeiten, sondern auch ferner Länder.

So ruhend träumt sie von *Ägypten*
im trüben nordschen Nebeldunst.

Ihre Gestalt ist unklar. Möglicherweise ist die von den Nilufern Hergekommene eben die Ewige Jungfrau, die Wladimir Solowjow zuerst in Moskau, dann in London und schließlich unter dem sternenreichen Himmel der ägyptischen Wüste erschien. Auf jeden Fall ist es dieselbe Gestalt der Schönen Dame in einer neuen Hypostase:

Und meine Stadt, die zugefroren,
verregnet, grau und monoton,
hat sie zum Reiche sich erkoren,
dank einer fremden Religion.

Auf einmal liebte sie die finstern
Kolosse, die sie nächtens sah,
die sanften Lichter in den Fenstern
erschienen ihr so seltsam nah.

Und da erkannte sie den Zauber
von Nebel, Wind und Lethargie,
von meiner Stadt, die undurchschaubar.
Und undurchschaubar blieb auch sie.[93]

In diesem wunderbaren Abschnitt offenbart Block seine Verbindung mit Petersburg. Zweifach nennt er es *seine Stadt.* Peters Stadt stellt für ihn eine ganze Welt dar, so wie einst Rom für Goethe. Aber man kann Petersburg, wie auch Rußland selbst, nur mit dem Glauben annehmen, mit dem unfaßbaren Glauben. Das Geheimnis umfängt auch die Schneejungfrau und die Stadt selbst, ja und auch das Geheimnis selbst ist unfaßbar. Petersburg ist die Herrschaft des Mysteriums. Und in ihm, wie auch in ganz Rußland, wandert der Wind durch die Finsternis. Der Wind, eine kosmische Kraft, ist der Vorbote der Geburt.

In diesem Reich der Schneejungfrau gibt es einen Ritter: den Ehernen Reiter, den Hüter der unbegreiflichen Stadt.

Er schläft, solang der Tag verlischt.
Sein rosa Harnisch glimmt beschlagen.
Die Schlange unterm Huftritt zischt
Den Nebeln nach, wenn sie sich jagen.

Das Schwarz wird sinken, Nacht, die braust.
Über die Stadt hin rollt die Schlange.
Ein Licht glüht auf in Peters Faust
Und tanzt, die Flamme, wüst und lange.

In seinem flackernden Licht setzt ein Mysterium ein, ein unheimliches nächtliches Märchen und zugleich ein so alltägliches, das von »geheimnisvoller Geschmacklosigkeit« erfüllt ist.

Laternen in Girlanden glühn,
Schaufenster blitzen, Trottoire.
Im Glitzern trüber Plätze blühn
Und kreisen Reih um Reih die Paare.

O Sturz des Blicks in saugenden Blick!
In Schattenschleiern gehen alle –
Anfleh um Schutz sie das Geschick,
Nicht uns die Unschuld in der Falle!

Auf dem Granit der Zar schwenkt wild
Das Räucherfaß, verkommen stinkend.
Ein Prachtornat aus Dünsten hüllt
Die Stadt und Peters Licht, uns winkend.

Folgt seinem Ruf! Auf, auf zur Jagd,
Wo sich die Straßen dicht verzweigen!
Die Stadt voll Stimmen, bis es tagt,
Von Männern, grellen, Fraun wie Geigen –

Dies ist ganz die uns gut bekannte Vanitas vanitatum vom »Newski Prospekt«, wo es nur »Lug und Trug« gibt, »alles nicht das, was es scheint«, ist. Das Nachtleben der Stadt ist voll des aufwühlenden unheimlichen Geheimnisses. In seinem Innern entfaltet sich die *Nachtviole*, die lila Blume. Aus dem Chaos dieses Flackerns erhebt sich in gravitätischer Ruhe der Eherne Reiter, Petersburgs Genius, der über der unaufhörlich lärmenden Stadt herrscht.

O seine Stadt, die er beschützt!
In morgenroter Aureole
Streckt sich sein Arm. Ein Degen blitzt,
Da sie verstummt, die Metropole.[94]

Die Stille aber tritt in ihr nicht ein. Mit dem neuen Morgenrot wird die Vanitas vanitatum wiederaufgenommen.

In diesem Petersburger Gedicht bereitete Block alles für das Auftauchen der Nachtviole vor.

Die Erscheinung der Ewigen Jungfrau ist in der »Unbekannten« dargestellt. Der Dichter nimmt die finstersten Seiten des Trinkerlebens und verleiht ihnen eine angespannte Schärfe.

Am Abend sind über den Restaurants
Die heißen Lüfte wild und taub,
Und die betrunkenen Rufe lenkt an Land
Ein frühlingshafter fauler Hauch.

Der Staub der Gassen, des Bäckers Kringel, Kindergeschrei: alle langweiligen Bilder der Petersburger Alltage.

Der Dichter gibt seinen Worten eine bedrückende Schwere, und die Laute selbst schlagen mit einer groben Kraft.

Und *vor der Stadt* flanieren jeden Abend,
Tief die *Melone* im Genick,
Inmitten von Kanälen mit den Damen
Die altbewährten Bonmotisten.
(…)
Und gleich daneben an den Nachbartischen
Schläfrige Kellner stehn im Frack.

Wie Gogol und Dostojewski verdichtet Block die schmutzigen Farben der Prosa, um in ihr die hohe Phantastik freizulegen. Es sei an Wersilows Liebe zu den Wirtshäusern erinnert.

In seinen »geschmacklosen und prosaischen« Bildern schafft Block den nötigen Rahmen für den Beginn des Mysteriums, wie er es versteht.*

Die Vorbereitung für die Erscheinung der Ewigen Jungfrau ist abgeschlossen.

Es entfaltet sich die Nachtviole. (Erinnern wir uns an die »Blaue Blume« von Novalis.)

»Und inmitten dieses Blickgefunkels, dieses Blickewirbels ersteht plötzlich, wie *im himmelblauen Schnee erblühend, ein Gesicht. Das einmalig schöne Gesicht der Unbekannten* ...

Das ewige Märchen. Es ist SIE, die Weltbeherrscherin. SIE hebt den Zauberstab und regiert die Welt. Wir alle sind in IHREM Bann ... Ewige Wiederkehr. Aufs neue umfängt SIE den Erdball.«[95] Der Dichter taucht in die himmelblaue Welt.**

So der Kommentar zu den Versen »Die Unbekannte« in dem gleichnamigen Theaterstück. Leicht läßt sich in ihm die wiederkehrende Schöne Dame erkennen.

Die ewig Junge kehrte aus den unbeleuchteten Nebeln, aus der Herrschaft des blauen Schnees zurück.

Jetzt erscheint sie, einer Prostituierten gleich, im Rausch des Wirtshauses. Diese ihre Verkörperung ruft in Block jedoch keine Tragödie vom »ewigen Kampf des Traums mit der Wirklichkeit« hervor, wie bei Gogol. Alles

* Wl. Solowjow bedient sich eines ähnlichen Verfahrens in den »Drei Begegnungen«, wo er erst betont profan die Reise in die Wüste beschreibt und dann in feierlichen Versen die Sophia herausstellt.

** Siehe oben.

soll genau so sein. Der Geist des Dichters unserer Tage durchschritt einen schreckensreichen Weg. Und vielleicht ist sie gerade hier, an diesem Ort, in dieser Verkörperung leichter zu erlangen. Auch als solche verschmäht Block die Ewige Jungfrau nicht. Für einen Augenblick jedoch scheint seine Stimme zu erzittern. (»Oder ists nur, daß ich das träume?«) Aber die Frage nach dem Verhältnis zwischen Traum und Wirklichkeit hat für ihn an Schärfe verloren.

Was sich in der Seele des Dichters vollzieht, hat den Wert einer vollständigen Wahrheit. Und er läßt sich schon nicht mehr davon erschrecken, daß es »nicht das, was es scheint«, ist. »Zur bestimmten Stunde« geht langsam eine Vision, nach Parfüm und Nebeln duftend, vorbei.

Von alten Aberglauben wehen
Ihre schmiegsamen Seiden sanft,
Der schwarze Hut mit Trauerfedern
Und die beringte schmale Hand.

Die Herrschaft der Nebel, alter Aberglaube – alles dieses verbindet, ungeachtet der zeitgenössischen Kleidung, die Unbekannte mit der Schneejungfrau. Block erkennt die »dem Verstand unerreichbare Vision«, die sich seit langen Jahren »in sein Herz einschnitt«.

Und tief gefangen von seltsamer Nähe
Blick ich durch ihren Schleier hin
Und sehe eine Zauberferne
Und Ufer, die verzaubert sind.
Stumm ein Geheimnis ist mir übergeben,
Jemandes Sonne anvertraut ...[96]

Die Unbekannte entführt den Dichter in andere Welten, zu fernen Ufern, wo ihre blauen, abgrundtiefen Augen blühen, in das Reich, in dem sich die blaue Blume – die Sonne der Romantiker – entfaltet.

Gogol, der Block in seiner Wahrnehmung Petersburgs nahestand, wußte nur, daß Rußland für die nördliche Hauptstadt nötig ist, aber er wußte nicht, ob sie auch für ihr Land nötig sei.

Für Block stellte sich diese Frage nicht. Ihm reichte es zu wissen, daß Rußland schon seit langem seine nördliche Hauptstadt angenommen und sich an sie gewöhnt hat, daß es sie in sein Ausmaß, seine Sehnsucht und in seine Zukunftsträchtigkeit, die sich »in der Finsternis und Kälte der kommenden Tage« verberge, einbezogen habe. Das Rußland, das Block liebte, konnte nicht vom alten Moskau, sondern nur von Petersburg geführt werden – eine unbegreifliche Hauptstadt eines unbegreiflichen Landes.

Halt an, weise wie Ödipus,
Vor der Sphinx mit dem uralten Rätsel.

Das Petersburgbild in Blocks Dichtung ist ein Glied in der bedeutungsvollsten und tiefsten Tradition von der Wahrnehmung unserer Stadt. Aber die Anbindung an die Tradition beengt es nicht. Blocks Bild ist ganz eigen. Die Stadt der geheimnisvollen Geschmacklosigkeit wird zur Stadt der Theophanie. Aber dieses neue Wort über Petersburg erklingt leise und dumpf. Und es ist noch nicht die Zeit gekommen, seine Tiefe auszuschöpfen.

VII

Neben diesen ganzheitlichen und tiefen Beschreibungen Petersburgs, die eine besondere Idee von Peters Stadt entwickeln, erstehen in unserer Literatur einzelne Bilder, die davon zeugen, daß sich das Interesse an Petersburg als solchem, außerhalb des Systems komplizierter Ideenkonstruktionen und mystischer Intuitionen, verstärkt. *Michail Kusmin* macht sich kunstvoll *das archaisierende Verfahren* zunutze, welches Merezhkowski für die Beschreibung der nördlichen Hauptstadt verwandte. In seinem stilisierten Roman *Das wundersame Leben des Joseph Balsamo Graf Cagliostro* versucht er, ein Petersburgbild durch das Prisma eines Ausländers zu schaffen.

Die weißen Nächte »gefielen ihm und erstaunten ihn, wie alles in dieser seltsamen Stadt. Ihm schien sogar dieses gespenstische Licht das einzig passende für diese gespenstische, flach ausgestreckte Stadt zu sein, wo die wasserreichen Kanäle und die Newa, die weiten Perspektiven der Straßen, Flüssen gleich, das ebenmäßige Grün der gestutzten Gärten, der niedrige gläserne Himmel und die stets fühlbare Nähe des sumpfigen reglosen Meeres Furcht aufkommen ließen, daß gleich die Uhr schlagen, der Hahn krähen und dann alles – die Stadt, der Fluß, die weißäugigen Menschen – verschwinden und zu einer ebenen Wasserfläche würde, in der sich der gelblich gläserne, nächtliche Himmel spiegelt. Alles wäre dann eben hell und trüb wie vor der Erschaffung der Welt, als Gottes Geist noch nicht über der Tiefe schwebte. Die Tage waren klar, kalt und sehr windig. Staubwolken fegten durch die Straßen, wirbelten auf an Plätzen und Märkten, Fahnen knatterten in der Luft, einige Offiziere ritten mit Muff aus, und die Sarafane der Marktweiber schlugen hoch bis über ihre Köpfe«.[97]

Indem sich Kusmin darum bemühte, eine Skizze der außergewöhnlichen Stadt, die solch großes Interesse weckt, zu geben, konnte er nicht umhin, in Cagliostros Wahrnehmung das gut bekannte Bild vom Verschwinden der durchsichtigen Stadt aufzunehmen. So groß ist die Macht von Dostojewskis Phantasie über die Wahrnehmung von Petersburg.*

Die Dichter reagieren feinsinnig auf das neue Stadtgefühl. Ganze Gedichte werden Petersburg und seinen einzelnen Denkmälern gewidmet. Viele suchen in ihm bereits nicht mehr die Widerspiegelung ihrer Ideen. Die Gefühle von Wut und Trauer machen einer gelassenen Kontemplation Platz. Viele Dichter sind frei von der sich tief in die Seelen einprägenden Macht der ungewöhnlichen Stadt. Sie nähern sich ihr auf dem Weg ihrer künstlerischen Entwicklung, verweilen kurz, beleuchten ihr Bild, suchen einen ihm adäquaten Ausdruck und verlassen die Stadt, um möglicherweise irgendwann zu ihr zurückzukehren. Manchmal trifft man auf Bilder, die sich noch wenig von den in der russischen Literatur herrschenden frei gemacht haben, wie zum Beispiel bei *Sergei Gorodetzki.* Der Dichter träumt in die weiße Nacht der allerphantastischsten Stadt

* Es ist interessant, die Beschreibung des erfundenen Joseph Balsamo mit der Aufzeichnung über Petersburg zu vergleichen, die von einem anderen italienischen Abenteurer stammt – Casanova. »Petersburg überraschte mich durch seinen seltsamen Anblick. Mir schien es, ich sähe eine Kolonie von Wilden inmitten einer europäischen Stadt. Die Straßen sind lang und breit, die Plätze gewaltig, die Häuser geräumig; alles ist neu und schmutzig. Es ist bekannt, daß Peter der Große diese Stadt errichtete. Seine Architekten imitierten die europäischen Städte. Nichtsdestotrotz spürt man in dieser Stadt die Nähe der Wüste und das Nördliche Eismeer. Die ruhigen Wasser der Newa umspülen die Mauern vieler im Bau befindlicher Paläste und unvollendeter Kirchen, sie ist nicht so sehr ein Fluß als vielmehr ein See« (Die Erinnerungen des Casanova).

auf der Welt, wenn »der weiße Abend die Newa und Petrograd in die weiße Nacht zog« und die Paläste ihre Augen weiteten.

Ein Schwarm von überirdschen Lichtern
bezwang auf einmal diese Stadt.
In Silberfäden ist der Himmel
herabgetropft. Es schwand die Nacht
wie ein gespenstisches Gewimmel.
Und das Vergangne war erwacht.
Doch Newski löste das Gewebe
der Nacht und wurde hell und glatt.*[98]

Die Stadt füllt sich mit Gespenstern. Furchtsam tritt Gogol heraus, »den Hals ganz mit einem Schal umwickelt«. Ihm erscheinen prophetische Stimmen, und er träumt vom nahen Glück Rußlands, und »dachte an den verheißungsvollen zweiten Teil seines Poems«. Ihm entgegen strebt Puschkin, sorglos, weise und glücklich.

Und dort an der Newa trafen sich drei Imperatoren. Dem ersten von ihnen erschien »die Grenze des fruchtbaren Reiches« »wieder zu gering«. Und dort oben, gleichsam segnend, die Stadt:

Der Himmel erzitterte, wie lebendig,
In bernstein-purpurner Farbe.

Der neblig-träumerische Ton ist jedoch für die nun beginnende Periode nicht mehr charakteristisch. Interessant ist hier nur die Lobpreisung der Stadt und das Streben, die Grenzen des ihr untertanen Reiches zu erweitern. Petersburg fordert heute eine besonnene, klare, sogar etwas kalte

* »Petersburger Visionen«

Betrachtung. Erneut ist die Stadt Peters, wie der Imperator selber, stolz und klar, und »das Antlitz ist voller Ruhm«.

Einer der Leiter der führenden Schule, *Waleri Brjussow*, widmet neben den zahlreichen Gedichten, in denen er das Thema der großen Stadt berührt, einige vollständig Petersburg. In einem stellt er heraus, welch erhabene Ruhe die Denkmäler der großen Stadt ausstrahlen, inmitten der ungeordneten Brandung der vorbeiziehenden Menschenmassen, inmitten der wechselnden Generationen.

Der Isaak strahlt im eisigen Nebel,
Zar Peter ragt aus dem Schnee empor.
Die Menschen marschieren im Zwielicht daneben,
wie sein gedrilltes Kadettencorps.
So standst du auch früher, trotz Sturm und Regen,
über finstren Fluten, vom Schaum umspült.
Es schleuderte dir seine Flüche entgegen,
Jewgeni, zerrüttet und aufgewühlt.
Du standst. Und alleingelassen im Kampfe,
wurde ein Heer zum Leichenhauf,
sein warmes Blut auf dem Schnee verdampfte,
aber der Nordpol taute nicht auf!
Es kamen neue Generationen,
Häuser erwuchsen, wie deine Saat …
Du wolltest niemals die Schlange schonen,
welche dein ehernes Roß zertrat.
Doch die nördliche Stadt gleicht einem Schatten,
wir Menschen schwinden, ein flüchtiger Schwarm,
du aber reitest ohnermatten
und streckst in die Zukunft deinen Arm.[99]

Auf dem Schloßplatz vor dem »Zarenhaus«, »als Zeichen der Siege, als Bote des Ruhmes« erhob sich die *Alexandersäule.*

Am Newski sammelt sich die Menge,
wie eine windbewegte Flut.
Doch unbehelligt vom Gedränge –
die Alexandersäule ruht.
Sie ist graniten und erhaben,
ein Stück von uraltem Gestein!
(...)
Denn unverrückbar, unverstellbar
ist in der Zeit dein schwerer Fuß.[100]

Alles fließt, alles ändert sich, aber diese Werke von Menschenhand sind nicht vergänglich, sind nicht Staub. Sie wurden von der Ewigkeit adoptiert. Die Werke wurden größer als ihre Schöpfer. Sie stehen in einem Austausch miteinander, der nur für Eingeweihte zu sehen ist. Vergleichbar den Alpengipfeln – Jungfrau und Finsteraarhorn – schauen auch sie auf die unten wimmelnden zweibeinigen Käferchen, auf das schnell wechselnde Ephemerische. »Alles vor sich betrachtend«, erblickt die Alexandersäule »im dämmrigen Nebel die zwei alten Sphingen über der Newa«.

Sie sehn sich an im tiefen Schweigen,
erfüllt mit heiligem Verdruß,
als hörten sie die Wellen steigen
von einem andren großen Fluß.
Für sie, die Sprößlinge der Zeiten,
ist dieser Ort ein flüchtiger Traum.
(...)
Und als die purpurrote Kante
der Sonnenscheibe langsam schwand,
da sannen sie, wie einst im Sand,
dieselbe Sonne golden brannte,
dort, wo des Horus Säule stand.[101]

Indem die Denkmäler die Bilder aus der Vergangenheit wiedererwecken, vertiefen sie die Perspektive in die Zeit. Das Stadtleben wird von noch einem Teilnehmer erweitert, dem Fluß, der die Gedanken in ferne Länder entführt. *Nikolai Gumiljow* beschreibt die »veränderliche Newa«, wenn sie mit den Frühlingsgästen, den Eisschollen, bedeckt ist, die sich »mit dem Rascheln von Schlangen« übereinanderschieben:

Der Fluß ist krank. Allein im Zoo
sind alle Eisbärn hinter Gittern
auf einmal ungewöhnlich froh,
weil sie die alte Freiheit wittern.
Sie wissen, die Gefangenschaft
ist Wahn. Ihr Schicksal soll sich wenden:
Das Eismeer selbst will ihre Haft
in allernächster Zeit beenden.[102]

Ein ganz reines Bild der Stadt, frei von jeglichen Ideen, Stimmungen und Phantasien vermittelt *Ossip Mandelstam.*

In seinen ziselierten Strophen, die er der Admiralität widmete, finden wir ein Echo auf seine Begeisterung für die Architektur:

Vertraut die Herrschaft dieser vier: der Elemente,
Ein fünftes hat der freie Mensch sich ausgedacht.
Ist nicht die Übermacht des Raums verneint, zu Ende
In dieser Arche, diesem rein gebauten Dach?

Gelassen ist der Triumph des menschlichen Genius. *Erneut tritt das imperialistische Bild von Petersburg auf, es wird ohne Pathos, aber mit einer gelassenen Billigung eingeführt.*

Drei Dimensionen sind entfesselt, frei, und alle
Die Meere öffnen sich hinaus zur großen Welt![103]

In den »Petersburger Strophen« wird dieses Thema weiterentwickelt.

Und über der Newa – die Gesandtschaften der halben
 Welt,
Admiralität, Sonne, Stille!
Und des Staates fester Porphyr,
Grob und arm wie ein härenes Hemd.

Stille, Sonne und der grobe und arme Porphyr des Staates erwies sich als fest.

Gedeihe, Peters Stadt, und halt
Wie Rußland selber unvernichtbar!

Aber ganz Rußland geriet ins Wanken.

Je stolzer Petersburg seinen Kopf erhob, um so deutlicher bemerkten scharfe Blicke, wie wenig es dem von Peter geschaffenen Nördlichen Palmyra des 18. Jahrhundert entsprach.

Vor dem Krieg gab es indes einen Augenblick, da ein Teil der Gesellschaft mit ruhiger Zuversicht auf die Zukunft von Peters Stadt blickte. Es schien, daß sich vor dem siegreichen Nördlichen Palmyra das antike Byzanz verneige, das kostbare Zargrad. Man hätte erwarten können, daß die imperialistische Stadt ihre tragischen Züge verlieren werde.

Einige Dichter, die sich für die erneut offenbarende Erhabenheit Petersburgs begeisterten, hielten diesen Augenblick in ihrem Werk fest.

Vor dem Krieg trat eine Stunde der Stille ein. So vollzieht

es sich im Herbst. Die Sonne scheint hell. Alles ist klar erleuchtet, deutlich, detailliert. Und die Stille, eine tiefe Stille erfüllt die Welt. Das ist die Stunde des Abschieds. Auf sie folgen die Herbststürme, die von der Erstarrung des Winters künden.

* * *

In der Stunde der Stille vor dem Sturm erschien eine Dichterin, die liebkosend auf das Antlitz der zum Untergang geweihten Stadt blickte, sie mit Zärtlichkeit beschrieb und damit zu einem Teil ihres Lebens machte. Diese Dichterin ist *Anna Achmatowa.*

Bei Achmatowa tritt Petersburg, wie auch bei Block, in der Tiefe des poetischen Bildes auf, meistens *als inniger Zeuge von Liebespoemen.* Petersburg ist der Hintergrund, vor dem die Schatten der Liebenden gleiten, welcher der ganzen Abbildung durch seinen ruhigen Rhythmus Strenge verleiht.

> Oh, das war ein kühler Tag,
> so kann er nur in Petersburg enden!
> Die Sonne starb in roten Bränden –
> wie dicht der Schatten bald schon lag![104]

Das still verglimmende Feuer des nördlichen Abends in der wunderbaren Stadt Peters nach einem kühlen Tag – welch bedeutungsvolles Herangehen an ein Poem der Liebe!

Das persönliche Erleben verbindet sich mit *bestimmten Orten der Stadt. In ihren Häusern, in ihren Gärten prägt sich die Vergangenheit ein, die wertvoll ist, nicht für die Gesellschaft, aber für den einzelnen Menschen.*

> Vor dem Tor auf der Galernaja
> weilt noch unser Schattenbild …

Achmatowas Bild trägt einen erheblich konkreteren Charakter als Blocks Bild. Sie liebt es, den Handlungsort zu bestimmen. Einzelne Ecken Petersburgs werden fortwährend in ihren Gedichten erwähnt.

> ... standen wir und harrten,
> und es war so ungewohnt,
> als über dem *Sommergarten*
> auferstand der rosa Mond.
> (...)
> Weshalb sollten wir uns sputen?
> Nichts hat uns in der Gewalt.
> Dunkel sind die *Newafluten*.
> Und *Zar Peter* lächelt kalt.[105]

Wie vertraut wurde die Stadt, wie verband sich die Seele mit ihr! – und das Antlitz des kalten Petersburg wurde von einem Lächeln erleuchtet. Ist es denn lange her, daß der feinsinnige und scharfsichtige Dichter über die Stadt sprach: »nicht Lachen, Weinen, Verwirrung!« *Petersburg wird zur Arche unserer persönlichen Vergangenheit.* Denken wir an den »Jüngling«, der hier seine »glücklichen Orte« hatte, die aufzusuchen er liebte, um »traurig zu sein und sich zu erinnern«. Achmatowa verwandelt Petersburg in eine »verheißungsvolle Stadt«.

> Fragte alle, die ihm nah und ferne
> unterwegs begegnet sind:
> »Wo sind ihre Augensterne,
> samtig grau und frohgesinnt?«
> (...)
> Und in stiller Abendstunde
> fand er unsre trübe Stadt.
> (...)

Und er hat auf den granitnen Stufen
eines Doms, der groß und dunkel ist,
seine erste Freude angerufen,
abzukürzen die ersehnte Frist.
Und im Licht der himmlischen Laternen,
welches vom Altar herniederrinnt
fand er ihre Augensterne,
samtig grau und frohgesinnt.[106]

So erhofften sich die deutschen Romantiker in Rom ein Treffen mit jener, die ihnen seit Jahrhunderten vorherbestimmt schien. In der ewigen Stadt ist kein Ort für Zufälle, alles erlangt einen geheimen Sinn, überall ist die Anwesenheit von etwas Großem zu spüren. Achmatowas Blick aber ist frei vom romantischen Dunst. Sie liebt nicht aus der wunderbaren Ferne. Ihre Worte sind streng und einfach. Sie liebt, aber ihr Blick ist klar. Petersburg wurde zu einem unentbehrlichen Bestandteil ihrer Seele.

Und so wurdest du, finstere Stätte,
an den Strömen bedrohlich und kalt,
mir zum trauten kindlichen Bette
und zum brautlichen Lager alsbald,
wo dein Engel den Kranz mir brachte,
du, die ich schmerzvoll achte.
Ruhig, erhaben und fahl,
bist mein Altar der Gnade.
Hier sah ich zum erstenmal
jenen Mann, der die lichten Pfade
mir wies. Und die Muse hat
mich Blinde geführt durch die Stadt.[107]

Petersburg verlor alle seine abstoßenden, langweiligen und krankhaften Eigenschaften, Achmatowa nimmt in ihm nicht das Dostojewski und viele andere peinigende drohende

Wesen wahr. Und wenn wir es mit dem Bild der verheißungsvollen Stadt zu tun haben, mit einigen zarten religiösen Motiven, so sollen wir in ihnen doch keine ungelösten Symbole suchen. Sie alle sind nur tief persönliche Erfahrungen, die wenn auch intime, so doch ganz treffende und konkrete Bilder schaffen. Ungeachtet einer gewissen Ähnlichkeit mit Block in seinem Zugang zu Petersburg, kann Achmatowa auf keinen Fall in die gleiche Tradition gestellt werden. Sie kennt keinerlei Philosophie von Petersburg. Sie verband sich tief mit den Bildern und spürte so klar die Individualität Petersburgs, daß sie Worte fand, die sich mit der ganzen reichen Literatur über die Stadt messen können.

In einer ausgezeichneten Gegenüberstellung des Lebens in der Provinz und in Petersburg skizziert Achmatowa das Bild der nördlichen Hauptstadt.

> Woanders ist's, das schlichte Leben und das Licht
> voll Wärme, Transparenz und Heiterkeit …
> Dort steht am Zaun der Nachbar abends, spricht
> mit einem Mädchen – nur die Bienen
> vernehmen dies Gespräch, wir nicht.
>
> Denn wir, wir leben *schwer und feierlich*,
> wir respektiern den Ritus unsrer bitteren Begegnung,
> wenn kalt der Wind uns stürmisch und verwegen
> bei einer Rede, kaum begonnen, unterbricht.
>
> Und dennoch würden wir sie niemals tauschen, die
> *prächtige*
> *granitne Stadt voll Unglück und voll Ruhm,*
> *die weiten Flüsse unterm blanken Eise,*
> *die Parks, die sonnenlos im Finstern ruhn,*
> der Muse Stimme, sei sie noch so leise.*[108]

* Geschrieben 1915

Hier wurde eine klare Tradition zu Puschkin wiederhergestellt. Aber wieviel mußte die russische Gesellschaft und Petersburg selbst durchleben, bis erneut solche Worte gefunden wurden: prächtige, granitne Stadt voll Unglück und voll Ruhm! Hier ist das poetische Bild, das die Stadt des tragischen Imperialismus gestaltet.

Bisweilen verzichtet Achmatowa auf den ihr so eigenen rein persönlichen Zugang zu Petersburg, und sie schafft völlig objektive Bilder.

Und der *Isak* prangt, bekleidet
mit dem silbernen Ornat.
Und in Eisesstarre leidet
Peters Roß, bereit zur Tat.
Winde fegen Ruß und Kohle
von Schornen, stickig, streng ...
Ach, die neue Metropole
wird dem Zaren gar zu eng.[109]

Aber dieser stickige und strenge Wind weht nicht allein in Petersburg. Wind, Wind auf der ganzen weiten Welt! Das, was die einen gefürchtet und die anderen leidenschaftlich erwartet hatten, näherte sich: *die Stunde von Gericht und Strafe über das imperialistische Rußland.* Die friedlichen Anblicke täuschen die weise Lyra nicht.

Und du wagst es, die Newa zu sehn
und die Brücken zu überquern?
(...)
Schwarze Engelsflügel gespannt,
nah ist der Jüngste Tag,
ein karmesinroter Brand
erblüht wie Rosen im Hag.[110]

Es näherte sich der Dies irae.

Der letzte Winter vor dem Krieg, als es der Stadt so deutlich beschieden war, »Unglück und Ruhm« zu tragen, der letzte Winter, der mit der »äußersten Trauer« erinnert wird, wie ein Lied oder ein Kummer, ihn vergleicht Achmatowa mit den Bildern von Petersburg.

> Er war noch weißer als der Smolnyj
> und als des Sommergartens Pracht.
> Jetzt schauen wir zurück und fühlen
> voll Trauer seines Rätsels Macht.[111]

* * *

Kurz vor der Weltkatastrophe bildete sich in einigen Gesellschaftsschichten, die das Näherkommen des Weltensturmes wenn auch nur unbewußt, so doch am stärksten erlebten, eine besondere Weltanschauung. Nikolai Berdjajew gibt diesem Zustand eine ausgezeichnete Definition: »Es ging die Freude am gefügten, sonnigen Leben verloren. Der winterliche kosmische Wind riß eine Schicht nach der andern herunter, es fielen alle Blumen, alle Blätter, die Haut der Sachen war abgezogen, es sanken alle Hüllen, der ganze Leib, der in den Bildern der unvergänglichen Schönheit erschienen war, fiel auseinander« (»Die Krise der Kunst«). Dieser seelische Zustand spiegelte sich in der Kunst wider. »In dem wirbelnden Anwachsen von Wortverbindungen und Gleichklängen wächst die Spannung von Leben und Kosmos, die zur Katastrophe führt« (ebd.). Diese Stimmung gebar eine häßliche Erscheinung, die die Bezeichnung »*Futurismus*« annahm.

Dessen interessantester Vertreter ist *Wladimir Majakowski*, der häufig das Thema der großen Stadt allgemein und Petersburg im besonderen berührt. Die Forderung ihres Katechismus lautet so: Statt der »romantischen« Natur wird mit lauten Schreien die Stadt gerühmt. Aber die Lobpreisung gelingt nicht. »An dem befahrenen Fahrdamm der Seele« von Majakowski ziehen nur die Schatten irgendeines furchtbaren Ungeheuers vorbei, in dem man bisweilen Petersburg erkennen kann.

Vom Dach zum Rohr die Tränen kullern,
von denen bald die Ströme nippen.
Versehen mit granitnen Schnullern,
sinken des Himmels Hängelippen.

Und er begreift: zur flachen Schale
des Meers, das aufblinkt hin und wieder,
jagt feucht ein Treiber jenes fahle
Kamel des Newaflusses nieder.[112]

Im Ohr sind Schnipsel aus warmem Gelage.
Vom Norden hat – frostig ergraut –
der Nebel als blutiger Anthropophage
die faden Menschlein gekaut.

Es schwollen die Stunden wie übelstes Schmähn:
Die fünfte, die sechste schon.
Und irgendein Dreck war im Himmel zu sehn,
erhaben, wie Tolstoj in Person.[113]

Auf der Grundlage solcher Ausschnitte kann man schwerlich ein Petersburgbild erschaffen. Wir treffen hier die Nebel, auf die man selten in Beschreibungen der nördlichen Hauptstadt verzichtet. Und weiter nichts, was Besonderheiten von Petersburg herausgestellt hätte. Wir finden auch beim futuristischen Dichter das Motiv des Ehernen Reiters, welches er in seinem »Letzten Märchen von Petersburg« aufgreift.

Peter der Große, sein Roß und die Schlange, die der Neid vom Granit hob, geraten ins »Astoria«, wo sie sich Grenadine bestellen. Alles wäre glimpflich abgelaufen, im Roß indes regte sich der »alte Instinkt«: Es aß ein Bündel Strohhalme. Ein Skandal folgt. Die drei kehren auf ihren Felsen zurück.

Und niemand begreift:
wonach sehnt sich denn Peter,
der Gefangene
seiner eigenen Stadt.[114]

Interessanter ist ein Ausschnitt aus dem Poem »Mensch«.

Und da ist nur noch
der blutige Metzger namens Abendrot,
der die ausgeweideten Wolken häutet.
(…)
Da schlendre ich als Tagedieb herum;
vor mir strebt die Brücke ins Wunderland.
Erklimm sie. Da bin ich verdattert und stumm:
vom Blick in die Tiefe gebannt.
So stand ich, dachte zurück:
– es gab ja schon lang diesen Edelguß,
doch dazumal hieß er:
Newafluß.

Hier hatte eine Stadt ihren Wohnsitz;
es war eine Stadt im Wahnwitz,
kaum rauszulösen ausm Rauch vom Schornsteinwald;
und in selbiger Metropole
beginnen alsbald
die glasigen Nächte.[115]

Auch in diesem Abschnitt gibt es nicht einen neuen Charakterzug, mit dem man das Bild von Petersburg ergänzen könnte.

Auch hier die gleiche Brücke ins Zauberland, das blutige Abendrot, das von der glasigen weißen Nacht abgelöst wird, und schließlich: eine *wahnwitzige Stadt.* Der revolutionäre Futurist fand kein neues Wort für Petersburg. Das Material über die Stadt ist indes bei Majakowski sehr umfangreich. Die Großstadt gab den ihr gewidmeten Werken ihr Gepräge. Die Wörter, die aus scharfen, abgerissenen Lauten bestehen, welche man vor einer Menge herausschreien muß, schon allein dies schafft ein neues Bild in den Gedichten, die von der Stadt handeln. Jedoch vermochte diese Besonderheit der neuen Werke es nicht, die Individualität der Stadt widerzuspiegeln, der Futurismus bildet nur das Bild der Großstadt ab, ein Bild, das gleichermaßen auf Moskau, Paris und Berlin anzuwenden ist. Das Unvermögen des Futurismus, ein eigenes Bild von Petersburg zu schaffen, rührt daher, daß das Gefühl für die Individualität verloren ging. Majakowskis tief vereinsamte Seele ist unfähig, irgendwo ihr »Du« zu finden. Er bekennt auch selber, er sei

> einsam wie das letzte Auge
>
> (»Einige Worte über mich selbst«)

Die Welt, die das Antlitz verlor, sie verödete, zog sich zusammen, wurde klein, stickig und eng. Um den Phänomenen die Kraft zurückzugeben, auf die Seele zu wirken, bedient sich Majakowski der Methode, ihre Quantität zu erhöhen. Tausende an Kathedralen von Reims, Tausende an Brücken d'Arcol, Tausende von Tausenden an Pyramiden, Tausende von Tausenden an Bastillen und schließlich Millionen:

ich schleppe da durchs Leben
Millionen riesiger reiner Lieben
und eine Million Millionen kleiner schmutziger
 Liebeleien.

Die wertlos gewordenen Phänomene streben danach, ihre Zahl zu vergrößern, wie sich winzige Mikroben vermehren. Majakowskis gigantischen Ziffern tönen genauso hohl wie die an Nullen reichen Banknoten unserer Tage. Seine Welt ist so klein, daß sich der Himmel über ihr, der mit »Spucke« – den Sternen übersät ist, als völlig nichtig erweist.

He, Sie!
Himmel!
Nehmen Sie den Hut ab!
Ich komme!

Und die Sonne, die in der Leere trudelt, verwandelt sich bei ihm in ein kleines Glasstück.

Von euch …
(…)
werde ich fortgehen,
werde die Sonne als Monokel
ins weit aufgerissene Auge klemmen.[116]

Der einsame Majakowski haßt seine kleine Welt. Die Qual zwingt ihn, wild zu stöhnen, sie reizt ihn zur Weißglut, sie bringt Zerstörungswut hervor. Er sieht sich als Sturmvogel, aber sein Schrei kündet nicht nur von der Nähe eines Orkans, sondern auch von dem kommenden Tod.

So definiert sich Majakowski selber:

Als unnütze Träne abrinnend
von struppiger Backe städtischer Plätze
bin ich,
erschüttert,
vielleicht
der letzte Poet.[117]

Wenn die Fähigkeit, um sich zu blicken, wiedergeboren sein wird, wird sich das Bild von Petersburg neu beleben und seinen Dichter finden, der über die Stadt ein erneuertes Wort sprechen wird.

* * *

Der eiserne Wille rief die granitene Stadt aus den finsteren Elementen heraus zum Leben. Sie war berufen, durch sich selber, fern von den Quellen des Volkslebens, das große Imperium zu krönen. Mit einer schrecklichen Anspannung war diese Stadt geschaffen worden, die den Untergang von Tausenden namenloser Arbeiter kostete. Zwei Jahrhunderte vergingen. Der russische Imperialismus zehrte an den Kräften des Volkes. Sewastopol und Tsushima waren unheilverkündende Mahnungen an das russische Reich. Aber der russische Imperialismus, der das Volk an die eiserne Kandare nahm, brach zu neuen und aberneuen Grenzen auf.

In den Karpaten, an den Ufern der Weichsel, auf den Feldern und Sümpfen von Ostpreußen wurden ihm tödliche Schläge versetzt. Aber er blieb noch am Leben und phantasierte im Todestaumel von Zargrad und der Meerenge des Bosporus und der Dardanellen. Aber der »Gott der Geschichte« sagte: »Es ist genug!«

Es war Petersburg nicht vergönnt, im künstlerischen Werk mit der flüchtigen Ruhmeskrone der trügerischen Siege dargestellt zu werden. Als man der Stadt ihren jahrhundertealten Namen nahm, sollte dies den Beginn einer neuen Ära in ihrer Entwicklung markieren, einer Ära, in der sie mit dem ihr einstmals fremden Rußland vollständig verschmelzen möge. »Petrograd« wird sich zur wahrhaft russischen Stadt wandeln. Viele sahen in dieser Umbenennung jedoch eine Geschmacklosigkeit des zeitgenössischen Imperialismus, die von seiner Kraftlosigkeit zeugt. Petrograd verrät den Ehernen Reiter. Das Nördliche Palmyra kann nicht wiedererweckt werden. Das Schicksal bereitet ihm ein anderes Los. Es wird sich nicht als Stadt des triumphierenden Imperialismus, sondern als Stadt des alles aus den Fugen hebenden Revolution erweisen. Der wiederbelebte Eherne Reiter erscheint auf seinem »klangvoll galoppierenden Roß« nicht an der Spitze siegreicher Armeen seines glücklosen Nachfahren, sondern den Volksmassen voran, welche die Vergangenheit zerstören und die Zukunft erschaffen.

So bildete ihn Hippius in ihren Strophen ab, die sie am denkwürdigen 14. Dezember notierte.

Der Tag ist nah, da werden Donner rollen …
Nur rasch zur Hilfe, Eherner Gigant!
Und bleich und jung erhebt sich auf den Schollen
in seiner Nächte lauterem Gewand,
im Brausen feuchter Stürme, nicht zu stillen,
im weißen Federflaum der Frühlingsbö'n,
erbaut vom revolutionären Willen,
Sankt Petersburg, so schrecklich und so schön![118]

Aus ihren Gräbern erstanden die gequälten Arbeiter, die »demütigen Bauernkerle«, und sie entzündeten in ihren Nachkommen das Feuer der maßlosen Wut und des erdrosselnden Hasses.

»Nun nahen, nun nahen blutige, grauenerfüllte Tage.«

Im kosmischen Wind fand der russische Imperialismus seinen tragischen Untergang. Petersburg hörte auf, das »Große Rußland« mit einem granitenen Diadem zu krönen. Es wurde zum »Roten Piter«. Und Moskau, die porphyrische Witwe, wurde wieder zur Hauptstadt, zur Residenzstadt des neuen Rußland. Und Petersburg? »Wenn aber Petersburg nicht die Hauptstadt ist – dann gibt es Petersburg nicht«. Es scheint nur so, als existierte es.[119]

* * *

Noch einmal findet Petersburg seine Widerspiegelung in *Blocks* dichterischem Werk, in seinem Poem »Die Zwölf«. Hier ist es das Rote Petrograd aus den Nächten der Oktoberrevolution. Der kosmische Wind, ein nackter und elender, der über die grenzenlose Rus zog, schien den von Petersburg geführten Staat weggeblasen zu haben und bereit zu sein, auch in andere Länder einzubrechen und sich in der ganzen Welt auszutoben.

Wind, Wind
Überall auf Gottes Welt.

In diesem letzten Petersburger Poem verschwindet wieder fast das konkrete Bild der Stadt. Vor uns liegt der Ort der Revolutionshandlung.

Am schwarzen Abend, unter einem schwarzen, schwarzen Himmel, unterm Pfeifen des entfesselten Schneesturms, ziehen die Schatten der Oktobertage vorbei: eine Alte wie ein Huhn, die über eine Schneewehe stolpert, ein Bürger an einer Kreuzung hat seine Nase im Kragen versteckt, ein patriotischer Dichter mit einer langen Mähne, ein langschößiger, trauriger Pfaffe, eine Dame im Persianer…

Spät ist die Stunde,
Die Straße leer.
Ein Vagabund
Schleicht krumm umher.
Der pfeifende Wind geht rund.

Die Schatten der alten Welt verschwinden im Schneegestöber. Es treten die neuen Herren von Peters Stadt auf.

Aus dem Munde qualmt es, zerknittert die Mützen.
Ein Karo-As auf den Rücken der Schützen!
(…)
Freiheit, Freiheit.
Ach, ach, sieh da:
Ohne Kreuz!
(…)
Faß das Gewehr, sei keine Hasenfuß!
Genosse, schieß auf die heilige Rusj …

Alles veränderte sich unter dem schrecklichen Pfeifen des revolutionären Federflaums. Auch verschwand die Vanitas vanitatum aus Petersburgs Kommunikation: vom Newski-Prospekt.

Kein Straßenlärm ist mehr zu hören,
Am Newski-Turm kehrt Ruhe ein.

Nur der freie Wind singt seine Lieder.

Trichtersteiles Schneegewimmel,
Säulen steigen auf zum Himmel.

Gott der Herr, ist das ein Wetter!

Und in den Wind mischt sich der Aufruf:

> Marschier mit uns im Gleichschritt, Freund!
> Nah ist dein rastloser Feind![120]

Dies ist das letzte Bild vom Roten Petersburg. Block wandte sich nicht von ihm ab, sondern sagte fest: »ich nehme es an«.

> Ja, auch so, mein Rußland,
> Bist du mir teurer als alle Länder.
> (...)

Das Nördliche Palmyra verschwand.

* * *

Der Lauf der Geschichte ist in unseren Tagen rasch. Und diese Bilder sind schon in die Vergangenheit getreten. *Das Rote Piter wartet auf seinen Dichter.*

* * *

In seinem »Tagebuch«* schreibt Dostojewski darüber, wie wenig organisch unsere Petersburger Palazzi im Vergleich zu den italienischen seien. Während die Palazzi in Italien natürlich entstanden und Orte bildeten, an denen die aristokratischen Traditionen bewahrt wurden, »errichtete man unsere Palazzi erst während der letzten Regierung, aber ebenfalls, so scheint es, mit dem Anspruch auf Jahrhunderte: Zu fest und günstig erschien die damals gefügte Ordnung der Dinge, und der Glaube an sie drückt sich sozusagen im Auftauchen dieser Palazzi aus: Auch sie beabsichtigten, Jahrhunderte zu leben ... Für mich wird es traurig sein, wenn ich irgendwann auf diesen Palazzi den Aus-

* *Tagebuch eines Schriftstellers: Kleine Bilder*

hang eines Wirtshauses mit Vergnügungsgarten oder eines französischen Hotels für Zugereiste lesen werde«.

Dostojewskis Vorahnungen erfüllten sich nicht in vollem Umfang. Seine Nachfahren erblickten keine munteren Aushänge von Profitjägern, sondern blutrote mit dem Wappen des neuen Rußland: Ähren, Sichel und Hammer, und mit Unterschriften aus neuen, mechanisch zusammengestellten Lettern: Sowdep, Komgorchos usw., mit den fünf goldenen Lettern R. S. F. S. R., die verheißen:

> Den Burshius zum Unglück wollen
> Einen Weltbrand wir entrollen![121]

Die Stadt nimmt eine neue Gestalt an, die noch keinen Widerhall in den Kunstwerken gefunden hat.

Es verschwand Vanitas vanitatum.

Langsam kriechen die Straßenbahnen, bereit, jede Minute anzuhalten. Es verschwand der gewohnte Lärm der Fuhrwerke, Kutscher, Automobile. Nur selten saust ein Automobil vorbei, und eine Uniformmütze mit einem fünfzackigen roten Stern blitzt auf. Die Passanten laufen direkt auf dem Fahrdamm, wie in alten Städten Italiens. Ständig stößt man auf verödete Stellen. Die Holzhäuser, die an das »Alte Petersburg« erinnern, überlebten dank der in ihnen eingenisteten Wirtshäuser und Teeküchen (viele dieser Trinkstätten retteten die alte Zeit!). Sie wurden nun abgerissen, um ihre Überreste als Brennstoff für andere Häuser zu verwenden: So töten die Nenzen in schweren Hungersjahren Hunde, um mit den schlechteren die besseren zu ernähren. *Das Grün macht immer größere Eroberungen.* Im Frühling bedeckte Gras die Plätze und Straßen. Die Luft wurde sauber und klar. Über der Stadt liegt nicht mehr der gewohnte düstere

Schleier aus Asche und Ruß. *Petersburg ist gleichsam gewaschen.*

An den ruhigen, klaren Abenden treten vor dem bleichfliederfarbenen Himmel intensiv die Konturen der Bauten hervor. Deutlicher wurden die Uferlinien der Newa, deren blaue Oberfläche noch niemals so sauber erschien. Und in solchen Minuten wirkt die Stadt so wunderbar wie noch nie. *Ein stilles Ravenna.*

Das Wachstum der Stadt ist unterbrochen. Es wurde nicht weitergebaut. In ganz Petersburg wird nur noch ein neues Gebäude errichtet. Das Granitmaterial dafür wurde aus der zerstörten Einfassung des Winterpalais genommen. *So nahm damals die sich formierende Welt des Christentums für ihre Basiliken Säulen und Sarkophage von Tempeln der antiken Welt.* Aus dem Staub des Marsfeldes erwächst langsam ein Denkmal für die Opfer der Revolution. Wird es zum Postament des neuen Lebens werden oder aber zur Grabplatte für die Asche von Petersburg, der Stadt des tragischen Imperialismus?

September 1919

* * *

Es vergehen Tage, Jahre. Jahre – Jahrhunderte. Petersburgs Destructio geht weiter. Auf dem Dreifaltigkeits-Platz verschwanden die Zirkusgebäude. Hinter ihnen eine Reihe von Häusern; es bildete sich ein neuer Platz. Und dort, weiter zur Seite hin, ist ein riesiges Massiv nicht fertiggebauter Gebäude und ein zerstörtes siebenstöckiges Haus und neben ihm ein Rest der Mauer und der Treppe eines kleinen Hauses, gerade wie das Grinsen eines Totenkopfes.

Das sind die Fluren des neuen Petersburg! Die alten Häuser, die sich noch an das Nördliche Palmyra erinnern, verschwinden. Am Rand, beim Smolensk-Friedhof, wird ein neues, hohes Haus errichtet, das einzige in der ganzen Stadt: das Krematorium.

Petropolis verwandelt sich in Nekropolis.*

Weitere Jahre werden vergehen, und auf den gesäuberten Plätzen werden neue Gebäude errichtet werden, und ein junges Leben wird heranbrechen. Petersburg wird wiedergeboren werden. Peterburg wird nicht öd sein.

Auch du, mein Land, mein Volk, ihr beide seid bereit,
ihr sterbt und lebt aufs neue, ihr geht durch diese Zeit –
denn *eine* Weisheit nur ist uns bisher gegeben:
fort auf des Kornes Weg zu Neuem hinzustreben.[122]

12. März 1922

* * *

Petersburg, das unter großen Erschütterungen des gesamten Volkslebens geboren wurde, beschäftigte die Vorstellungen des russischen Volkes tief. Die neue Hauptstadt stellte Fragen vor das Bewußtsein des Volkes. Worin besteht die Verbindung zwischen Petersburg und Rußland, welches wird das Schicksal der Stadt sein, die den Elementen zum Trotz erschaffen wurde? Die Persönlichkeit des wundermächtigen Bauherren wurde in der Vorstellung eng mit seinem Werk verbunden. Die ungewöhnliche Stadt erschien vielen als eine Sinnestäuschung, ein Trugbild. Alle diese

* Stadtbilder der letzten Jahre kann man für Moskau bei Wl. Chodassewitsch, z. B. »Das Haus«, »Die Alte« (»Der Weg des Korns«) finden. Für Petersburg bei Anna Radlowa in dem Sammelband *Schiffe*.

Motive riefen in der russischen Literatur eine Reihe bemerkenswerter Reaktionen hervor und füllten den Inhalt des Bildes von Petersburg, der von Generation zu Generation weitergegeben wird.

Petersburg entwickelte sich schnell. Sein wunderbares Anwachsen gebar Lobpreisungen. Während in den oberen Volksschichten das Nördliche Palmyra besungen wurde, bildeten sich in den unteren düstere Prophezeiungen über den unvermeidlichen Untergang. Die häufigen Überschwemmungen nährten die Hoffnungen der einen und die Ängste der anderen. Im ersten Jahrhundert indes liebte die russische Gesellschaft die neue Hauptstadt. Petersburg wurde eng mit Peters Taten verknüpft, es war sein Banner. Falconets Eherner Reiter schien den Geist des entschlafenen Imperators zu verkörpern und wurde zum Wächter der Stadt.

Nach dem Bruch zwischen Macht und Gesellschaft wandelte sich das Verhältnis zu Petersburg. Die Hauptstadt des Imperiums, das nun gehaßt wird, zieht dieselbe Antipathie auf sich. Das Motiv des Untergangs beginnt die anderen zu beherrschen. Der wirtschaftliche Wandel, der sich in Rußland in Verbindung mit der Entwicklung des Kapitalismus vollzog, gab kulturloseren Bevölkerungsschichten mehr Einfluß, die Stadt fing an, sich an Interessen des Profits zu orientieren. Das strenge Äußere verlor seinen Zauber und verschwindet nun. Die Gestalt der nördlichen Hauptstadt verzerrt sich. An die Stelle von lobpreisenden Beschreibungen der schnell wachsenden Stadt, an die Stelle von ethischen Erwägungen über den absoluten Wert jeder Persönlichkeit im Verhältnis zur Stadt kommt jetzt das Interesse am Alltagsgeschehen. In Petersburg, der langweiligen, der Kasernen-Stadt, tobt ein kompliziertes und schweres Leben. Eine Stadt der Beamten und des Militärs auf der einen Seite und eine Stadt der russischen Literatur, der russischen

Jugend und der Arbeiter auf der anderen; alle diese Bevölkerungsgruppen verleihen ihr ein nachhaltiges Gepräge. Das Erlöschen der Liebe zu Petersburg bedeutet keine Minderung des Interesses. Die ungewöhnliche Stadt wirkt weiterhin stark auf das Bewußtsein. In dieser »allerprosaischsten Stadt der Welt« öffnet Dostojewski die tiefe, komplizierte Welt und begrüßt Petersburg als die phantastischste Stadt. Von Dostojewski geht das wiedergeborene Verständnis für Petersburgs Seele aus. Die feinsinnigsten Lyriker verloren übrigens das Antlitz von Petersburg niemals (Tjutschew, Fet). Im 20. Jahrhundert begann eine Renaissance des Verständnisses für die Schönheit der Petersburger architektonischen Landschaft (die kurzzeitig von Haßausbrüchen gegen die Hauptstadt des Despotismus nach der Revolution von 1905–1906 unterbrochen wurde).

Vor dem europäischen Krieg, der das alte Rußland zerschlug, durchlebte die russische Gesellschaft eine Blüte der Liebe zu ihrer Geschichte. Nach Besuchen von Kleinstädten in Italien und Deutschland begannen die russischen Menschen, die kulturellen Reichtümer zu bemerken, welche in der russischen Provinz zu finden sind. Die große künstlerische Bedeutung der altrussischen Ikone wurde erschlossen. Einige vorzügliche Ausgaben zeugten von dem brennenden Interesse, das die russische Gesellschaft erlebte, Umwertungen der altrussischen Kultur zeichneten sich ab. Ein solcher Moment erwies sich auch für Petersburg als günstig.

Den Künstlern und Architekten folgend, zollten auch die Prosaiker und Dichter dem neuen Verständnis für die Stadt Peters ihren Tribut. Im Werk der einen spiegelte sich Petersburg in einer Reihe prägnanter Bilder mit Monumentalcharakter, die anderen ließen sich in seine Vergangenheit entführen. Die dritten schließlich schufen, indem sie den ganzen inhaltlichen Reichtum des historischen Petersburgbildes wiederbelebten, tiefe und komplizierte Bilder, in denen sich ihre Weltanschauung reflektierte. Dies war das letzte Geschenk des alten Petersburgs an die russische Literatur.

Die Exkursionen in die Schatzkammer unserer schönen Literatur, um dort *Bilder* Petersburgs zu suchen, ermöglichten es, *Verbindungen* zwischen ihnen herzustellen, die *Einheit* in aller ihrer Mannigfaltigkeit herauszufinden und den gegebenen *Rhythmus* in ihrer Entwicklung einzufangen. Es zeichnete sich ein einheitliches »*fließendes*«, »*schöpferisch wandelbares*« Bild ab, das in seinen Veränderungen alles das bewahrt, was es auf dem Weg erwarb.*

Die Aufdeckung *des lebendigen Bildes* hilft dabei, Petersburg kennenzulernen. Wird unser Auge mit Ansichten aus der Vergangenheit bereichert, so entfaltet und verfeinert es sein Sehvermögen. Vieles von dem, was ein Geheimnis geblieben war, wird offenbar.

* Diese Ausdrücke sind aus der Charakteristik des Begriffes la durée bei Bergson entlehnt.

Anmerkungen

Vorwort zur deutschen Ausgabe von Karl Schlögel

1 M. V. Dobužinskij, Vospominanija, Moskva 1987, sowie die Lithographien in: M. V. Dobužinskij, Peterburg v 1921 godu, Petrograd 1923.

2 Joseph Brodsky, Erinnerungen an Leningrad, München 1987, S. 9.

3 Zur Geschichte des Leningrader *underground* vgl. B. V. Markov, »Sajgon« i »Slony« – instituty ėmansipacii, in: Metafizika Peterburga. Peterburgskie čtenija po teorii, istorii i filosofii kul'tury 1, Sankt-Peterburg 1933, S. 130–145.

4 L. Ja. Lur'e, A.V. Kobak, Zametki o smysle peterburgskogo kraevedenja, in: Anciferovskie čtenija. Materialy i tezisy konferencii (20–22 dekabrja 1989 g.), Leningrad 1989, S. 72–82.

5 N.P. Anciferov, »Nepostižimyj gorod ...«, Leningrad 1991. Diese Ausgabe erschien in einer Auflage von 100 000 Exemplaren.

6 Die Reprintausgaben der Klassiker sind u.a.: V. Ja. Kurbatov, Peterburg. Chudožestvenno-istoričeskij očerk i obzor chudožestvennogo bogatstva stolicy, Sankt-Peterburg 1993; G.K. Lukomskij, Staryj Peterburg. Progulki po starinnym kvartalam stolicy, Sankt-Peterburg 2002; P. N. Stolpjanskij, M. I. Pyljaev, Staryj Peterburg, Moskva 1990; Ė. Gollerbach, Gorod muz. Povest' o Carskom Sele, Leningrad 1930 (Paris 1980). Über Kurbatov, Lukomskij, Grevs vgl. die Beiträge von L. I. Sizinceva, O. S. Ostroj, A.V. Kobak und D. Ja. Severjuchin, N. A. Kostrigina in: Anciferovskie čtenija, Leningrad 1989, S. 37–58.

7 Die Erstausgabe war: N. P. Anciferov, Duša Peterburga, izdatel'stvo Brokgauz-Efron, Peterburg 1922; eine der neuen Ausgaben, die außerdem auch die Arbeiten Peterburg Dostoevskogo und Peter-

burg Puškina enthält, ist abgedruckt in: N. P. Anciferov, »Nepostižimyj gorod …«, Leningrad 1991.

8 Zu Petersburg im Bürgerkrieg vgl. die entsprechenden Kapitel in: Karl Schlögel, Petersburg. Das Laboratorium der Moderne 1909–1921, München 2002; Petrograd na perelome ėpoch. Gorod i ego žiteli v gody revoljucii i graždanskoj vojny, S.-Peterburg 2000.

9 N. P. Anciferov, Peterburg Dostoevskogo, Petrograd 1924 (mit Gravuren von M. V. Dobužinskij).

10 N. P. Anciferov, Byl' i mif Peterburga, Petrograd 1924.

11 Im Original: Problemy urbanizma v russkoj chudožestvennoj literature (Opyt postroenija obraza goroda – Peterburga Dostoevskogo – na osnove analiza literaturnych tradicii).

12 Vgl. die Bibliographie bei A. I. Dobkin. N. P. Anciferov: materialy k biobibliografii, in: Anciferovskie čtenija, Leningrad 1989.

13 Über die Zeitschrift »Mir iskusstva« vgl. Wsewolod Petrow, Art Nouveau in Rußland. Die Künstlervereinigung »Welt der Kunst« um Sergej Djagilew, Bournemouth 1997.

14 N. P. Anciferov, Žizn' goroda, Leningrad 1927 und ders., Sovremennye goroda, Leningrad 1926.

15 N. P. Anziferow, S. 82 in vorliegender Ausgabe.

16 Die Bedeutung Petersburgs für die Kultursemiotik vgl. Jurij M. Lotman, Simvolika Peterburga i problemy semiotiki goroda, sowie V. N. Toporov, Peterburg i peterburgskij tekst russkoj literatury, in: Semiotika goroda i gorodskoj kul'tury – Peterburg, Trudy po znakovym sistemam XVIII, Tartu 1984, S. 30–45 bzw. S. 4–29.

17 Aleksandr Benua (Alexander Benois), Živopisnyj Peterburg, in: Mir iskusstva 1902, Nr. 1, S. 1–5; über Benois und seine Familie vgl. Sem'ja Benua – fenomen peterburgskoj kul'tury. Materialy naučnoj konferencii, in: Kraevedčeskie zapiski. Issledovanija i materialy. Vypusk tretij, Sankt-Peterburg 1995, S. 96–194

18 Einen der systematischen Versuche machte Anziferow in: N. P. Anciferov, Naša ulica, in: Ėkskursii v sovremennost', Leningrad 1925, S. 5–51.

19 Dies geschah vor allem in den Schriften über den sozialen Organismus Stadt und die Stadt als Ausdrucksform kultureller Transformation, vgl. N. P. Anciferov, Gorod kak vyrazitel' smenjajuščichsja kul'tur. Kartiny i charakteristiki, Leningrad 1926, sowie: Puti izučenija goroda kak social'nogo organizma. Opyt kompleksnogo podchoda, Leningrad 1926.

20 Die folgende biographische Skizze folgt in erster Linie den Erinnerungen N. P. Anziferows, vgl. N. P. Anciferov, Iz dum o bylom. Vospominanija, Moskva 1992. Sie enthält auch einen chronologischen Überblick über sein Leben und Schaffen (S. 411–417) und einen überaus reichen Anmerkungsapparat. Ferner wurden hinzugezogen die Erstausgabe von drei Kapiteln seiner Erinnerungen, erschienen in: Pamjat'. Istoričeskij Sbornik, vypusk 4, Moskva/Pariž 1979/1981, S. 55–208 sowie die Anmerkungen von S. Elenin und Ju. Ovčinnikov, ebd., S. 111–145, sowie die Bibliographie der Arbeiten Anziferows, ebd., S. 146–152.

21 Über den väterlichen Zweig der Anziferows vgl. L. A.Varfolomeev, Vetvi odnogo dreva (Anciferovy), in: ders., Sibircevy – sem'ja archangel'skaja, Archangel'sk 1996, S. 97–106.

22 N. P. Anciferov, Iz dum o bylom, S. 258.

23 Über die geistigen Strömungen des nachrevolutionären Petrograd/Leningrad vgl. die Erinerungen von D. S. Lichačev, Vospominanija, Sankt-Peterburg 1995; dt. gek. D. S. Lichatschow, Hunger und Terror. Mein Leben zwischen Oktoberrevolution und Perestroika, Ostfildern 1997.

24 S. B. Filimonov, N. P. Anciferov – učastnik kraevedčeskogo dviženija 1920–ch godov, in: Anciferovskie čtenija, Leningrad 1989, S. 24–27.

25 Akademičeskoe delo 1929–1931 gg. Dokumenty i materialy sledstvennogo dela, sfabrikovannogo OGPU, Sankt-Peterburg 1993.

26 N. P. Anciferov, Iz dum o bylom, S. 16.

27 N. P. Anciferov, Iz dum o bylom, S. 375.

28 Eine halbwegs realistische Darstellung des Baus des Ostsee-Weißmeer-Kanals gibt die Analyse von Cynthia Ruder, Making History for Stalin. The Story of the Belomor Canal, Gainesville 1998.

29 Belomorsko-Baltijskij kanal imeni Stalina. Istorija stroitel'stva pod red. M. Gor'kogo, L. L. Averbacha, S. G. Firina, Moskva 1934.

30 Das Netz von Vereinigungen und Zirkeln ist beschrieben bei D. S. Lichačev, Vospominanija, Sankt-Peterburg 1995, S. 201 ff.; vgl. auch: D. N. Drjachlinyn, Iz istorii Soloveckogo obščestva kraevedenija (SOK). (Po »Materialam SOK«), in: Anciferovskie čtenija, S. 68–71.

31 N. P. Anciferov, Iz dum o bylom, S. 391.

32 Zur neueren russischen Diskussion um den sowjetischen Raum vgl. die Essays von Vladimir Kaganskij, Kul'turnyj landšaft i sovetskoe obitaemoe prostranstvo. Sbornik statej, Moskva 2001.

33 Vgl. hierzu Karl Schlögel, Petersburg. Das Laboratorium der Moderne 1909–1921, München 2002; Between Tsar and People. Educated Society and the Quest for Public Identity in Late Imperial Russia. Ed. by Edith W. Clowes, Samuel D. Kassow, and James L. West, Princeton N. J. 1991; vgl. auch das Petersburg-Kapitel in: Marshall Berman, All That Is Solid Melts Into Air. The Experience of Modernity, London/New York 1982.

34 N. P. Anciferov, Iz dum o bylom, Moskva 1992, S. 399.

35 Vgl. L. I. Sizinceva, U istokov ėkskursionnogo izučenija goroda (Iz praktiki I. M. Grevsa), in: Anciferovskie čtenija, Leningrad 1989, S. 37–39; N. M. Perlina, Ivan Michajlovič Grevs i Nikolai Pavlovič Anciferov: k obosnovaniju ich kul'turologičeskoj pozicii, ebd., S. 83–85.

36 N. P. Anciferov, O metodach i tipach istoriko-kul'turnych ėkskursij, Petrograd 1923; ders., Puti izučenija goroda kak social'nogo organizma. Opyt kompleksnogo podchoda, Leningrad 1926.

37 Das Goldene Zeitalter der sowjetrussischen Landeskunde ist knapp dokumentiert in: S. B. Filimonov, Kraevedenie i dokumental'nye pamjatniki (1917–1929 gg.), Moskva 1989.

38 Ebd., S. 29.

39 Von Anziferow gibt es eine Reihe von empirischen Studien und theoretischen Reflexionen zum Komplex der Gutsbesitzer-Kultur, vgl. z. B. seinen Kommentar zu Turgenjews Roman »Das Adelsnest«, in: Roman Turgeneva »Dvorjanskoe gnezdo«, in: Turgenev I. S., Dvorjanskoe gnezdo, Roman, Moskva 1944, S. 3–20. Das postsowjetische Revival topographisch interessierter Literaturanalyse kann man besichtigen in: Vasilij Ščukin, Mif dvorjanskogo gnezda. Geokul'turologičeskoe issledovanie po russkoj klassičeskoj literature, Kraków 1997.

40 Anciferovskie čtenija, Leningrad 1989, S. 79.

41 Hinweise auf die Metamorphosen des Petersburg-Mythos im 20. Jahrhundert kann man finden in den Beiträgen in: Metafizika Peterburga. Peterburgskie čtenija po teorii, istorii i filosofii kul'tury 1, Sankt-Peterburg 1993.

1 Im Original deutsch.

2 F. Tjutschew, Natur ist nicht, was alle meinen …, Ü.: S. von Nostitz, in: Ders., Ach, wie so tödlich wir doch lieben, München, Moskau 1992, S. 124.

3 V. Lee, Genius loci: Notes on places, London, New York 1906, p. 3–4, 5.

4 L. Tolstoj, Krieg und Frieden, Ü.: M. Kegel, München 1989, S. 1191.

5 W. Iwanow, Die Sphinxe über der Newa, Ü.: J. v. Guenther, in: Russische Lyrik. Gedichte aus drei Jahrhunderten, München 1981, S. 222.

6 A. Belyj, Petersburg, Ü.: G. Leupold, Frankfurt/M., Leipzig 2001, S. 529–531.

7 W. Shukowski, Elegie, Ü.: U. Grüning, in: Ders., Traumsegel: Ausgewählte Werke, Leipzig 1988, S. 47.

8 Erster Bericht über den Mond, Ü.: A. Nitzberg.

9 A. Block, Es wetterleuchtet sehr …, Ü.: J. v. Günther, in: Ders., Gesammelte Dichtungen, München 1947, S. 10.

10 Triumphzug der Amphitrite entlang des Wolchows, Ü.: A. Nitzberg.

11 G. V. Derschawin, Der Traum des Mursa, Ü.: A. v. Kotzebue, in: Ders., Gedichte, Leipzig 1793, S. 43.

12 Ü.: A. Nitzberg.

13 Ü.: A. Nitzberg.

14 A. Puschkin, Die Freiheit. Ode, Ü.: M. Engelhard, in: Ders., Die Gedichte, Frankfurt/M. 1999, S. 197.

15 A. Puschkin, Stadt des Reichtums …, Ü.: M. Engelhard, in: Ders., Die Gedichte, Frankfurt/M. 1999, S. 643.

16 A. Puschkin, Der Mohr Peters des Großen, Ü.: J. v. Guenther, in: Ders., Erzählungen und Anekdoten, München 1964, S. 361.

17 A. Puschkin, Jewgeni Onegin, Ü.: R.-D. Keil, München u. a. 1987, S. 28.

18 A. Puschkin, Ich sehe, wenn ich aus der Stadt …, Ü: M. Engelhard, in: Ders., Die Gedichte, Frankfurt/M. 1999, S. 950.

19 A. Puschkin, Pique Dame, Ü.: J. v. Guenther, in: Ders., Erzählungen und Anekdoten, München 1964, S. 334.

20 Verändertes Zitat aus: N. D. Fustel de Coulanges, Der antike

Staat. Kult, Recht und Institutionen Griechenlands und Roms, Ü.: I.-M. Kraefft auf der Grundlage der Übersetzung von P. Weiss, München 1988, S. 190.

21 A. Puschkin, Der Eherne Reiter, Ü.: J. v. Guenther, in: Ders., Ausgewählte Werke, Bd. 2, Berlin 1949, S. 425–438.

22 A. Kolzoff, Der Wald, Ü.: F. Bodenstedt, in: F. Bodenstedt, Gesammelte Schriften in 12 Bänden, Bd. 7, Berlin 1866, S. 127.

23 N. Gogol, Die toten Seelen, Ü.: M. Pfeiffer, München 1984, S. 272–273, 308.

24 N. Gogol, Petersburger Skizzen 1836, Ü.: W. Creutziger, in: Ders., Aufsätze und Briefe, Berlin, Weimar 1977, S. 177–180.

25 N. Gogol, Brief an G. Wysotskaja.

26 N. Gogol, Petersburger Skizzen 1836, Ü.: W. Creutziger, in: Ders., Aufsätze und Briefe, Berlin, Weimar 1977, S. 177, 179, 180, 189, 195. (Ein Zitat wurde leicht geändert.)

27 N. Gogol, Der Newskijprospekt, Ü.: J. Hahn, in: Ders., Petersburger Novellen, München 2002, S. 8, 10, 11, 14, 18, 26, 32, 33, 52, 53.

28 N. Gogol, Der Mantel, Ü.: J. Hahn, in: Ders., Petersburger Novellen, München 2002, S. 143, 153.

29 Ü.: A. Nitzberg.

30 W. Odojewski, Russische Nächte, Ü.: E. Thiele, Berlin 1987, S. 88–95. (Das Zitat wurde leicht geändert.)

31 M. Lermontow, Ein Märchen für Kinder, Ü: F. Bodenstedt, in: Ders, Gedichte – Poeme – Ein Held unserer Zeit, Moskau 1984, S. 186–191. (Das Zitat wurde leicht geändert.)

32 Überschwemmung, Ü.: A. Nitzberg.

33 Ü.: A. Nitzberg.

34 Ü.: A. Nitzberg.

35 I. Gontscharow, Der Abgrund, Ü.: E. Müller-Kamp, München 1961, S. 6.

36 Im Original deutsch.

37 I. Gontscharow, Eine alltägliche Geschichte, Ü.: R. Fritze-Hanschmann, München 1989, S. 324.

38 I. Gontscharow, Oblomow, Ü.: J. Hahn, München 1960, S. 622.

39 Ü.: A. Nitzberg.

40 Ü.: A. Nitzberg.

41 Ü.: A. Nitzberg.

42 Ü.: A. Nitzberg.

43 Über das Wetter, Ü.: A. Nitzberg.

44 Ü.: A. Nitzberg.
45 Ü.: A. Nitzberg.
46 Ü.: A. Nitzberg.
47 Ü.: A. Nitzberg.
48 Ü.: A. Nitzberg.
49 Ü.: A. Nitzberg.
50 Ü.: A. Nitzberg.

51 F. Dostojewski, Der Jüngling, Ü.: E. K. Rahsin, München, Zürich 1980, S. 420.

52 Die Stadt, Ü.: A. Nitzberg.

53 F. Dostojewski, Schuld und Sühne, Ü.: E. K. Rahsin, München, Zürich 1980, S. 8–9.

54 F. Dostojewski, Schuld und Sühne, Ü.: E. K. Rahsin, München, Zürich 1980, S. 211.

55 F. Dostojewski, Der Jüngling, Ü.: E. K. Rahsin, München, Zürich 1980, S. 420.

56 F. Dostojewski, Die Brüder Karamasow.

57 F. Dostojewski, Der Doppelgänger, Ü.: E. K. Rahsin, München, Zürich 1980, S. 248, 249, 252, 258. (Das Zitat wurde leicht geändert.)

58 F. Dostojewski, Bobok, Ü.: E. K. Rahsin, in: Ders., Der Spieler, München, Zürich 1980, S. 637, S. 655.

59 F. Dostojewski, Aufzeichnungen aus dem Untergrund, Ü.: E. K. Rahsin, in: Ders., Der Spieler, München, Zürich 1980, S. 435.

60 F. Dostojewski, Der Jüngling, Ü.: E. K. Rahsin, München, Zürich 1980, S. 216.

61 F. Dostojewski, Helle Nächte, Ü.: E. K. Rahsin, in: Ders., Der Doppelgänger, München, Zürich 1980, S. 768–769.

62 F. Dostojewski, Der Jüngling, Ü.: E. K. Rahsin, München, Zürich 1980, S. 221.

63 F. Dostojewski, Helle Nächte, Ü.: E. K. Rahsin, in: Ders., Der Doppelgänger, München, Zürich 1980, S. 765.

64 F. Dostojewski, Schuld und Sühne, Ü.: E. K. Rahsin, München, Zürich 1980, S. 158.

65 Ü.: A. Nitzberg.

66 F. Tjutschew, Am Rand der Newa, Ü.: S. v. Nostitz, in: Ders., Ach, wie tödlich wir doch lieben, München, Moskau 1992, S. 292.

67 F. Tjutschew, Auf der Newa, Ü.: S. v. Nostitz, in: Ders., Ach, wie tödlich wir doch lieben, München, Moskau 1992, S. 192.

68 F. Tjutschew, Siehe, in der Newa Licht, Ü.: S. v. Nostitz, in:

Ders., Ach, wie tödlich wir doch lieben, München, Moskau 1992, S. 150.

69 A. Fet, Petersburger Nächte – Eine Antwort an Turgenjew, Ü.: W. Rotsel und W. Lange, in: Petersburger Träume: Ein literarisches Lesebuch, München, Zürich 1992, S. 81–82.

70 Ü.: A. Nitzberg.

71 Fofanow, Auf der Newa, Ü.: A. Nitzberg.

72 Ü.: A. Nitzberg.

73 S. Tschornyj, Sankt Petersburg, Ü.: K. Borowsky, in: Petersburg – die Trennung währt nicht ewig, Stuttgart 1996, S. 65.

74 Petersburg, Ü.: A. Nitzberg.

75 Ü.: A. Nitzberg.

76 I. Annenskij, Petersburg, Ü.: K. Borowsky, in: Petersburg – die Trennung währt nicht ewig, Stuttgart 1996, S. 61–63.

77 A. Belyj, Petersburg, Ü.: G. Leupold, Frankfurt/M., Leipzig 2001, S. 8, 18, 22, 24, 26–27, 46, 61, 73–74, 143–144, 166, 184–185, 208–212, 216, 219–220, 300, 320, 377, 452–454, 474–475, 460.

78 A. Block, Das neue Amerika.

79 A. Block, Rußland, Ü.: S. Kirsch, in: Ders., Ausgewählte Werke, Bd.1, München 1978, S. 197.

80 A. Block, Ich bin genagelt an die Theke …, Ü.: R. Kirsch, in: Ders., Ausgewählte Werke, Bd.1, München 1978, S. 179.

81 A. Block, Unverschämt sündigen, ununterbrochen …, Ü.: J. Rennert, in: Ders:, Ausgewählte Werke, Bd.1, München 1978, S. 210.

82 A. Block, Rusj, Ü.: E. Erb, in: Ders., Ausgewählte Werke, Bd. 1, München 1978, S. 89.

83 A. Block, Lieber Bruder! Es wurde Abend …

84 A. Block, Die Dichter.

85 A. Block, Auf den Inseln.

86 A. Block, Erinnerst du dich an die beunruhigende Stadt …

87 A. Block, Die Unbekannte, Ü.: L. und M. Remané, in: Ders., Ausgewählte Werke, Bd. 2, München 1978, S. 33.

88 Im Original deutsch.

89 A. Block, Durch die Straßen fegt der Schneesturm …, Ü.: S. Kirsch, in: Ders., Ausgewählte Werke, Bd.1, München 1978, S. 115.

90 A. Block, Die Unbekannte, Ü.: L. und M. Remané, in: Ders., Ausgewählte Werke, Bd. 2, München 1978, S. 34, 37.

91 A. Block, Die Stadt hat roten Horizonten …, Ü.: E. Erb,

A. Endler, in: Ders., Ausgewählte Werke, Bd.1, München 1978, S. 96. (Das Zitat wurde leicht geändert.)

92 A. Block, Suchte in Kaschemmen …, Ü.: J. Rennert, in: Ders., Ausgewählte Werke, Bd.1, München 1978, S. 100.

93 Ü.: A. Nitzberg.

94 A. Block, Peter, Ü.: E. Erb, A. Endler, in: Ders., Ausgewählte Werke, Bd.1, München 1978, S. 95–96.

95 A. Block, Die Unbekannte, Ü.: L. und M. Remané, in: Ders., Ausgewählte Werke, Bd. 2, München 1978, S. 28–31.

96 A. Block, Die Unbekannte, Ü.: R. Kirsch, in: Ders., Ausgewählte Werke, Bd.1, München 1978, S. 106–107.

97 M. A. Kusmin, Das wundersame Leben des Joseph Balsamo Graf Cagliostro, Ü.: Chr. Růžička, Frankfurt/M, Leipzig 1991, S. 84–85.

98 Ü.: A. Nitzberg.

99 Ü.: A. Nitzberg.

100 Ü.: A. Nitzberg.

101 Ü.: A. Nitzberg.

102 Ü.: A. Nitzberg

103 O. Mandelstam, Die Admiralität, Ü.: R. Dutli, in: Ders., Der Stein. Frühe Gedichte, Zürich 1988, S. 101.

104 A. Achmatowa, Oh, das war ein kühler Tag, Ü.: K. Borowsky, in: Petersburg – die Trennung währt nicht ewig, Stuttgart 1996, S. 73.

105 Ü.: A. Nitzberg.

106 Ü.: A. Nitzberg.

107 Ü.: A. Nitzberg.

108 A. Achmatowa, Woanders ist's, das schlichte Leben und das Licht, Ü.: K. Borowsky, in: Petersburg – die Trennung währt nicht ewig, Stuttgart 1996, S. 85.

109 Ü.: A. Nitzberg.

110 Ü.: A. Nitzberg.

111 A. Achmatowa, Die Stimme kämpfte mit der Stille, Ü.: K. Borowsky, in: Petersburg – die Trennung währt nicht ewig, Stuttgart 1996, S. 79.

112 Wl. Majakowski, Etwas über Petersburg, Ü.: H. Huppert, in: Ders., Werke, Bd. 1, Berlin, Frankfurt 1973, S. 2.

113 Noch einmal Petersburg, Ü.: A. Nitzberg.

114 Wl. Majakowski, Letztes Märchen von Petersburg, Ü.: H. Huppert, in: Ders., Werke, Bd. 1, Berlin, Frankfurt 1973, S. 32.

115 Wl. Majakowski, Ein Mensch, Ü.: H. Huppert, in: Ders:, Werke, Bd. 2, Berlin, Frankfurt, 1974, S. 106.

116 Wl. Majakowski, Die Wolke in Hosen, Ü.: A. v. Reinhardt, Tübingen 1977, S. 20, 26, 30.

117 Wl. Majakowski, Prolog [zu Wladimir Majakowski], Ü.: H. Huppert, in: Ders., Werke, Bd. 3, Berlin, Frankfurt, 1974, S. 9.

118 Ü.: A. Nitzberg.

119 A. Belyj, Petersburg, Ü.: G. Leupold, Frankfurt/M., Leipzig 2001, S. 8.

120 A. Block, Die Zwölf, Ü.: A. E. Thoss, in: Ders., Ausgewählte Werke, Bd. 1, München 1978, S. 235, 237–238, 243–244.

121 A. Block, Die Zwölf, Ü.: A. E. Thoss, in: Ders., Ausgewählte Werke, Bd. 2, München 1978, S. 239.

122 Wl. Chodassjewitsch, Der Weg des Korns, Ü.: K. Borowsky, in: Ders., Europäische Nacht, Tübingen 1985, S. 31.